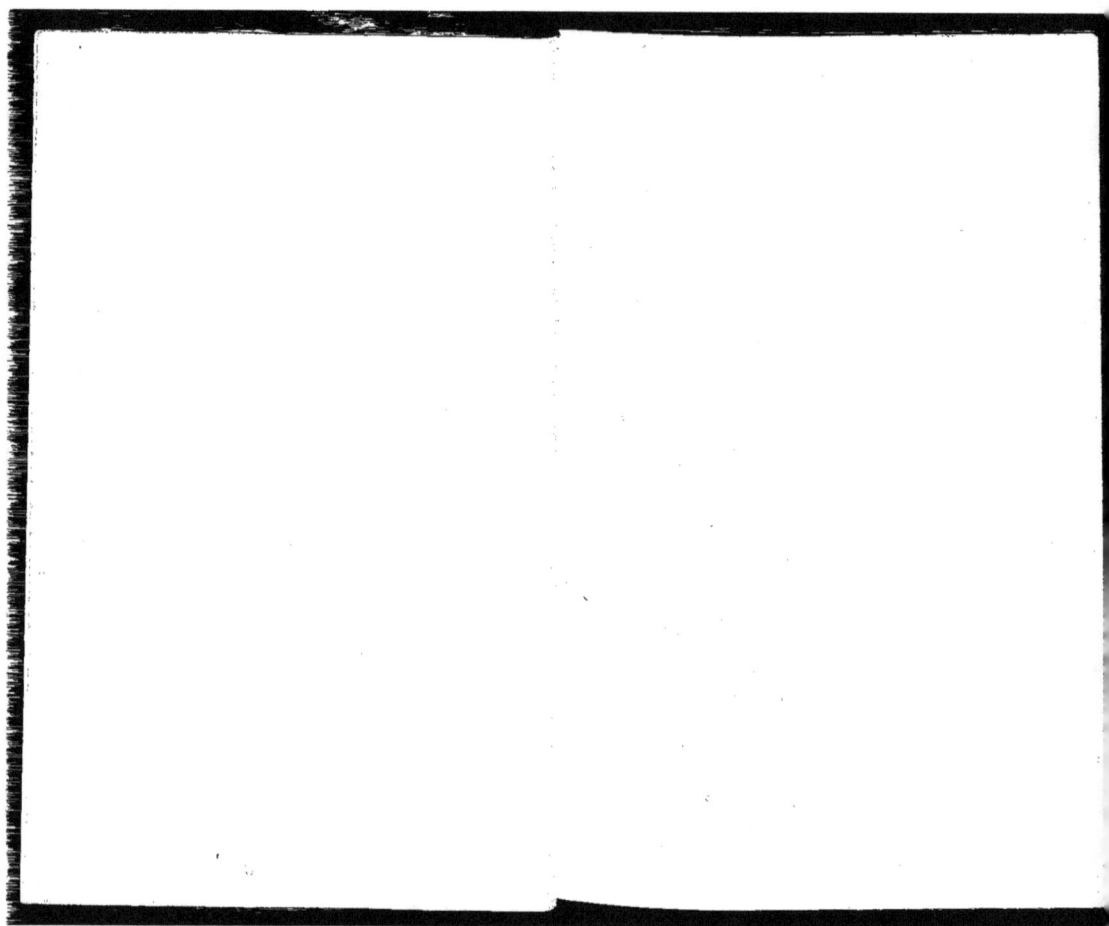

FASTES ÉPISCOPAUX

DE

L'ANCIENNE GAULE

PAR

DUCHESNE

MEMBRE DE L'INSTITUT

TOME TROISIÈME

LES PROVINCES DU NORD ET DE L'EST

PARIS

FONTEMOING et Cie, ÉDITEURS

E. DE BOCCARD, Successeur

LIBRAIRE DES ÉCOLES FRANÇAISES D'ATHÈNES ET DE ROME
DE L'INSTITUT FRANÇAIS D'ARCHÉOLOGIE ORIENTALE DU CAIRE
DU COLLÈGE DE FRANCE ET DE L'ÉCOLE NORMALE SUPÉRIEURE

1, RUE LE GOFF, 1

1915

FASTES ÉPISCOPAUX

DE

L'ANCIENNE GAULE

III

IMPRIMERIE M. BONNET, 2, RUE ROMIGUIÈRES.   TOULOUSE.

FASTES ÉPISCOPAUX

DE

L'ANCIENNE GAULE

PAR

L. DUCHESNE

MEMBRE DE L'INSTITUT

TOME TROISIÈME

LES PROVINCES DU NORD ET DE L'EST

PARIS

FONTEMOING et Cie, ÉDITEURS

E. DE BOCCARD, Successeur

LIBRAIRES DES ÉCOLES FRANÇAISES D'ATHÈNES ET DE ROME
DE L'INSTITUT FRANÇAIS D'ARCHÉOLOGIE ORIENTALE DU CAIRE
DU COLLÈGE DE FRANCE ET DE L'ÉCOLE NORMALE SUPÉRIEURE

4, RUE LE GOFF, 4

1915

CHAPITRE PREMIER

BELGIQUES ET GERMANIES

§ 1er. — *Provinces et cités.*

La Gaule Belgique, suivant les plus anciennes conceptions administratives des Romains, comprenait tout le pays entre la Lyonnaise et le Rhin. Elle partait des contreforts des Alpes, entre les lacs de Genève et de Constance, pour aboutir au littoral qui s'étend de la Somme aux bouches du Rhin et même de l'Ems. Dans cet espace immense un certain mélange de populations réunissait, dès le temps de César, des éléments germaniques au fond celtique plus anciennement établi.

C'est de ces contrées que les Romains partirent pour conquérir la Germanie proprement dite, tout comme ils étaient partis de la Narbonnaise pour envahir la Gaule celtique. Le pays transrhénan devait être organisé à peu près comme l'avait été la Gaule. On lui avait préparé un centre religieux, un sanctuaire analogue à celui de Lyon. Un autel de Rome et d'Auguste s'élevait sur un petit territoire enclavé dans la cité des *Ubii*, sur la rive gauche du Rhin, au lieu où fut bientôt fondée la *colonia Agrippina*. Cologne devait être une autre Lyon, une capitale idéale et sacrée pour l'ensemble de la Germanie romaine.

Ces plans furent contrariés par la victoire d'Arminius. Les légions détruites se reformèrent, il est vrai, mais dans les camps de la rive gauche. Elles étaient distribuées en deux armées, dont les quartiers généraux se trouvaient à *Vetera* (Birten) et à Mayence. Les deux commandants militaires eurent bientôt (1) des ressorts administratifs, qui se formèrent aux dépens de la Belgique. Ainsi se constituèrent, en terre celtique, *falsi Simoentis ad undum*, deux provinces de Germanie, la Germanie supérieure et la Germanie inférieure.

Il ne faut pas croire cependant que, sous le haut empire, le Rhin ait formé, sur tout son cours, la limite de l'empire romain. Les Pays-Bas actuels, jusqu'à l'Ems, avaient été annexés par Drusus; le désastre de Varus ne modifia pas leur situation. Depuis le confluent de la Lippe jusqu'au Taunus, le *limes*, route surveillée, suivait la rive droite à peu de distance du fleuve et définissait une sorte de zone neutre ou plutôt dépeuplée.

Au delà du Taunus, en face de la Germanie supérieure, la frontière militaire, marquée par une ligne de fortifications (*limes Germanicus*), s'éloignait nettement du Rhin, pour englober la basse vallée du Mein et celle du Neckar tout entière. Au pied des collines qui dominent au nord le haut Danube, elle rencontrait le *limes Raeticus*, autre ligne fortifiée, destinée à protéger la province de Rhétie. Du point de rencontre entre les deux *limites*, la frontière orientale de la Germanie supérieure se dirigeait vers le haut Rhin, qu'elle atteignait un peu au-dessous du lac de Constance.

Toutefois, cette extension transrhénane n'eut qu'une courte durée. Commencée vers la fin du I⁰ʳ siècle par les empereurs flaviens, elle fut menacée dès le commencement du III⁰. Au temps de Gallien, les barbares forcèrent le Rhin. Il fut, à la vérité, reconquis par Aurélien et Probus,

_____

(1) On ne sait au juste à quel moment ces deux ressorts du commandement militaire devinrent des ressorts administratifs, ou, en d'autres termes, à quel moment l'autorité du légat de Belgique fut restreinte aux cités comprises dans les Belgiques I et II du IV⁰ siècle. Ptolémée, au second siècle, connaît encore la grande Belgique; au siècle suivant, le changement est déjà opéré. Sur cette question, voy. Otto Hirschfeld, *Die Verwaltung der Rheingrenze*, dans les *Comment. in honorem Mommseni*, p. 433.

mais on n'alla pas au delà : le fleuve forma de nouveau la frontière entre la Gaule et la Germanie indépendante. Sur la rive droite prirent position les peuples destinés à recueillir, dans l'ancienne Belgique, l'héritage de l'empire romain : les Francs en face de Cologne, puis les Burgondes, enfin les Alamans, redoutables voisins de la Germanie supérieure.

Les fluctuations de la frontière et les morcellements intérieurs modifièrent, à diverses époques, le nombre des cités de la Gaule Belgique.

Au voisinage des Alpes on trouvait d'abord la cité des Helvètes (*colonia pia Flavia constans emerita Helvetiorum foederata*) (1), qui s'étendait entre le Jura, le lac Léman, les Alpes (Oberland bernois), le lac de Constance (*Brigantinus lacus*) et le Rhin (2). Divisée d'abord en quatre *pagi*, suivant l'usage celtique, elle le fut depuis Vespasien en circonscriptions de *vici* dont plusieurs chefs-lieux sont connus, comme ceux de Lausanne, Moudon, Avenches, Soleure, Windisch, Yverdun (3). Le plus qualifié de ces *vici*, celui auquel revint le rôle de capitale, était celui d'Avenches (*Aventicum*). Cette localité eut beaucoup à souffrir, vers 265, d'une invasion alamane. Cent ans après, Ammien Marcellin rapporte qu'elle était inhabitée, bien que les ruines de ses édifices témoignassent de son ancienne splendeur (4).

La chaîne du Jura, qui limitait à l'ouest le pays des Helvètes, se terminait au sud vers le Rhône, au nord vers le Rhin. A ces deux passages furent de très bonne heure installées deux colonies romaines, la *colonia Iulia Equestris Noviodunum* (Nyon) et la *colonia Augusta Rauricorum* (Augst). La première, fondée par César lui-même, n'eut d'abord, comme Lyon, qu'un petit territoire, démembré de

_____

(1) *C. I. L.*, t. XIII, 5089.
(2) Sous Dioclétien, la frontière de Rhétie fut reportée un peu à l'ouest, et la *civitas Helvetiorum* cessa de toucher au lac.
(3) Le *castrum Vindonissense* et le *castrum Ebrodunense* de la Notice.
(4) Frédégaire, II, 40; Ammien, XV, 1, 12.

celui des Helvètes. Il y a lieu de croire que, vers la fin du IIIᵉ siècle, ce territoire fut augmenté, comme celui de Lyon, aux dépens du pays des Séquanes (1) ; c'est au moins ce qui paraît résulter des circonstances dans lesquelles apparaît l'évêché de Belley.

La colonie d'Augst, fondée, comme celle de Lyon, en 710-711, au lendemain de la mort de César, eut pour ressort le territoire de l'ancienne cité gauloise des *Raurici*, lequel s'étendait au nord jusqu'au delà de Colmar (2). Le chef-lieu fut d'abord à Augst (Basel-Augst), à l'est de Bâle. Lorsque, au déclin du IIIᵉ siècle, le Rhin, de ces côtés, fut redevenu frontière, on construisit auprès d'Augusta une forteresse, le *castrum Rauracense* de la Notice (Kaiser-Augst). C'est sans doute à ce moment que le centre administratif fut reporté plus à l'ouest, dans la localité de *Basilia* (Basle, Basel, Bâle).

Au nord des Rauriques, en suivant le Rhin, on rencontrait les trois cités des *Triboci*, des *Nemetes* et des *Vangiones*, avec leurs chefs-lieux respectifs à *Brocomagus* (Brumath), *Noviomagus* (Spire) et *Borbetomagus* (Worms). Ces cités paraissent avoir été organisées par César, qui installa définitivement sur la rive gauche du fleuve trois tribus germaniques venues à la suite d'Arioviste. Antérieurement, le pays relevait des Séquanes, des Médiomatrices et des Trévires.

Au IVᵉ siècle, le chef-lieu de la cité des Triboques se transporta dans la forteresse d'*Argentorate* (Strasbourg), laquelle donna son nom au territoire. Il est marqué *civitas Argentoratensium* dans la Notice.

Dans le pays romain au delà du Rhin moyen, la colonisation, partie de la Gaule, aboutit, depuis le IIᵉ siècle, à

(1) Peut-être des *Ambarri* : on ne sait si les *vicani Bellicenses* mentionnés dans une inscription de Belley (C. I. L., t. XII, nᵒ 2606) se rattachaient à la cité des Ambarres ou à celle des Séquanes.
(2) C'est près de Colmar, à Horburg, que se trouvait le *castrum Argentaria* de la Notice, antérieurement appelé *Argentoraria*.

l'organisation de quelques municipalités, la *civitas Aquensis* (Baden-Baden), en face de *Brocomagus*, et, dans la vallée du Neckar (*Nicer*), *Sumelocenna* (Rottenburg), la *civitas Alisinensis* (Wimpfen), la *civitas A. G.* (Nuenstadt) (1), enfin *Lopodunum* ou civ. *Ulpia Sueborum Nicretum* (Ladenburg, près de Mannheim). Mais ces fondations n'eurent qu'une durée bien éphémère ; elles ne dépassèrent guère le milieu du IIIᵉ siècle.

En face de l'embouchure du Mein, *Mogontiacum* était le quartier général de l'armée du haut Rhin (*Germania superior*). L'organisation municipale ne s'y révèle pas avant les dernières années du IIIᵉ siècle (2). C'était, en tout cas, un endroit fort important ; les empereurs y firent souvent séjour, avant que le centre de la défense, de ce côté, n'eût été reporté à Trèves.

Toutes les cités que je viens d'énumérer furent comprises dans le ressort, militaire d'abord, puis administratif, que l'on appelait la Germanie supérieure. Il en est de même de deux autres cités à l'ouest du Jura, celle des *Sequani* et celle des *Lingones*.

Les Séquanes occupaient, entre le Jura et la Saône, un territoire aussi vaste que celui des Helvètes. La capitale de cette contrée, sous le régime romain comme au temps de l'indépendance gauloise, fut toujours la forte place de *Vesontio* (Besançon).

La cité des Lingons, qui devait à son attitude au temps de César le titre de *civitas foederata*, avait pour chef-lieu la forteresse d'*Andemantunnum* (Langres). Parmi les localités de second ordre qui se rencontraient sur son territoire, une mention spéciale est due au *castrum Divionense* (Dijon) dont Aurélien fit construire les murailles.

Au nord des Lingons et des Séquanes, la Moselle traverse les cités des *Leuci*, des *Mediomatrici* et des *Treviri*. La

(1) C. I. L., t. XIII, pp. 197, 214, 251, 245, 226. La *civitas A. G.* n'est connue que par ses initiales (*ibid.*, nᵒ 6462).
(2) C. I. L., t. XIII, nᵒ 6727.

première avait deux localités principales, Toul (*Tullium*, *Tullum*), sur la Moselle, et Naix (*Nasium*), plus à l'ouest. *Divodurum* (Metz), le chef-lieu des Médiomatrices, et *Augusta* (Trèves), celui des Trévires, s'élevaient aussi sur la Moselle.

On a vu plus haut qu'au temps de l'indépendance gauloise, la cité des Médiomatrices avait dû s'étendre jusqu'au Rhin. Vers l'ouest aussi, elle allait assez loin et dépassait notablement la Meuse. De ce côté, elle subit, vers le IV⁰ siècle, un démembrement qui donna naissance à la *civitas Verodunensium* (Verdun) de la Notice.

A l'ouest de ce groupe, se présente la *civitas foederata Remorum* avec sa capitale *Durocortorum* (Reims). Elle aussi fut démembrée, et vers le même temps que la précédente : une nouvelle cité fut organisée dans sa partie méridionale, autour d'une station postale, *Durocatelauni* ou *Catalauni* (Châlons).

La cité des *Suessiones* et celle des *Viromandui* limitaient, du côté de l'ouest, le territoire des Rèmes. Leurs chefs-lieux portaient tous deux le nom d'Auguste, *Augusta Suessionum* (1) (Soissons) et *Augusta Viromanduorum* (Saint-Quentin). Encore plus à l'ouest, on trouvait d'abord la minuscule cité des *Silvanectes*, chef-lieu *Augustomagus* (Senlis), celle des *Bellovaci*, chef-lieu *Caesaromagus* (Beauvais), enfin celle des *Ambiani*, qui comprenait la vallée de la Somme et s'étendait jusqu'à la mer ; son centre était au pont de la Somme, *Samarobriva* (Amiens).

Au nord des *Ambiani* venait la petite cité des *Atrebates*, avec son chef-lieu de *Nemetacum* (Arras), puis, dans la région maritime, celle des *Morini*. Celle-ci, outre sa capitale *Tarvanna* (Térouanne), possédait sur le détroit de Bretagne le port où l'on s'embarquait pour passer dans la grande île. Ce port des *Morini* porta successivement des noms différents, *Gesoriacum*, *Portus Itius*, *Bononia*. Ce dernier, qui s'est conservé dans celui de Boulogne, apparaît dès les

(1) Celle-ci s'était d'abord appelée *Noviodunum*

premières années du IV⁰ siècle. Vers le même temps, sans doute, ce port devint le centre d'une *civitas Bononiensium*, démembrée de l'antique Morinie.

Au delà des Morins et des Atrébates, les marécages et les forêts du Nord étaient répartis en quelques cités de grande étendue : près de la mer, les *Menapii* jusqu'à l'Escaut ; à l'est de ce fleuve, les *Nervii*. Leurs centres furent d'abord le *castellum Menapiorum* (Cassel) et *Bagacum* (Bavay). Plus tard, dans les derniers temps de l'empire, ils se transportèrent en d'autres localités, *Turnacum* (Tournai) et *Camaracum* (Cambrai), dont les noms servirent à désigner les cités. C'est ainsi que la Notice ne parle ni des Ménapiens ni des Nerviens et qu'elle inscrit à leur place les *civitates Turnacensium* et *Camaracensium*.

Ces deux cités demeurèrent comprises dans le ressort du légat de Belgique. Le reste du territoire romain, à l'est et au nord, faisait partie de la Germanie inférieure. C'était d'abord l'immense cité des *Tungri*, établie dans les régions où César avait combattu les Éburons. Son chef-lieu était à *Atuatuca* (Tongres), à l'ouest de la Meuse. Au delà des *Tungri* et au Rhin s'étendait le territoire des *Ubii*, auquel la *colonia Agrippinensis* (Cologne) servait de capitale. Plus bas encore, jusqu'aux îles et aux marais de la mer du Nord, les Bataves, plus ou moins romanisés, se maintenaient dans une autonomie relative.

Jusqu'au déclin du III⁰ siècle, ces cités continuèrent d'être réparties entre le ressort du légat de Belgique et les territoires militaires.

Reims, *Durocortorum*, capitale des *Remi*, était, dès le temps d'Auguste (1), la résidence des gouverneurs de Belgique. Toutefois, l'administration financière avait son centre à Trèves. Dioclétien divisa la Belgique civile en deux provinces, dont ces deux grandes villes furent les métro-

(1) Strabon, IV, 3.

poles. Trèves devint la capitale de la *Belgica I*, Reims, celle de la *Belgica II*. La Germanie inférieure devint la *Germania II* et Cologne en fut la métropole. Quant à la Germanie supérieure, réduite maintenant à sa partie cisrhénane, elle fut démembrée d'une manière assez compliquée : Mayence devint le chef-lieu d'une *Germania I*, qui, comprenant les territoires de Mayence, Worms, Spire, Strasbourg, s'étendait jusqu'aux environs de Colmar; la cité de Langres fut rattachée à la Lyonnaise Ire; le reste forma une province nouvelle, la *Maxima Sequanorum* (1), dont Besançon, l'antique métropole des Séquanes, devint le chef-lieu.

Voici, pour ces cinq provinces, le texte de la *Notitia Galliarum* :

PROVINCIA BELGICA PRIMA.
   metrop. civ. Treverorum.
      civ. Mediomatricum.
      civ. Leucorum.
      civ. Verodunensium.

PROVINCIA BELGICA SECUNDA.
   metrop. civ. Remorum.
      civ. Suessionum.
      civ. Catalaunorum.
      civ. Veromandorum.
      civ. Atrabatum.
      civ. Camaracensium.
      civ. Turnacensium.
      civ. Silvanectum.
      civ. Bellovacorum.
      civ. Ambianensium.
      civ. Morinum.
      civ. Bononiensium.

PROVINCIA GERMANIA PRIMA.
   metrop. civ. Mogontiacensium.
      civ. Argentoratensium.
      civ. Nemetum.
      civ. Vangionum.

(1) Elle figure dans la liste de Vérone, et il y a tout lieu de croire qu'elle était marquée dans une inscription mutilée de l'année 294. *C. I. L.*, XIII, 5249.

PROVINCIA GERMANIA SECUNDA.
   metrop. civ. Agrippinensium.
      civ. Tungrorum.

PROVINCIA MAXIMA SEQUANORUM.
   metrop. civ. Vesontiensium.
      civ. Equestrium.
      civ. Helvetiorum.
      civ. Basiliensium.
         castrum Vindonissense (1).
         castrum Ebrodunense.
         castrum Argentariense.
         castrum Rauracense.
         portus Bucini.

§ 2. — *Origines chrétiennes.*

S. Irénée (III, 3, 3) parle d'églises établies ἐν Γερμανίαις. Il y avait donc, dès le temps de Commode, des groupes de chrétiens dans les provinces rhénanes. On ne doit pas s'en étonner. La civilisation romaine y était plus avancée que dans les régions voisines de l'Océan; les armées, les opérations militaires y déterminaient un mouvement spécial de circulation et de commerce. Toutefois, en dehors de la rapide mention d'Irénée, il ne subsiste aucune trace de ce christianisme primitif. En ce qui regarde l'organisation épiscopale, les traditions, fort en désordre, il faut le reconnaître, ne nous permettent pas d'atteindre le IIIe siècle. Mais ceci doit s'entendre des provinces militaires, car, dans la Belgique civile, deux ou trois églises, Reims, Trèves, peut-être Metz, remontent aisément aux environs de l'an 250. Çà et là quelques traditions relatives à des martyrs locaux se manifestent au IVe siècle et depuis. Mais elles ne sont ni bien sûres, ni bien classées en chronologie.

Là, comme ailleurs, les églises se multiplièrent au IVe siècle. Soit par des témoignages directs, soit en se fondant sur les séries épiscopales, on peut faire remonter à ce

(1) Sur ces *castra* et le *portus Bucini*, voy. plus loin, p. 20.

temps celles de Cologne, Tongres, Soissons, Châlons, Noyon, Senlis, Amiens (1), Mayence (2), Worms (3), Cambrai (*Nervii*), Verdun (*Articlavi*), Besançon, Spire (*Nemetes*), Strasbourg (*Argentoratenses*), Bâle (*Rauraci*) (4). Il est vraisemblable que tous les chefs-lieux des cités cataloguées dans la Notice des Gaules étaient devenus des sièges épiscopaux au moment où s'ouvrit, presque avec le V⁰ siècle, la période des invasions définitives.

§ 3. — *Occupation barbare ; ses conséquences ecclésiastiques.*

Jusqu'à la fin du IV⁰ siècle, ces contrées, qui voisinaient avec la Germanie indépendante, avaient eu souvent à subir les ravages des barbares. Ceux-ci ne se bornèrent pas toujours à des expéditions de pillage sur le territoire de l'empire : ils finirent par s'y établir à demeure. Les Francs Saliens, de bonne heure installés dans le pays des Bataves, franchirent le bas Rhin et la basse Meuse ; puis, après avoir occupé la Toxandrie (Brabant), c'est-à-dire la partie nord des cités de Tournai, de Cambrai, de Tongres (5), ils finirent par s'emparer des villes elles-mêmes et par fonder de petits royaumes à Tournai, à Cambrai, ailleurs encore. Une autre tribu, celle des Ripuaires, s'installait avec son chef à Cologne. Cette ville, avec la province dont elle était la ca-

(1) L'existence d'une église épiscopale à Amiens paraît pouvoir se déduire de ce que raconte Sulpice Sévère (*Vita Martini*, 3) sur le baptême de s. Martin.

(2) Amm. Marcellin, XXVII, 10.

(3) L'épisode de la conversion des Burgondes, au commencement du V⁰ siècle (v. 415), suppose que, dans la cité de Worms, le christianisme était depuis quelque temps la religion dominante.

(4) Les six derniers sièges ne sont attestés que par le concile de Cologne (voy. t. I, 2⁰ éd., p. 304) qui, sauf Châlons, Noyon et Senlis, mentionne aussi les précédents.

(5) On attribue communément aux Huns d'Attila la destruction de cette ville, en se fondant sur un texte célèbre de Grégoire de Tours (*H. Fr.*, II, 5). M. Kurth a très bien démontré (*Anal. Boll.*, t. XVI, p. 167) que cette opinion n'est pas soutenable. Il opine pour l'invasion des Vandales (407). Cependant Tongres n'est pas au nombre des villes que s. Jérôme (ep. 123) dit avoir été victimes de cette invasion.

pitale, paraît avoir été détachée de l'empire dès le début du V⁰ siècle (1).

En ce temps-là, comme on le voit par la *Notitia Dignitatum*, les provinces de Germanie I et de Séquanaise fonctionnaient encore. Depuis l'invasion de 407, il en fut autrement. Sur le Rhin moyen, s'exerçait la poussée des Burgondes et des Alamans. Les premiers, ou plutôt une partie d'entre eux, furent régulièrement installés, en 413, par l'autorité de l'empereur Honorius, dans le pays de Worms et de Spire(2). Mais ils n'y restèrent pas longtemps. En 443, ils recevaient en Savoie un autre établissement.

Dans le courant du V⁰ siècle, les Alamans, maîtres du pays à l'est du Rhin jusqu'aux environs de Passau, franchirent le fleuve et occupèrent peu à peu les contrées qui formaient les cités de Worms, Spire, Strasbourg et Bâle. De là ils couraient le pays à l'ouest et au sud (3). De leur côté, les Burgondes descendaient de la Savoie et prenaient, dans les vallées du Rhône et de la Saône, la succession de l'empire romain.

Le progrès de ces établissements germaniques n'était pas, par lui-même, une menace pour le christianisme. Ni les Francs ni les Alamans ne faisaient de propagande pour leurs divinités nationales. Les Burgondes, à peine établis, se convertirent (4). Mais quand l'installation se faisait violemment, il va de soi que les églises et leur clergé partageaient le sort de la population romaine. Il est possible que quelques-unes d'entre elles aient subi de ce chef une inter-

(1) Cologne n'est pas nommée dans la *Notitia Dignitatum* (v. 412); la Germanie II⁰ figure encore dans les listes de provinces, où on ne se pressait pas d'effacer celles que l'on perdait; on trouve aussi un *praefectus laetorum Lagensium prope Tungros Germaniae secundae*. C'est tout ce que l'on relève de garnisons, et c'est bien peu pour une province qui, si elle eût été occupée, aurait eu une si grande importance militaire.

(2) Chroniques de Prosper et de Cassiodore.

(3) La vie de s. Loup (c. 10) nous les montre au voisinage de Troyes; celle de s. Eugende (c. 17; cf. ci-dessous, p. 23), au sud de Salins.

(4) Ils furent d'abord catholiques pendant leur séjour dans le pays de Worms et de Spire ; plus tard ils embrassèrent l'arianisme.

ruption plus ou moins longue; mais cela n'est pas bien démontré, même pour celles des anciennes cités romaines que nous trouvons plus tard groupées deux à deux pour former des diocèses épiscopaux (1).

Je vais étudier, en suivant l'ordre géographique, la répercussion de ces faits d'invasions et d'établissements barbares sur le fonctionnement des évêchés.

a) RÉGION DU NORD

Au concile d'Orléans, tenu en 511, il n'assista, de toutes ces contrées, que quatre évêques de la seconde Belgique, ceux de Soissons, Senlis, Amiens et des *Viromandui*. Ces deux dernières cités sont les plus septentrionales parmi celles qui furent représentées au concile.

La vie anonyme de s. Waast, qui est peut-être de Jonas de Suse (2), nous a conservé la plus ancienne tradition de l'église d'Arras sur ses origines. Peu après la conversion de Clovis, s. Remi, désireux d'activer la propagande chrétienne parmi les Francs, ordonna évêque d'Arras un saint homme de Toul, appelé Vedastus, qui lui avait été recommandé par le roi. Depuis la catastrophe qu'elle avait subie dans l'invasion « d'Attila », la ville épiscopale était demeurée inhabitée; l'église était encore debout, mais, déjà envahie par les broussailles, elle n'abritait plus que des animaux. Le nouvel évêque la remit en état et s'y installa. A sa mort, il laissait deux lieux saints, l'ancienne église, à l'intérieur de l'enceinte, et un oratoire en bois construit par lui sur les bords du Crinchon (3).

La vie de s. Géry, qui est aussi du VIIe siècle, nous représente l'évêché de Cambrai comme fonctionnant régulièrement dans les dernières années du VIe. Géry, promu

(1) Arras et Cambrai, Boulogne et Térouanne. Quant à l'union des sièges de Noyon et de Tournai, elle est sûrement postérieure, et de beaucoup, à la conversion de Clovis.
(2) M. G. Script. merov., t. III, pp. 399, 406.
(3) Plus tard abbaye de Saint-Waast, actuellement cathédrale.

sous Childebert II (1), succéda à un évêque défunt (2). Depuis lors, il n'est plus question que d'évêques de Cambrai; ils administrent à la fois les deux églises d'Arras et de Cambrai, mais sans mentionner celle d'Arras dans leur titulature. La tradition n'admet qu'une seule série épiscopale, laquelle commence à s. Waast, et, par deux évêques, Dominique et Védulfe, se relie à s. Géry. Elle suppose que le siège a été transféré d'Arras à Cambrai, soit par Dominique, soit par Védulfe.

Voilà tout ce que la tradition courante nous fournit sur la reconstitution des églises d'Arras et de Cambrai, après les invasions du Ve siècle. L'auteur des Gestes des évêques de Cambrai (3), qui écrivait vers 1042, n'en savait pas davantage. Mais, dans un manuscrit du catalogue épiscopal, et en tête de ce catalogue, une note, transcrite au XIIe siècle, allègue une autre tradition, d'après laquelle, soixante-quatorze ans avant s. Waast, un évêque, Diogène, envoyé par le pape et consacré par l'archevêque de Reims, aurait prêché l'Evangile à Arras. Le fait se serait passé « au temps de la persécution des Vandales, qui sévit cruellement dans le royaume et les églises du royaume des Francs ». Le fait n'a rien d'invraisemblable en lui-même; le temps indiqué par les soixante-quatorze ans (v. 426) est précisément celui où nous voyons le pape Célestin envoyer des missionnaires jusqu'en Irlande. Cependant je ne croirais pas volontiers qu'alors l'église d'Arras fût encore à fonder. J'insisterais plutôt sur la date qui se déduit de l'évocation des Vandales. Arras est une des villes que s. Jérôme dit avoir eu à souffrir de l'invasion vandale en 407. Il est fort possible que son évêque ait péri alors dans le massacre de la population gallo-romaine et que cet évêque fût précisément le Diogène dont le souvenir s'est conservé comme on l'a vu.

(1) Plus précisément entre 576 et 589.
(2) Anal. Boll., t. VII, p. 391 : « Contigit Camaracinae civitate episcopum fuisse defunctum. »
(3) M. G. Scr., t. VII, pp. 405 et suiv.

Dans ces conditions, l'église d'Arras aurait été fondée au déclin du IVᵉ siècle. Celle de Cambrai, ou plutôt des *Nervii*, apparaît déjà en 346; l'évêque, en ce temps-là, résidait peut-être à Bavay.

Vers le temps où, d'après cette tradition, Diogène serait venu à Arras, le pays des *Morini*, plus rapproché de la mer, recevait la visite de l'évêque de Rouen Victrice. La foi y avait été à peine prêchée jusque là; grâce au zèle de Victrice, les églises surgirent de toutes parts; il se fonda même des monastères. Le passage de s. Paulin (1) par lequel cette situation nous est connue ne permet pas de savoir s'il y avait eu des évêques en Morinie avant le temps de s. Victrice, s'il en trouva à son arrivée, s'il s'en établit à la suite de sa mission. Le pays était divisé en deux cités romaines; il eut, nous le savons par s. Jérôme (ep. 123), beaucoup à souffrir de l'invasion vandale. C'est, en somme, la même situation qu'à Arras. Après les Vandales, qui ne firent que passer, vinrent les Francs païens, qui s'établirent dans le voisinage et ne contribuèrent pas à la résurrection de la foi.

Quant à la cité de Tournai, l'Evangile avait pu y être prêché, avec plus ou moins de succès, dans le courant du IVᵉ siècle, comme en Morinie et dans le pays des Atrébates. Mais nous n'avons là-dessus aucun document sérieux. Tournai fut ravagée aussi par les Vandales, puis par les Francs; ceux-ci en firent ensuite la capitale d'un de leurs royaumes.

Une fois les Francs convertis et les petits royaumes du Nord annexés au domaine de Clovis, on put songer à relever les ruines des chrétientés disparues. L'envoi de s. Waast

(1) Paulin, ep. 18, 4 : « Terra Morinorum situ orbis extrema... corda aspera Christo intrante posuerunt. Ubi quondam deserta silvarum ac littorum pariter intuta advenae barbari aut latrones incolas frequentabant, nunc venerabiles et angelici sanctorum chori urbes, oppida, insulas, silvas, ecclesiis et monasteriis plebe numerosis, pace conaosis, celebrant..... in remotissimo Nervici littoris tractu, quem tenui antehac spiritu fides veritatis adflaverat, ... in te primo refulsit clarius. »

à Arras et la reconstitution d'un évêché à Cambrai marquent une première étape dans cette voie. Tournai reçut un évêque, soit dans les derniers temps de Clovis, soit peu après. A Térouanne aussi il semble que l'on ait fait, vers ce temps-là, quelques tentatives (1), qui, il est vrai, n'aboutirent que faiblement, car c'est seulement vers le milieu du VIIᵉ siècle que s. Omer y rétablit définitivement l'évêché.

Autant qu'on peut le voir, les établissements chrétiens avaient beaucoup de peine à vivre en ces contrées; le paganisme n'y avait jamais été bien sérieusement combattu ; l'afflux des populations venues du nord, Francs et Frisons, avait grandement renforcé sa résistance. L'évêché de Tournai ne put être maintenu; on le confia aux évêques de Noyon, à qui dès lors incomba le soin d'y promouvoir les œuvres d'apostolat.

Plus à l'est, les églises de Tongres et de Cologne, sûrement antérieures à l'invasion et durement éprouvées par elle, parvinrent à se reconstituer. Nous n'en avons, il est vrai, aucune nouvelle au Vᵉ siècle. Au temps de Clovis (2), l'évêque Monulf transporta à Maestricht le siège épiscopal de la *civitas Tungrensium*. Depuis lors, ce diocèse fonctionna régulièrement: A Cologne aussi et à Mayence, nous connaissons des évêques du VIᵉ siècle.

Mais du fonctionnement régulier d'un établissement épiscopal il ne faut pas encore conclure à la conquête de son ressort par l'Evangile. Dans les diocèses de l'intérieur, le christianisme luttait encore, au VIᵉ siècle, sur certains points, contre la persistance de l'idolâtrie. C'était bien autre chose dans ces régions du nord où il n'avait guère eu le temps de jeter des racines profondes. Tout était encore à faire quand la conversion de Clovis assura aux églises une protection efficace. Des évêchés furent

(1) A cela correspondraient les deux prédécesseurs de s. Omer sur la liste épiscopale de Térouanne.

(2) C'est ce qui résulte de la chronologie des évêques de Tongres, telle que je l'ai établie plus loin.

reconstitués, non sans peine, comme on vient de le voir; mais des établissements comme ceux de Térouanne, de Tournai, de Cambrai, de Maestricht, de Cologne, n'étaient en réalité que des centres de mission. Encore celui de Tournai, incapable de se maintenir tout seul, dut-il être soutenu du dehors. Dans les derniers temps de Clotaire II, l'évêque de Noyon, Aicharius, qui en avait hérité, y favorisa les efforts d'un évêque missionnaire, s. Amand (1). Son successeur Eloi y travailla de sa personne. Ils laissèrent encore beaucoup à faire. S. Amand, devenu évêque de Maestricht (647-649), et ses successeurs sur ce siège jusqu'à s. Hubert, c'est-à-dire jusqu'au VIII siècle, n'eurent pas moins de peine à triompher de l'idolâtrie dans le pays de la basse Meuse.

En arrière du pays franc, dans les îles et les marécages du littoral, vivait le peuple des Frisons, de race apparentée à celle des Francs, mais bien distincte. On les rencontrait depuis les bouches de l'Escaut jusqu'à celles du Weser. Eux aussi étaient à convertir. Le roi Dagobert s'en préoccupa de bonne heure. A son instigation, l'évêque de Cologne Cunibert fonda dans la forteresse d'Utrecht, en territoire franc mais à la lisière de la Friso indépendante, une église que le roi dota à condition que l'évêque en fît un centre de missions pour le pays frison. Cette condition ne fut pas remplie. C'est au clergé anglo-saxon et non au clergé franc qu'il était réservé d'arriver sur ce point à des résultats sérieux.

Ebauchée par s. Wilfrid (678) sous le roi frison Aldgild, reprise sans succès sous le successeur de celui-ci, Ratbod, par Wictberct, l'évangélisation fut menée à bien par s. Willibrord, au moins parmi les populations frisonnes situées en deçà de la frontière franque. C'est Willibrord qui fonda

(1) Là, comme ailleurs, s. Amand paraît avoir eu peu de succès. Il fonda cependant les deux monastères gantois, Blandigny et Saint-Bavon, et, dans le sud du diocèse, le monastère d'Elnone, auquel son nom est resté (Saint-Amand).

définitivement les établissements d'Utrecht, où il installa le centre de l'évangélisation des Frisons. Utrecht devint un siège épiscopal; après quelques fluctuations et quelques conflits qui durèrent jusqu'aux premières années de Charlemagne, il fut régulièrement occupé et prit rang parmi les suffragants de Cologne.

b) RÉGION DE L'EST

L'année 496 vit la défaite des Alamans par Clovis et le baptême de celui-ci. Ce dut être le commencement d'une situation meilleure pour les chrétientés voisines du Rhin. Si les évêchés avaient disparu, ils durent renaître à partir de ce moment. Cependant il n'est nullement question d'eux au VI siècle (1). C'est seulement au concile de Paris, en 614, qu'on voit réapparaître les évêques de Worms, Spire et Strasbourg. Celui de Bâle se manifeste aussi vers ce temps-là.

Vaincus par Clovis, les Alamans se réfugièrent, en partie, dans les anciennes provinces de Rhétie, qui ressortissaient au royaume d'Italie et dépendaient du roi Théodoric. Ils y étaient installés quand le roi burgonde Sigismond fit convoquer une assemblée de tous ses évêques, le concile d'Epaone, qui se tint en 517. De l'ancienne Séquanaise nous y voyons représentées les églises de Besançon et de Windisch (civitas Helvetiorum). La civitas Equestrium, au sud du Jura, était sans doute désorganisée et l'on n'avait

(1) Au moins sous des noms reconnaissables. Grégoire de Tours, Gl. conf., 54, et H. Fr., IX, 29, parle de deux évêques d'une localité appelée Momociacus. L'un, Thaumaste, mort au moment où il écrivait, avait dû quitter sa ville épiscopale et était venu mourir à Poitiers; l'autre, Sigmund, invita en 588 le roi Childebert II à célébrer chez lui les fêtes de Pâques, et le roi se rendit à son invitation. M. Longnon a établi (Géogr., pp. 620 et suiv.) que Momociacus devait se trouver dans la région que nous considérons ici; mais il ne lui a pas été possible d'identifier cette localité. Il n'y a pas bien loin de Momociacus à Moguntiacus; je ne serais pas étonné qu'il s'agît ici d'évêques de Mayence. La situation de l'évêché de Mayence, situé en pays franc, doit être distinguée de celle des évêchés situés plus au sud, qui eurent affaire aux Alamans.

pas encore institué le diocèse de Belley. La cité de Bâle devait faire partie de l'empire franc (Austrasie). Lors de la liquidation du royaume burgondo, en 534, les cités de Windisch et de Besançon devinrent, elles aussi, austrasiennes.

En 536, les provinces situées entre les Alpes et le Danube, c'est-à-dire les Rhéties et la Norique, furent cédées à Théodebert, roi d'Austrasie, par le roi des Goths d'Italie, Vitigès. Depuis lors elles restèrent toujours dans le domaine austrasien.

Ce sont là des changements extérieurs. Échappée aux Romains, reprise aux Alamans ou défendue contre eux, la direction politique et administrative avait passé aux Burgondes et aux Francs, puis aux Francs seuls. Mais la population alamane n'était pas supprimée pour autant. Elle s'infiltra plus ou moins de la rive droite du Rhin à la rive gauche, élimina ou s'assimila, jusqu'à une certaine distance du fleuve, ce qui restait de population romanisée et constitua un groupe ethnique qui ne pouvait manquer de tendre à l'autonomie. La ligne actuelle de démarcation entre les deux langues allemande et française, en Alsace et en Suisse, délimite à peu près l'Alémannie du VIᵉ et du VIIᵉ siècle. L'Alsace eut quelque temps un duc spécial ; le reste de l'Alémannie était gouverné, pour l'empire franc et spécialement pour le roi d'Austrasie, par un duc national.

C'est dans le courant du VIIᵉ siècle et sous l'influence des missions venues de Luxeuil que la masse de la population alamane passa au christianisme. Vers la périphérie de son territoire se trouvaient les anciens évêchés romains de Strasbourg, Bâle, Avenches, Coire, Augsbourg (1). Les deux premiers avaient peut-être été supprimés pendant quelque temps ; les autres paraissent s'être maintenus sans interruption. Celui d'Augsbourg existait encore en 591. Comme celui de Coire, il se rattachait au système métropolitain de

___
(1) Voir le texte cité plus loin, p. 19, n. 3.

l'empire franc (1). Ces anciens établissements furent jugés insuffisants. On constitua un nouveau diocèse, dont le chef-lieu fut installé à Constance et dont le ressort comprit, au nord du Rhin, la Souabe et, au sud, la partie germanisée de l'Helvétie. Cette délimitation fut considérée depuis comme remontant à Dagobert I (623-639), et il n'est nullement sûr que le siège de Constance soit plus ancien. On le croirait cependant, si l'on s'en rapportait à la vie de s. Gall ; mais ce document n'est pas de ceux auxquels on puisse se fier (2).

En tout cas, il n'y a, avant le VIIᵉ siècle plus ou moins avancé, aucune mention d'évêché soit à Constance, soit dans une localité rhétique du voisinage (3). Constance est

___
(1) Il serait intéressant de savoir à quelle métropole en particulier, Lyon, Vienne, Besançon.

(2) Egli, *Neues Archiv*, t. XXI, p. 371 ; *Vita s. Galli*, M. G. Scr. merov., t. IV, p. 238 et suiv. (Krusch).

(3) La Rhétie n'avait ou qu'un très petit nombre d'organisations municipales suivant le système romain. A vrai dire, Augsbourg est, en ce pays, la seule cité bien assurée. Quant aux évêchés, outre celui d'Augsbourg, deux autres sont connus : celui de Coire, qui se révèle en 451, et celui de Seben. De celui-ci je dois dire ici quelques mots. La vie de s. Séverin (c. 41) parle d'un *sanctus Valentinus Raetiarum episcopus*, qui doit avoir vécu vers le milieu du Vᵉ siècle. Or on sait par Fortunat (*Vita Martini*, IV, v. 647) que ce saint avait son sanctuaire (*Valentini benedicta templa*) au sud de l'an supérieur, avant la frontière du Norique. Cette contrée est le pays des *Breuni* ou *Breones*, souvent mentionnés depuis le temps d'Auguste. Or les *Breones* avaient un évêque au VIᵉ siècle. Dans leur lettre écrite en 591 à l'empereur Maurice, des prélats de la province d'Aquilée disent que, pendant que les Francs occupaient le pays (536-565), leurs évêques avaient fait des ordinations épiscopales en trois églises « du concile » c'est-à-dire « de la province » d'Aquilée : *in tribus ecclesiis nostri concilii, id est Breonensi, Tiburniensi et Augustana Galliarum episcopi constituerunt sacerdotes* (M. G. Ep., t. I, p. 20 ; sur la leçon *Breonensi*, voy. *Neues Archiv*, t. XVII, p. 191). Un évêque *secundus Raetiae*, appelé Ingenuinus, figura, vers 580, au concile tenu par Hélie, patriarche d'Aquilée (M. G. Scr. Lang., p. 393) ; il signa en 591, et avec le même titre, la lettre collective que je viens de citer. Paul Diacre, toutefois, à propos des mêmes négociations (*Hist. Lang.*, III, 26 ; cf. *Neues Archiv*, l. c.), le qualifie d'évêque de Seben, de Sabione. Comme l'endroit où il en parle est emprunté à Secundus de Trente († 612), on peut croire que la désignation de Sabione remonte elle-même au VIᵉ siècle. — L'église *Tiburniensis*, mentionnée ici, correspond à l'ancienne cité de Teurnia, près de la haute Drave ; on voit jusqu'où s'étendait, sous Childebert II, le « concile » des Gaules.

un évêché nouveau, constitué pour les besoins de la nation alamane. C'est l'évêché alaman par excellence. Dans ses limites furent comprises diverses localités sur lesquelles les évêques d'Augsbourg, Coire, Avenches, Bâle aussi peut-être, avaient exercé leur juridiction. En ce qui regarde Avenches, le fait est très certain, car Windisch, ancienne résidence des évêques helvètes, fit partie du diocèse de Constance (1).

L'occupation alamane eut, dans la province séquanaise, d'autres conséquences que celle-ci.

La Notice des Gaules divise cette province en quatre cités, *Vesontionensium, Equestrium, Helvetiorum* et *Basiliensium.* A cette énumération elle ajoute quatre *castra* et un port :

> *castrum Vindonissense,*
> *castrum Ebrodunense,*
> *castrum Argentariense,*
> *castrum Rauracense,*
> *portus Bucini.*

Les deux premiers *castra*, Windisch et Yverdun, étaient sur le territoire de la cité des Helvètes; les deux autres, Horburg, près Colmar, et Kaiser-Augst, sur le territoire de Bâle ; le *portus Bucini* (Port-sur-Saône), sur le territoire de Besançon.

Aux temps mérovingiens, il y avait, en Séquanaise, quatre cités épiscopales : Besançon, Belley, Lausanne et Bâle. Mais la coïncidence entre les diocèses épiscopaux et les *civitates* de la Notice, n'est pas toujours exacte. Il faut entrer dans quelques détails.

Pour la cité de Besançon, il n'y a guère de difficulté. On

(1) Le pays des *Turenses* faisait partie, jusqu'en 610, du royaume de Bourgogne. Il fut alors cédé à l'Austrasie (Frédég., IV, 37). Les *Turenses* paraissent bien être les habitants du pays de Zurich, qui s'étendait jusqu'à Windisch, inclusivement. Il y a peut-être quelque rapport entre ce changement politique et la délimitation, opérée plus tard, du diocèse de Constance.

en peut dire autant pour celle de Bâle. Cependant, la première fois qu'il est question, après l'invasion alamane, d'un évêque de Bâle, c'est-à-dire dans la vie de s. Eustase par Jonas (c. 5), nous le voyons qualifié d'*episcopus Augustanae* et *Basileae.* Il semblerait, d'après cela, qu'il y aurait eu d'abord deux diocèses, un d'Augst et un autre de Bâle, plus tard unis sous le même évêque. Je n'en crois rien. Pour admettre une exception à la loi générale de la coïncidence entre les cités et les diocèses, il faudrait un texte plus significatif et plus autorisé que celui-ci. L'expression de Jonas n'est pas équivalente à une signature épiscopale, au bas d'une charte ou d'un concile. Elle se ressent de l'érudition de l'auteur, et le contexte le montre bien. Jonas signale ceux des disciples d'Eustase qui ont été, par la suite, jugés dignes des honneurs de l'épiscopat ; il les énumère : *Chagnoaldus Lugduni Clavati, Acharius Viromandorum et Noviomensis ac Tornacensis episcopus, Ragnacharius Augustanae et Basileae, Audomarus Boloniae et Tervanensis oppidi.* Or, il est sûr qu'il n'y a jamais eu d'évêque de Vermandois distinct de celui de Noyon ; il est bien douteux que Jonas ait eu connaissance d'évêques de Boulogne distincts de ceux de Térouanne. Tout ce qu'on pourrait tirer de son texte, c'est que l'évêque de la cité de Bâle a peut-être d'abord résidé à Augst. Le document de 346 ne mentionne que le nom de la *civitas*, celle des Rauriques, non celui de la localité où résidait alors l'évêque.

La cité des Helvètes nous offre un exemple remarquable de ces translations de siège.

Avenches en était le chef-lieu. Il était naturel qu'elle devînt la résidence de l'évêque. Mais les premiers évêques que nous trouvons en territoire helvète — il est vrai qu'on n'en trouve pas avant le VIe siècle — résident à Windisch et en prennent le titre, tout en le cumulant avec celui d'Avenches. Vers la fin du VIe siècle, ils s'installèrent à Lausanne, où ils sont restés jusqu'à la Réforme. Voici la série : Bubulcus, au concile d'Epaone (517), signe *episcopus civitatis Vindoninsis* (1). Grammatius signe, en 535, au concile d'Auvergne, comme évêque *ecclesiae Aventicae* ; en 541 et 549, d'autres signatures de lui se rapportent à Windisch, *civitatis Vindonensium, ecclesiae Vindunnensis.* Marius, au concile de 585, signe *episcopus ecclesiae Aventicae*, mais il paraît avoir résidé à Lausanne ; il y fonda l'église principale et y fut enterré. En 650, l'évêque Arricus signe déjà *episcopus ecclesiae Lausonicensis.*

En somme, il semblerait qu'Avenches, détruite en 264 par les Alamans (2), et déserte encore vers 380 (3), n'ait jamais été la résidence ordinaire de l'évêque helvète. Celui-ci ne se rencontre qu'à Windisch d'abord, et, plus tard, à Lausanne. Cependant, il faut tenir compte du terme *ecclesia Aventica* qui figure dans la titulature avant et après cette translation. Les évêques de Windisch et de Lausanne ne se disent pas *episcopus Helvetiorum*, ce qui ne tirerait pas à conséquence, mais *episcopus Aventicae*, ce qui suppose qu'originairement l'évêque helvète avait été ainsi désigné et que, par suite, l'évêché avait été fondé à Avenches. Il y a donc lieu d'admettre les résidences successives d'Avenches, de Windisch et de Lausanne.

La *civitas Equestrium* nous offre un problème plus compliqué. A l'origine, la *colonia Iulia Equestrium* ne doit avoir eu qu'une étroite banlieue autour de son chef-lieu, *Noviodunum* (Nyon). Mais dans les arrangements dont témoigne la Notice des Gaules, il en dut être autrement. Du moment où il est question, non plus d'une colonie, mais d'une

(1) On a cru à tort que l'évêque Salutaris, qui députa au concile d'Epaone, était un évêque d'Avenches, et qu'ainsi il y avait alors à Avenches et Windisch deux sièges distincts. En fait, Salutaris signe *episcopus civitatis Avennicae.* Or *Avennica*, forme adjective du nom d'Avignon, est d'usage courant au temps mérovingiens. Voir les signatures des évêques d'Avignon aux conciles de 541, 549, 554; Grégoire de Tours, *Hist. Fr.*, IV, 30; VI, 24; VII, 10, 38, 40; X, 23.

(2) Frédégaire, II, 40. Sur la valeur de ce témoignage, voy. Mommsen, *Inscr. Helvet.*, p. 27.

(3) *Aventicum, desertam quidem civitatem, sed non ignobilem quondam, ut aedificia semiruta nunc quoque demonstrant.* Amm. Marcell., XV, 11, 12.

civitas Equestrium, celle-ci a dû avoir son territoire. C'est le même cas que pour la colonie de Lyon. Assez resserré sur les bords du lac Léman, entre Lausanne et Genève, c'est-à-dire entre les cités des Helvètes et des Allobroges, ce territoire a dû s'étendre vers le Jura et au delà, de sorte qu'il n'est nullement interdit de croire qu'il a pu être emprunté soit aux Séquanes, soit aux Ambarres, soit aux uns et aux autres. Les Ambarres avaient été sacrifiés à la constitution du nouveau territoire lyonnais ; il est assez naturel qu'une partie de leur région ait été annexée à celui de *Noviodunum*. Dans cette hypothèse, rien ne s'opposerait à ce que la *civitas Equestrium* se fût étendue jusqu'à Belley (1), dans le coude que le Rhône fait, de ce côté, vers le sud.

L'abbaye de Condat (*Condatiscone*, Saint-Oyan, Saint-Claude) s'élevait à l'ouest du territoire des Equestres, mais dans son voisinage. Le biographe de s. Romain, qui écrivait dans la première moitié du VIᵉ siècle, a (c. 3) la notion claire de ce territoire. Il n'avait donc pas encore été annexé à la cité de Genève. Le « municipe » de Nyon fonctionnait encore ; cette localité avait son clergé (c. 3) ; au moins en était-il ainsi au temps de s. Romain (v. 440).

Mais le pays était désolé par les ravages incessants des Alamans ; on les redoutait à l'ouest du Jura tout aussi bien que de l'autre côté (2). C'est probablement à eux qu'il faut attribuer la ruine définitive de Nyon. La *civitas Equestrium* ne fut pas représentée, en 517, au concile d'Epaone. Son chef-lieu et toute la partie de son territoire qui s'étendait entre le lac et le Jura furent annexés à la cité de Genève. A quelle date au juste ? Nous n'en savons rien. C'est seulement en 552, sous le roi Childebert, que l'évêque de Belley apparaît pour la première fois.

(1) Belley (*vicus Bellicensis, C. I. L.*, XII, 2500) fait actuellement partie du département de l'Ain, lequel s'étend, au delà du Jura, presque jusqu'à Nyon. Entre cette dernière ville et la frontière française il n'y a guère que cinq kilomètres à vol d'oiseau.

(2) *Vita Eugendi*, c. 17. Grégoire de Tours dit des solitudes du Jura que *inter Burgundiam Alamaniamque sita Aventicae adiacent civitati.*

Cette apparition ne peut être considérée comme un simple changement de résidence de l'évêque de Nyon. Elle doit être la conséquence d'un remaniement administratif, sur l'origine duquel nous ne pouvons faire aucune conjecture (1). Genève et Belley ont toujours été soumis, sous les Mérovingiens et les Carolingiens, aux mêmes souverains, Childebert, Clotaire, Gontran, etc. Dans ce silence des documents, un fait pourtant, très significatif, appelle l'attention. C'est que l'évêque de Belley a toujours été suffragant de Besançon et non de Lyon ni de Vienne, cela sans aucune contestation et malgré que, par un singulier enchevêtrement, les deux diocèses de Genève et de Lyon, c'est-à-dire les deux provinces de Vienne et de Lyon, s'interposassent entre lui et son métropolitain. Une telle situation ne peut s'expliquer que par des attaches anciennes.

Je crois donc pouvoir considérer l'évêché de Belley comme la continuation, avec territoire réduit et transfert du siège, de l'évêché qui aura été fondé, à l'origine, dans la *civitas Equestrium*.

§ 4. — *Partages francs.*

Dans les partages de l'empire franc, les provinces de Mayence, Cologne, Trèves, furent toujours comprises dans le lot du roi de Metz, autrement dit du roi d'Austrasie. On peut dire autant, pour la province Séquanaise, de la cité de Bâle. Lors du dépècement du royaume burgonde, en 534, la cité des Helvètes fut aussi rattachée au royaume d'Austrasie, car, l'année suivante, son évêque assista au

(1) Si l'évêque Vincent, qui assista au concile de Paris en 552, est vraiment le même que l'évêque de Belley de 570, il faudrait admettre que Belley faisait alors partie du royaume de Childebert. La cité des Helvètes était alors austrasienne. Lors du partage de la Burgondie (534), le roi d'Austrasie aura peut-être réclamé la partie transjurane de la *civitas Equestrium*, et ce serait là l'origine de la dislocation. Après la mort de Clotaire (561), cette partie transjurane aurait été abandonnée par l'Austrasie, et Gontran l'aurait annexée au diocèse de Genève. Tout cela est bien incertain.

concile austrasien d'Auvergne. Il y a bien lieu de croire qu'il en fut de même du reste de la province (1). Toutefois, dans les partages postérieurs il en fut autrement : Bâle demeura austrasienne, mais les évêchés de Besançon, Lausanne et Belley firent partie du royaume de Bourgogne.

La seconde Belgique fut morcelée plus diversement. Au royaume austrasien échut la métropole, Reims, avec la cité de Châlons. La partie occidentale, Amiens, Beauvais, Senlis, se rattachait au royaume de Paris (Childebert, Caribert (2), Chilpéric). Le nord, Noyon, Arras, Cambrai, Tournai, Térouanne, Boulogne, avec Soissons et une partie de l'ancienne cité des *Remi*, constituée en diocèse de Laon, formait l'essentiel du royaume de Soissons.

Il y a bien lieu de croire que l'origine de l'évêché de Laon se rattache au partage qui suivit la mort de Clovis. La tradition en attribue la fondation à s. Remi. Il résulte des conciles célébrés sous les fils de Clovis que Laon n'appartenait pas alors au royaume d'Austrasie. On ne voit, vers ces temps-là, aucun autre événement, si ce n'est le partage, qui ait pu donner lieu à ce démembrement du diocèse de Reims.

A la mort de Caribert, les deux cités de Beauvais et de Senlis furent divisées entre les trois frères, Sigebert, Chilpéric et Gontran. Chilpéric paraît avoir obtenu en outre la cité d'Amiens. Mais quelques années auparavant (v. 562), le roi d'Austrasie Sigebert lui avait enlevé sa capitale, Soissons, sans doute aussi la nouvelle cité de Laon (3). Quand Sigebert eut été assassiné par ses soins (575), Chilpéric reprit Soissons à son héritier ; il s'empara aussi de la totalité de Beauvais et de Senlis. Mais après sa mort (584), les rois d'Austrasie et de Bourgogne firent de nouveau va-

(1) Sauf peut-être Belley, qui paraît avoir été comprise dans le lot de Childebert.
(2) Cependant on n'a pas la preuve que Caribert ait possédé Amiens.
(3) Vers 581, Laon appartenait au royaume d'Austrasie (*H. Fr.*, VI, 4). Peut-être cette attribution avait-elle son origine dans le partage de 561.

loir leurs droits. Le traité d'Andelot (587) attribua toute la cité de Senlis au royaume d'Austrasie. Dès la mort de Chilpéric, Childebert II avait repris Soissons. Il la perdit en 595 ; les années suivantes, les Neustriens firent beaucoup de progrès de ce côté. Mais en 600, la bataille de Dormelles leur porta un coup fatal. Clotaire II fut rejeté au delà de l'Oise, jusqu'en 613. Ce qu'il perdit dans la seconde Belgique fut annexé à l'Austrasie.

Cet état de choses dura peu. Au VII° siècle, la limite entre l'Austrasie et la Neustrie laissait Laon à l'Austrasie, Soissons et Senlis à la Neustrie.

Au traité de Verdun, la cité de Cambrai tout entière et la partie orientale de la cité de Reims furent attribuées au royaume de Lothaire et, pendant plusieurs siècles, restèrent en dehors du royaume de France. Le royaume de Lothaire comprenait aussi les provinces de Cologne, de Trèves et de Besançon, et même le diocèse de Strasbourg dans celle de Mayence. Après l'empereur Lothaire († 855), ces pays passèrent à son fils le roi Lothaire II (855-868), dont la succession donna lieu à de longues disputes entre ses voisins de l'est et de l'ouest. Dès avant sa mort; il avait (858) cédé Belley à son frère Charles de Provence et, l'année suivante (859), Lausanne à son autre frère l'empereur Louis II, lequel, à la mort de Charles (863), hérita aussi de Belley.

§ 5. — Changements postérieurs.

La conversion au christianisme des populations germaniques d'outre-Rhin n'eut pas de conséquences notables sur les circonscriptions des ressorts épiscopaux de l'ancienne Gaule. Les faits les plus importants, la fondation de l'évêché d'Utrecht aux dépens du ressort de Cologne et celle de l'évêché de Constance, qui diminua le diocèse helvète, ont été signalés plus haut. En revanche, les diocèses riverains, au nord de celui de Bâle, c'est-à-dire ceux

de Strasbourg, Spire, Worms, Mayence, Trèves, Cologne, s'agrandirent considérablement par l'annexion de territoires transrhénans. Mais ce sont surtout les ressorts métropolitains qui prirent de l'extension. Mayence, dont le diocèse propre hérita des évêchés de Buraburg et d'Erfurt, éphémères fondations de saint Boniface, et s'étendit ainsi jusqu'à la Saale, se vit bientôt à la tête d'une province métropolitaine énorme qui s'étendait depuis les Alpes jusqu'à l'Elbe, en face de Hambourg. On y rattacha d'abord les anciens évêchés de Coire et d'Augsbourg, dans ce qui avait été la Rhétie romaine, puis le diocèse alaman de Constance, le diocèse franconien de Würtzbourg, celui d'Eichstädt, enfin les évêchés saxons de Paderborn, Verden, Hildesheim et Halberstadt. En y joignant ses trois suffragants de l'ancienne *Germania I*, le métropolitain de Mayence présida désormais à un groupe de douze évêques.

Son collègue de Cologne ne fut pas aussi bien partagé. Au suffragant unique des premiers temps, l'évêque de Tongres (Maestricht, Liège) s'adjoignit d'abord l'évêque d'Utrecht, puis, après la conversion des Saxons, ceux de Brême, Münster (Mimigardefort) et Minden. Encore celui de Brême-Hambourg ne tarda-t-il pas à devenir lui-même métropolitain, pour les missions et diocèses du nord.

La répartition de ces contrées en diocèses épiscopaux et en provinces ecclésiastiques se maintint jusqu'au XVI° siècle. Cependant, il faut noter la résurrection des évêchés d'Arras (1) et de Tournai, en 1094 et en 1146. Un grand changement se produisit dans les Pays-Bas en 1559. Le roi d'Espagne Philippe II, à qui ces contrées obéissaient, obtint du pape Paul IV la fondation de nouveaux évêchés et de nouvelles provinces ecclésiastiques. L'évêché de Térouanne, qui se trouvait partagé entre la France et l'Espagne fut divisé. La partie espagnole forma le diocèse de

(1) Lambert, le premier évêque d'Arras, fut consacré le 19 mars 1094 par le pape Urbain II (*Gesta Atreb.* Cf. les lettres J. 5517-5515, relatives à cette affaire).

Saint-Omer ; la partie française, le diocèse de Boulogne (2) qui fut rattaché à la province de Reims. Du diocèse de Tournai on démembra ceux d'Ypres, de Bruges et de Gand ; du diocèse de Cambrai, ceux de Malines et d'Anvers ; du diocèse de Liège, ceux de Namur, de Ruremonde et de Bois-le-Duc. L'ancien diocèse d'Utrecht, avec certaines parties des diocèses de Cologne, Münster, Osnabrück et Paderborn qui se trouvaient dans les domaines de Philippe II, forma les diocèses nouveaux d'Utrecht, Middelbourg, Haarlem, Deventer, Leuwarden et Groningue.

Ces nouveaux diocèses et celui d'Arras furent répartis ainsi qu'il suit entre les nouvelles provinces ecclésiastiques :

CAMBRAI. — *Arras, Tournai, Saint-Omer, Namur.*
MALINES. — *Anvers, Gand, Bruges, Ypres, Bois-le-Duc, Ruremonde.*
UTRECHT. — *Middelbourg, Haarlem, Deventer, Leuwarden. Groningue.*

Les évêchés du nord, ceux de la province d'Utrecht, ne durèrent pas longtemps. La Réforme les abolit dès avant la fin du XVIᵉ siècle. Celui de Bois-le-Duc ne résista pas beaucoup plus ; les autres se maintinrent jusqu'à la Révolution.

Actuellement, le ressort des trois provinces correspond aux frontières politiques entre la France, la Belgique, l'Allemagne et les Pays-Bas. Le métropolitain de Cambrai n'a plus qu'un seul suffragant, l'évêque d'Arras ; mais le ressort de celui-ci comprend les anciennes villes épiscopales de Saint-Omer et de Boulogne. La province de Malines a perdu les sièges d'Anvers et d'Ypres, supprimés depuis le Concordat de 1802, ainsi que ceux de Bois-le-Duc et de Ruremonde, qui sont maintenant en Hollande ; elle a conservé Gand et Bruges et gagné Liège, démembré du ressort de Cologne ; Tournai et Namur,

(1) Térouanne, située aussi dans la partie française, avait été détruite dans la guerre à laquelle mit fin le traité de Cateau-Cambrésis (1559).

détachés de celui de Cambrai. Enfin la métropole d'Utrecht a pour suffragants les sièges de Bois-le-Duc, de Ruremonde, de Haarlem, avec celui de Bréda, dont le diocèse correspond à la partie hollandaise de l'ancien diocèse d'Anvers.

Dans le reste de l'ancienne province de Reims, il n'y a à noterque la suppression des évêchés de Boulogne, Laon, Noyon et Senlis, qui ont disparu à la Révolution. Le diocèse de Toul, dans la province de Trèves, fut divisé en 1777 ; on en démembra les deux diocèses de Nancy et de Saint-Dié ; en 1870, le diocèse de Luxembourg a été organisé aux dépens de celui de Trèves. La province de Besançon s'augmenta, en 1742, du diocèse de Saint-Claude, démembré de celui de la métropole. Dans la province de Mayence, le diocèse de Worms a été supprimé lors du Concordat ; mais ce qui est plus grave, c'est que la vieille métropole germanique a perdu cette situation pour n'être plus qu'un siège suffragant, relevant d'un évêché de fondation nouvelle (1827), celui de Fribourg-en-Brisgau. Cologne a perdu Liège, mais elle garde son ressort transrhénan.

Il va de soi que les fluctuations des frontières, de ce côté comme dans les Pays-Bas, ont entraîné beaucoup de changements dans les limites des diocèses et des provinces. Nous n'avons pas à nous y arrêter.

CHAPITRE II

LA PROVINCE DE TRÈVES

TRÈVES

Le compilateur des *Gesta Trevirorum* (1), au commencement du XII⁰ siècle, avait sous les yeux un catalogue des évêques de Trèves. Cette pièce s'est conservée aussi, à l'état isolé, en un certain nombre d'exemplaires manuscrits. M. Holder-Egger (2) en a publié neuf rédactions :

A. — Celle du manuscrit 367 de Cheltenham, provenant de Saint-Ghislain, du X⁰ siècle ;

B. — Celle du *Liber Floridus* ;

C. — Celle du manuscrit de Wolfenbüttel (Helmstadt, 1109), du commencement du XI⁰ siècle ; ce manuscrit provient de l'abbaye de Sainte-Marie de Richenbach, diocèse de Ratisbonne ;

D. — Celle d'un manuscrit d'Epternach, du XI⁰ siècle, actuellement *Parisinus* 9433 ;

E. — Celle d'un manuscrit provenant de Brunwilar, actuellement au Vatican (*Urb.* 240), du XI⁰ siècle ;

F. — Celle du cartulaire ou livre d'or de Prum, du XI⁰ siècle, actuellement n⁰ 1709 de la bibliothèque de Trèves ;

G. — Celle d'Altenberg ou plutôt de Metz, conservée dans

(1) *M. G. Script.*, t. VIII, p. 111.
(2) *M. G. Script.*, t. XIII, pp. 296-301.

la reliure d'un manuscrit actuellement à Düsseldorf (Panzer, 290). L'écriture est du XII⁰ siècle ;

H. — Celle du manuscrit *Parisinus* 4280, du XII⁰ siècle ;

I. — Celle du manuscrit *Vaticanus Reg.* 497, provenant de Trèves (XI-XII⁰ siècles).

Les manuscrits A et B se terminent à l'évêque Egbert (977-993) ; C a encore le nom de son successeur Liudolf (994-1008), après lequel trois autres, écrits d'abord, ont été grattés. D a deux noms de plus que C : il s'arrête à Poppo (1017-1047) ; E deux de plus que D : il s'arrête à Udo (1066-1077) ; F et I ont encore le nom d'Egilbert (1078-1101) ; enfin G et H vont jusqu'à Bruno (1102-1124).

M. Holder-Egger a reproduit intégralement ces neuf catalogues. J'ai cru devoir me borner au premier, en y joignant toutefois les variantes et continuations des autres. Je dois cependant signaler ici quelques particularités. Dans les manuscrits B, C, F, la qualification *sanctus* précède les noms des six premiers évêques et ceux de *Felix*, *Legontius* (F seulement), *Marus*, *Miletus* (C seulement), *Abrunculus* (F), *Rusticus* (CF), *Nicetius*, *Magnericus*, *Modoaldus* (CF), *Basinus* (CF), *Liutwinus*. Le catalogue F fait suivre chaque nom du titre *archiepiscopus*.

Dans la série de Richenbach, on trouve, au commencement, une note où s'exprime l'idée que l'on avait à Trèves, au XI⁰ siècle, de la haute antiquité de l'évêché. La voici :

NOMINA PONTIFICUM SANCTAE TREVERICAE SEDIS.

Quorum pontificum exordia persolvere curabimus qualiter sint orsa. Trevericam diabolicis legibus urbem subactam Redemtor noster, qui neminem vult perire, miseratus, sub significatione sanctae et individuae Trinitatis ternos per principem apostolorum sanctum Petrum direxit archiatros, Eucharium, Valerium et Maternum. S. Eucharius fuit tertius ex LXXII discipulis ; s. vero Valerius erat ex discipulis s. Petri ; s. Maternus de ipso collegio erat non infimus. Hocque modo stema presulum usque in presens habetur singulis nominibus descripta.

Eucharius primus Trevirorum pastor amandus
naufragio mundi redit hic ad culmina caeli.
Post Eucharium spes altera iam Trevirorum

vadis ad astra poli, presul venerande Valeri.
Presul Maternus Trevirorum sede potitus
hac in luce sacra caeli conscendit ad astra.

Les trois premiers évêques ayant été ainsi reportés au premier siècle, la liste qui, aussitôt après eux, mentionnait des
évêques du temps de Constantin et de ses fils, ne pouvait
manquer de paraître incomplète. Quelques-uns résolurent
le problème en admettant que, pendant des siècles entiers,
le paganisme avait repris le dessus à Trèves et qu'il n'y
avait point eu d'évêques (1). D'autres s'attachaient à com-
bler ce qui leur paraissait être une lacune de la liste. A
cet effet on emprunta d'abord huit noms au catalogue épiscopal de Tongres et on les inséra entre Materne et Agrœ-
cius. C'est le système de la liste H. Les noms ainsi inter-
polés sont : *Navitus, Marcellus, Metropolus, Severinus,
Florentius, Martinus, Maximinus, Valentinus.* Mais cette
insertion ne parut pas suffisante à tout le monde. La liste I
nous offre une autre combinaison, dans laquelle, avant les
huit noms tongriens, qui sont maintenus, quinze autres
ont été intercalés : *Auspicius, Celsus, Felix, Mansuetus, Clemens, Moyses, Martinus, Anastasius, Andreas, Rusticus, Auctor,
Fauricius* (2), *Fortunatus, Cassianus, Marcus.*

Quant au catalogue primitif, celui qui s'arrêtait à l'archevêque Egbert et dont nous avons des copies du X° siècle et
du XI°, les documents le vérifient assez souvent, à partir
du commencement du IV° siècle, pour que nous soyons
autorisés à nous y fier.

INCIPIUNT PER ORDINEM NOMINA TREVERICORUM EPISCOPORUM.

Eucharius.   Maternus.
Valerius.   Agritius.

(1) Vie de s. Eucher, *Acta SS. iun.*, t. I, p. 775; cf. l'*Historia Treverensis*
citée dans un texte que M. Waitz a édité *M. G. Script.*, t. VIII, p. 117.
Cette *Historia Treverensis*, maintenant perdue, était antérieure aux *Gesta
Trevirorum*, auxquels elle sert de base.
(2) Fabricius?

5 Maximinus.   Numerianus.
Paulinus.   30 Basinus.
Bonosius.   Liutwinus.
Britto.   Milo.
Felix.   Wiomadus.
10 Mauricius.   Rimbodus.
Legontius.   35 Wizo.
Severus.   Hetti.
Quirillus.   Theutgaudus.
Iamnecius.   Bertolfus.
15 Emerus.   Rathodus.
Marus.   40 Rotgerus.
Volusianus.   Ruodbertus.
Miletus.   Heinricus.
Modestus.   Thedericus.
20 Maximianus.   Ekbertus.
Fibicius.   45 Liudolfus.
Abrunculus.   Megingaudus.
Rusticus.   Pappo.
Nicetius.   *Eberhardus.*
25 Magnericus.   *Udo.*
Gundericus.   50 Egilbertus.
Sabaudus.   Bruno.
Modualdus.

VARIANTES.

Titre : Nomina episcoporum Trevirensium BEF (Trever. B) : Nomina
pontificum sanctae Trevericae sedis C : Nomina Trevericorum episcoporum D : Nomina pontificum Treverensis sedis et ordo G : Episcopi
Treverensium H : Nomina pontificum Trevericae urbis I.

4 Agritius AB : Agricius *cett.* — 8 Bricto E — 11 Legoncius B :
Legontius CD : Ligoncius I : *om.* G — 14 Lamnecius A : Iamnecius
BCGH : Iamnerus DF : Panerius I — 15 Emer I — 16 Maurus B —
17 *om.* G — 21 Fabicius BF : Hibitius E : Tibitius G — 23 *post fluti-
cum* Aponoculus HI — 24 Nicetius BDEGH — 25 Magnaricus E —
26 Gondericus CDH — 28 Modualdus A : Modowandus D : Modoaldus
cett. — 30 Bassinus G — 31 Leudoinus B : Leudowinus C : Liuwinus
D : Liubwinus E : Leutwinus F : Liuthwinus G — 32 Wiemadus
BCDF : Weomadus EGI — 34 Ribbodus BD : Rihbodo C : Richbodus
EGI : Richbodo FH — 35 Witzo B : Wizzo EG : Wazzo I — 36 Hatto
B : Heito DH : Hethti EG — 37 Tietcaudus B : Thietcaudus C : Thiet-
gaudus D : Tietgaudus EFGI : Tiegaudus H — 38 Bertulfus B : Berc-
dolfus F : Bertolphus H — 39 Ratbodo CH : Rathodus EG : Rath-
bodus I — 40 Rotkerus D : Ruogerus E : Ruodgerus F : Ruotkerus G :
Rusceras H — 41 Rotbertus BI : Ruotpertus DG : Ruojpertus EF :
Rumbertus H — 42 Henricus BEF — 43 Teodericus B : Theodericus DHI :

Teodricus E : Theoricus G : Deodericus CH (C addit bonae memoriae) — 44 Egbertus BCF : Eckebertus D : Hekibertus E : Ekibertus G : Ekkebertus H : Ekebertus I] Hic desinunt A et B

45 Liutdolfus E : Leudolfus F : Liudulpus H — 46 Meingaudus EFHI : Megaudus G — 47 Puppo H (hic in D desinit prima manus) — 48 Everhardus EH : Ebrehardus G — 49 cum Udone desinit prima manus in E — 50 Eilbertus E : Egilbertus F : Egelbertus H (hic desinit F) — 51 Post Brunonem Godefridus, Meginnerus D : Adelbero, Hillinus E.

1. — Eucharius.

2. — Valerius. — Outre le catalogue, les deux premiers évêques de Trèves ont une attestation dans l'inscription suivante (1), composée au déclin du V⁵ siècle :

Quam bene concordes divina potentia iungit
membra sacerdotum quae ornat locus iste duorum,
Eucharium loquitur Valeriumque simul !
Sedem victaris gaudens componere membris
fratribus hoc sanctis ponens altare Cyrillus
corporis hospitium sanctus metator adornat.

Grégoire de Tours (2) connaissait l'église dédiée à s. Eucher. S. Valère est marqué au martyrologe hiéronymien le 29 janvier. De là, sa fête a passé dans les autres martyrologes. Quant à s. Eucher et à s. Materne, ils ne figurent, jusqu'à Notker inclusivement, que dans le seul martyrologe de Raban, Eucher, le 8 décembre ; Materne, le 14 septembre.

3. — Maternus. — Probablement identique à Maternus que nous trouvons, en 313 et 314, sur le siège de Cologne. Comme le nom de Maternus se trouve aussi en tête du catalogue de Tongres, je conjecture que Maternus aura d'abord gouverné, comme évêque de Trèves, les chrétiens de Tongres et de Cologne et que, par la suite, laissant à un autre le soin de l'église de Trèves, il aura fondé un nouveau siège à Cologne et s'y sera transporté.

_____

(1) Cette inscription (Leblant, n° 242 ; Kraus, Die christl. Inschriften der Rheinlande, n° 77) se voyait autrefois à Saint-Mathias de Trèves, qui est une transformation de l'oratoire de Cyrille.
(2) Vitae PP., XVII, 4.

4. — Agroecius. — Assista au concile d'Arles, en 314, avec un exorciste appelé Félix.

5. — Maximinus. — Etait évêque au temps (336, 337) où s. Athanase fut exilé à Trèves (1). Il prit parti pour lui et pour le symbole de Nicée contre les intrigues des prélats de la cour d'Orient et défendit aussi, contre les mêmes adversaires, l'évêque de Constantinople Paul. Cela lui valut de la part des Orientaux une sentence de déposition, prononcée pendant la tenue du concile de Sardique (343). Son nom figure en tête de la liste des évêques de Gaule qui adhérèrent (346) aux décisions de ce concile. — Son anniversaire est marqué au martyrologe hiéronymien, 29 mai. Grégoire de Tours parle quelquefois de sa basilique, redoutée des parjures (2).

6. — Paulinus. — Envoya à s. Athanase, en 347, les lettres de rétractation émises par les évêques ariens Ursace et Valens (3). Au concile d'Arles de 353, il maintint, contre les Orientaux, l'attitude de son prédécesseur envers s. Athanase et le concile de Nicée, ce pourquoi il fut déposé et exilé en Phrygie. Il mourut en 358, dans son exil (4). — Sa fête est marquée au 31 août dans le martyrologe hiéronymien.

7. — Bonosus. — Après le départ de Paulin pour son lointain exil, un vieux prêtre de Trèves, appelé Bonosus, fut longtemps emprisonné pour avoir défendu les principes de son évêque (5). C'est sans doute lui qui fut élu pour le remplacer et dont le nom figure ici dans le catalogue. Après la mort de Paulin, les circonstances politiques se modi-

_____

(1) Athanase, Apol. ad Constantium, 3 ; Apol. contra Arianos, 50 ; Ep. ad episcopos Ægypti et Libyae, 8 ; — Hilaire, Fragm. hist., II, 18 ; — Chronique de s. Jérôme, Abr. 2359 (345) ; cf. Greg. Tur., H. Fr., I, 37.
(2) H. Fr., VIII, 12 ; Vita Patrum, XVII, 4, 6 ; Gl. conf., 91, 92.
(3) Athanase, Apol. contra Arianos, 58.
(4) Sur Paulin, Athanase, Ep. ad episcopos Æg. et Lib., 8 ; Apol. de fuga, 4 (Παυλῖνος ὁ τῆς μητροπόλεως τῶν Γαλλιῶν ἐπ.) ; Hist. arian., 76 ; — Hilaire, Ad Const., 8 ; Contra Const., 11 ; Fragm., I, 6 ; — Sulpice Sévère, Chron., II, 37, 39, 45 ; — Marcellini et Faustini Libell. precum, 21, 77 ; — Chronique de s. Jérôme, Abr. 2376 (360).
(5) Libell. prec., 77.

fièrent assez pour qu'une telle élection devint possible.

8. — *Britto*. — Assista, en 374, au concile de Valence. Son nom figure, après ceux du pape Damase et de s. Ambroise de Milan, dans la suscription d'une lettre synodale adressée en 382 par l'épiscopat d'Orient à celui d'Occident. Cette année ou la suivante, nous le voyons prendre la défense de l'évêque espagnol Ithace d'Ossonova, poursuivi par la police impériale (1).

9. — *Felix*. — Son ordination fut célébrée en 386, au milieu de la crise priscillianiste. S. Martin y assista (2). Sulpice Sévère le caractérise : *Felicis episcopi ordinatio parabatur, sanctissimi sane viri et vere digni qui meliore tempore sacerdos fieret.* Son attitude dans les querelles relatives à Priscillien détermina un schisme parmi les évêques de la Gaule. La communion de Félix était répudiée à Rome et à Milan (3). Son épiscopat se prolongea jusqu'à la fin du IVᵉ siècle.

10. — *Mauricius.*

11. — *Leontius.*

12. — *Severus.* — Disciple de s. Loup de Troyes (426-478). La vie de s. Germain d'Auxerre, sans indiquer son siège, relate le voyage qu'il fit avec ce saint dans l'île de Bretagne, vers 447. Celle de s. Loup (4) le représente comme ayant exercé l'apostolat parmi les *gentes* de la Germanie 1ʳᵉ, c'est-à-dire de la province de Mayence. Il s'agit peut-être des Alamans, chez lesquels l'évêque de Trèves aurait essayé de propager l'Evangile (5).

(1) Sulpice Sévère, *Chron.*, II, 49.
(2) Sulpice Sévère, *Dial.*, III, 13.
(3) Concile de Turin, c. 6. La conclusion contraire de M. Babut (*Le concile de Turin*, p. 230 et suiv., reproduite dans son *Saint Martin de Tours*, p. 102) est repoussée par le texte de tous les manuscrits. Le concile se tint peu avant ou peu après l'année 400. Cf. mon article sur ce sujet dans la *Revue historique*, t. LXXXVII, p. 278.
(4) *Sanctum Severum Treveris ordinatum primae Germaniae gentibus praedicantem, apostolorum non ambigimus societati permixtum.*(*Acta SS. iul.*, t. VII, p 70).
(5) Peut-être aussi du groupe de Burgondes dont parle Socrate, *H. E* VII, 30.

13. — *Cyrillus.* — N'est connu, en dehors du catalogue, que par l'inscription ci-dessus.

14. — *Iamlychus.* — Avec cet évêque, nous atteignons le temps où le régime romain fut définitivement remplacé à Trèves par le gouvernement des Francs. Le comte Arbogast, qui commandait à Trèves vers 472, et à qui les évêques Auspice de Toul et Sidoine d'Auvergne font l'éloge de son évêque Jamblique, n'était plus un fonctionnaire romain (1).

15. — *Enemerus.*

16. — *Marus (Maris, Maurus ?)*

17. — *Volusianus.*

18. — *Miletus.* — Son anniversaire est marqué au 19 septembre dans le martyrologe hiéronymien.

19. — *Modestus.*

20. — *Maximianus.*

21. — *Fibicius.*

22. — *Rusticus.* — Deux évêques de Trèves, *Felicius* et *Rusticus*, sont marqués, l'un après l'autre, dans la vie de s. Goar, document sans autorité (2). On ne saurait se fonder sur cette pièce qui, du reste, ne la dit pas, pour affirmer que Rusticus a succédé immédiatement à Felicius. Mais Grégoire de Tours nous oblige à faire d'Aprunculus le prédécesseur immédiat de s. Nizier. Il y aura donc eu ici une interversion de lignes dans le catalogue.

23. — *Aprunculus.* — Grégoire de Tours (3) le donne comme prédécesseur immédiat de s. Nizier.

24. — *Nicetius.* — Choisi par le roi Thierry I dans le même temps que s. Gall l'ancien le fut pour l'église d'Au-

(1) Lettre métrique d'Auspice, dans les *Epp. Austrasicas*, M. G. Ep., t. III, p. 137 ; Sidoine, ep. IV, 17 : *Quo* (Arbogaste) *vel incolumi vel perorante, etsi apud limitem* (ipsum Latina iura ceciderunt, verba non titubant. — Sur une inscription trouvée près de Chalon-sur-Saône et rapportée, à tort ou à raison, à cet évêque ; voy. t. II, p. 192, n. 3.
(2) Krusch, *M. G. SS. Merov.*, t. IV, p. 402.
(3) *Vita PP.*, VI, 3.

vergne (1), c'est-à-dire en 526 ou 527. Il assista, en 535, au concile d'Auvergne, et, en 549, à celui d'Orléans (2). Plusieurs pièces de sa correspondance sont conservées dans le recueil des *Epistolae Austrasicae* (3). Fortunat l'a célébré (4). Grégoire de Tours a écrit sa vie, d'après les récits de son disciple s. Yrieix (5). S. Nizier vécut sous les rois austrasiens Thierry, Théodebert et Théodebald. Clotaire l'exila en 561; mais il mourut aussitôt et son fils Sigebert réintégra l'honnête et austère évêque. Son épiscopat se prolongea encore quelques années; mais on ne peut indiquer au juste la date de sa mort. Fête le 1ᵉʳ octobre, marquée dans le martyrologe hiéronymien.

25. — *Magnericus.* — L'un des poèmes de Fortunat lui est adressé (6). Grégoire de Tours parle de lui à propos de divers événements (7). En 585, il assista l'évêque de Marseille, Théodore, conduit en exil sur la Moselle; la même année il fut parrain de Théodebert II, fils de Childebert II. En 587, il accompagna son roi à la cour de Gontran.

26. — *Gundericus.*

27. — *Sabaudus.* — Assista, en 614, au concile de Paris.

28. — *Modoaldus.* — Assista, en 627, au concile de Clichy (8). S. Didier de Cahors (630-655) lui adressa une

(1) *Ibid.*; cf. t. II, p. 36.
(2) On l'identifie quelquefois avec l'évêque *Etnecius*, qui signa, en 552, au concile de Paris. Je le croirais difficilement. Au concile il n'y avait pas de prélats austrasiens.
(3) *M. G. Ep.*, t. III. Lettres de Nizier, 7, 8; à lui adressées, 5, 6, 11, 21, 24.
(4) *Carm.*, III, 11, 12; cf. *App.*, 34.
(5) *Viis PP.*, XVII. Cf. *H. Fr.*, X, 29; *Gl. conf.*, 91, 92.
(6) *App.*, 34.
(7) *H. Fr.*, VIII, 12, 37; IX, 10.
(8) De ce concile nous avons deux textes, l'un dans Flodoard, *Hist. Rom.*, II, 5, l'autre isolé, *M. G. Concilia*, pp. 196 et 202. Dans le second, l'évêque de Trèves est appelé Anastase (*Ex civitate Treverus Anastasius episcopus*), nom inconnu aux catalogues. Mais il est évident que ce texte est altéré. L'évêque de Trèves n'y figure pas parmi les métropolitains, mais parmi les suffragants, après les évêques d'Agen et de Laon. L'évêque d'Agen est appelé *Asodoaldus*; Flodoard l'omet. Je serais porté à croire à une interversion et à rétablir *Ex civitate Treverus Asodoaldus. .... Ex civitate Aginno Anastasius*, et à voir dans *Asodoaldus* une corruption de *Modoaldus*. Peut-être aussi avons-nous ici un cas de dionymie, *Anastasius*

de ses lettres (I, 7). Il est aussi mentionné dans la vie de s. Germain de Grandval (1). Fête le 12 mai.

29. — *Numerianus.* — Mentionné (*Memorionus*) dans la charte de fondation du monastère de Cougnon (*Casacongidunus*), entre 645 et 650 (2). C'est lui qui délivra la charte de fondation de Saint-Dié, sous Childéric II (663-675) (3). Il est sans doute identique à Numerianus, frère de s. Germain de Grandval (4).

30. — *Basinus.*

31. — *Leotwinus.* — Ces deux évêques apparaissent ensemble dans les chartes (5) d'Irmina pour Echternach, en 698, 699 et 704. Le biographe de Liutwin, postérieur de près de quatre siècles (6), fait de Basinus l'oncle de Liutwin. Il est sûr, en tout cas, que Liutwin était le père de son successeur Milon. C'est une dynastie qui se trouvait installée sur le siège de Trèves.

32. — *Milo.* — Fils du précédent (7). Évêque laïque, pourvu par Charles-Martel des deux menses épiscopales de Trèves et de Reims en récompense de l'appui qu'il avait reçu de lui dans sa lutte contre Ragenfrid. Ce détail, conservé par Hincmar (8), porterait à placer vers 720 l'installation de Milon. Il est mentionné en 751 dans une lettre du pape Zacharie (9).

qui et *Modoaldus*. Un fait du même genre se présente, à ce même concile, pour l'archevêque de Vienne, appelé *Sindulfus* par l'un des deux textes, *Landotenus* par l'autre.
(1) *Acta SS.*, 21 février. Cf. *M. G. Scr. mer.*, t. V, pp. 33, 34.
(2) Pardessus, nᵒ 309 (cf. 358); Pertz, nᵒ 21 (cf. 29); cf. Hauck, *Deutschl. K. G.*, t. I, p. 789, n. 2.
(3) Pardessus, nᵒ 360.
(4) *M. G. Scr. merov.*, t. V, p. 35.
(5) Pardessus, 448, 449, 450, 459; Pertz. *Spur.*, 55-58. Dans la dernière, cependant, Liutwin ne porte que le titre de *presbyter*. Sur l'authenticité de ces pièces, voy. Hauck, *K. G.*, t. I, p. 299, n. 1.
(6) La vie de Basinus n'est que du XVIᵉ siècle (Poncelet, An. *Boll.*, t. XXXI [1912], pp. 141-147).
(7) Böhmer-M., nᵒ 252; cf. *Forschungen z. D. G.*, t. III, p. 152 : « Leodonius quondam episcopus, genitor Miloni et Widoni. »
(8) *Vita Remigii*, prol.
(9) J., 2291. — Après Milon, quelques personnes (Abel-Simson, *Jahrb. Karl der Gross.*, t. I, p. 436; Pfister, *Annales de l'Est*, 1889, p. 401) ont cru

33. — *Weomadus.* — Signa, le 13 août 762, une charte royale en faveur de Prüm (1). L'année suivante il prit part à la fondation de Lorsch (2). En 772 (1er avril), il obtint de Charlemagne un diplôme d'immunité (3). Le 14 août 774, il assista à la dédicace de ce monastère. Mentionné, v. 775, dans une lettre (4) du pape Hadrien (*Viomagus*) à propos de la collation du pallium à l'archevêque Lul, et dans la profession de foi de celui-ci (5). En 782, il soutint un procès contre l'abbé de Prüm à propos du monastère de Saint-Goar (6). Une des translations de s. Castor de Coblence (7) se place sous son épiscopat, lequel se prolongea jusqu'à l'année 791, à laquelle sa mort est marquée dans les Annales de Saint-Maximin. — Obiit, le 8 novembre.

34. — *Richbodus.* — Abbé de Lorsch depuis 784 (8). Correspondant et ami d'Alcuin, qui lui écrivit quatre lettres (9). Une autre (10), de l'année 798, le mentionne parmi les évé-

devoir placer un évêque Hartham, en se fondant sur le document cité plus haut, note 7. Il est question, en effet, dans cette pièce, d'un évêque Hartham que Milon, pourvu par Charles-Martel de l'abbaye de Mettlach, avait chargé de gouverner ce monastère. Après la mort de Milon, le roi donna l'abbaye à Hartham, qui succéda ainsi à Milon comme abbé de Mettlach. Mais il n'est ni dit ni insinué qu'il lui ait succédé aussi comme évêque de Trèves. Le catalogue épiscopal l'ignore absolument. C'était un évêque hors cadres, comme il y en avait tant à cette époque. Dans le même document on voit qu'avant Hartham un autre évêque, Ratbert, avait été préposé par Milon à l'abbaye de Mettlach. — Quant à s. Hidulfe, fondateur de Moyenmoutier, son biographe le fait promouvoir par Pépin le Bref à l'évêché de Trèves à la place de Milon défunt; il figure à ce titre dans les catalogues de seconde main. Mais il résulte de la *Vita Maximini* (*Acta SS. maii*, t. VII, p. 23) qu'Hidulfe est d'un temps plus ancien et que, s'il a été évêque, c'était dans les mêmes conditions que Ratbert et Hartham. Sur cette question, voy. Pfister, *t. c.*, pp. 396 et suiv.

(1) Böhmer-M., n° 93.
(2) *Chron. Lauresh.*, M. G. SS., t. I, p. 348.
(3) Böhmer-M., n° 142. Il est mentionné dans le diplôme cité plus haut, n° 252.
(4) J., 2411.
(5) Böhmer-Will, *Mainzer Reg.*, t. I, p. 40.
(6) *Miracula s. Goaris*, M. G. SS., t. XV, p. 372; cf. Böhmer-M., n° 244.
(7) *Acta SS. febr.*, t. II, p. 663.
(8) Abel et Simson, *Karl der Gr.*, t. I, p. 484.
(9) Ep. 13, 49, 78, 191. L'adresse de cette dernière le qualifie de patriarche.
(10) Ep. 149.

ques les plus distingués de ce temps. Dans le monde académique du palais on l'appelait *Macarius*. Il mourut le 1er octobre 804 (1).

35. — *Wizo.*

35 *bis.* — *Amalarius.* — Cet évêque est omis dans tous les anciens catalogues; seuls, les deux derniers l'admettent. Il exerça quelque temps les fonctions épiscopales à Trèves, mais non point à titre ordinaire et définitif. En 811 ou 812, il reçut de l'empereur, comme les titulaires des sièges métropolitains, une invitation à disserter sur l'*Ordo baptismi*. Comme la formule de la lettre impériale parlait de suffragants, il crut devoir demander à l'empereur ce qu'il devait entendre par là, n'ayant point reçu d'ordres, *quia usque in praesens tempus non sum ausus ea attingere quae nobis iniuncta non sunt*. S'il avait été vraiment titulaire du siège de Trèves, il n'aurait point eu d'explications à demander, ni surtout de pouvoirs à obtenir. Charles, dans sa réponse, maintient le *statu quo* (2). Cette situation est bien d'accord avec le fait que, le siège de Toul étant devenu vacant, c'est l'archevêque de Reims qui consacra le nouveau titulaire; par ordre de l'empereur, il convoqua à cette cérémonie Amalaire lui-même. Rien n'eût été plus irrégulier et plus inconvenant si Amalaire eût été vraiment évêque de Trèves. Outre ses fonctions locales, on l'employait à des missions lointaines. C'est lui qui consacra la première église de Hambourg. En 813, il fut envoyé en ambassade à Constantinople avec l'abbé de Nonantola.

Sa commission temporaire prit fin à peu près avec le règne de Charlemagne, car, dès l'année 816, on rencontre à Trèves un évêque définitif. Mais la carrière d'Amalaire était loin d'être terminée. C'était un disciple d'Alcuin, un homme

(1) *Ann. Einh.*
(2) *De episcopis suffraganeis ad ecclesiam Treforum, in qua... te praesulem esse voluimus, sicut anterius nostram ordinationem et dispositionem atque iussionem expectasti, volumus ut interim quod ad nostrum veneris conloquium ita expectes.* M. G. Ep., t. V, p. 244; Böhmer-M., n° 462.

instruit, très préoccupé, notamment, des choses liturgiques. Dans ce qu'il dit de son passé, on ne trouve aucune indication sur les circonstances dans lesquelles il avait quitté l'évêché de Trèves. Ni lui, ni ses correspondants ne font d'observations à ce sujet; s'il avait été l'objet d'une déposition ou d'une disgrâce ou s'il avait renoncé volontairement à une grande situation ecclésiastique, on l'aurait plaint ou célébré. En somme, il paraît bien avoir été à Trèves, comme il fut plus tard à Lyon, en commission temporaire (1).

36. — *Hetti*. — Il reçut, le 27 août 816, de Louis le Pieux un diplôme d'immunité (2). Plusieurs lettres de lui ou à lui adressées se rencontrent dans les correspondances du temps (3). Il figure aussi dans les capitulaires (4) de 819 et de 825. Il prit part aux conciles de Mayence en 829, de Thionville en 835, d'Ingelheim en 840. Il assista aux derniers moments de l'empereur Louis. Lothaire lui rendit, en 842, l'abbaye de Mettlach, temporairement concédée à Guy de Spolète. Il est mentionné en 845, dans un autre diplôme du même empereur (5). Il mourut en 847 (6), le 27 mai.

(1) Je n'hésite pas à l'identifier à l'Amalaire qui écrivit le *De ecclesiasticis officiis*, et je me rallie en ceci à l'opinion de dom G. Morin (*Revue bénédictine*, t. VIII, p. 433; t. IX, p. 337) et de M. E. Dümmler (*M. G. Ep.*, t. V, p. 240). M. Hauck (*K. G.*, t. II, p. 180, n. 6) objecte qu'Amalaire le liturgiste devait avoir été, encore enfant, *puer*, disciple d'Alcuin à Tours, et que, s'il était *puer* en 796-804, il ne pouvait être devenu évêque vers 810. Mais il faudrait savoir ce que signifie ici le mot *puer*; il semble bien faire opposition au temps où Amalaire, tout à fait hors de page, était en situation de réglementer les offices dans une église placée sous sa direction. Dans ces conditions, ce *puer* ne donne pas d'indication précise sur l'âge. Du reste, Amalaire ne dit pas du tout qu'il a été à Tours l'élève d'Alcuin. Ces rapports de disciple à maître peuvent être reportés notablement en arrière de l'année 796.
(2) Böhmer-M., n° 606.
(3) Hetti à Frothaire de Toul, *M. G. Ep.*, t. V, pp. 277, 278 (ep. 2, 3); lettres de Frothaire, *l. c.*, p. 284 (ep. 12); d'Eginhard, p. 132 (ep. 45); de Florus, p. 207.
(4) *M. G. Cap.*, t. I, pp. 308, 355 (Böhmer-M., n° 775).
(5) Böhmer-M., n°⁵ 1058 (842, 29 août), 1083 (845, 1er janvier).
(6) Chron. de Réginon; cf. *Neues Archiv*, t. XII, p. 405.

37. — *Theutgaudus*. — Neveu du précédent (1). Il assista, en 859, au concile de Savonnières et fut ensuite mêlé à l'affaire (2) du divorce de Lothaire II, où il joua un rôle considérable, assez répréhensible pour que le pape Nicolas le déposât de l'épiscopat, en même temps que son collègue Gunther de Cologne. Cette sentence fut prononcée dans un concile romain tenu vers la fin d'octobre 863. Theutgaud protesta d'abord, de concert avec Gunther, puis il s'abstint des fonctions épiscopales et chercha à obtenir du pape qu'il lui pardonnât et le rétablît sur son siège. Nicolas n'y voulut jamais consentir et reprocha même à Lothaire II de ne pas pourvoir au remplacement des évêques déposés. Toutefois Theutgaud, qui se trouvait à Rome au moment de l'avènement d'Hadrien II (décembre 867), fut alors admis à la communion laïque, mais rien de plus. Le pape l'installa au monastère de Saint-Grégoire *ad clivum Scauri*, qu'il quitta peu après pour se retirer en Sabine, où il mourut, en 868 ou au commencement de l'année suivante (3).

38. — *Bertulfus*. — Désigné par Charles le Chauve, Bertulf, neveu de l'évêque de Metz Advence, fut sacré en février ou mars 870 (4). Louis le Germanique, qui disputait la Lorraine à son frère, soutint quelque temps contre Bertulf un moine appelé Walton. Bertulf assista aux conciles d'Attigny et de Cologne en 870, de Douzy en 871, et à la dédicace de la cathédrale de Cologne en 873. Divers autres textes ou documents du temps mentionnent son épiscopat. L'année même de son ordination, le partage de la Lorraine entre Charles le Chauve et Louis le Germanique avait attribué la ville de Trèves à ce dernier prince. Les papes Hadrien II et Jean VIII, qui soutenaient en ce pays les revendications de Louis II, lui refusèrent longtemps le pal-

(1) *M. G. Poetae carol.*, t. II, p. 661.
(2) Sur toute cette histoire, voy. Parisot, *Le royaume de Lorraine*, II, 4-8.
(3) Jean Diacre, *Vita s. Gregorii*, IV, 94.
(4) Parisot, pp. 364, 365.

lium. Il finit cependant par l'obtenir (1). Le 5 avril 882, la
ville de Trèves fut prise et pillée par les Normands. Quelques jours après, Bertulf, aidé de l'évêque et du comte de
Metz, leur livra bataille à Remich, mais sans succès. Il
mourut le 8 février 883.

39. — *Raibodus.* — Consacré le 7 avril 883 (2), il mourut
le 30 mars 915 (3). Mêlé à toutes les affaires du temps, il est
souvent mentionné dans les documents de Charles le Gros,
Arnulf, Zwentibold, Louis l'Enfant, Charles le Simple.
Sous ces trois derniers princes, il exerça les fonctions d'archichancelier.

METZ

Le beau sacramentaire de Drogon (*Parisinus* 9428) nous
a conservé (f° 126) le plus ancien catalogue des évêques de
Metz (4). Il est en vers et comprend trente-trois noms, de
Clément, le premier évêque, à Angilram (768-791) ; c'est
sous ce prélat qu'il fut rédigé, en 776 environ. L'auteur
n'a guère fait usage des traditions antérieures ; il se borne
presque toujours à des jeux de mots sur le nom du personnage ; ainsi :

Quartus adest Patiens bene quem patientia compsit.

Cependant il dit que le fondateur, Clément, a été envoyé
par saint Pierre ; qu'Agiulf et Arnoald étaient de noble origine, de la race des Sicambres ; que Chlodulf était d'une
famille sainte.

Metz, capitale de l'Austrasie, berceau de la famille caro-
lingienne, qui se rattachait à l'un de ses évêques, ne pouvait manquer de soigner ses origines. Le catalogue d'An-

(1) J., 2682 ; Flodoard, *H. R.*, III, 23.
(2) Réginon ; corriger *VI id. apr.* en *VII id.*, à cause du dimanche ; c'est
du reste la leçon de plusieurs manuscrits.
(3) Parisot, p. 598, n. 4.
(4) *M. G. SS.*, t. XIII, p. 303 ; *Poetae aevi carol.*, t. I, p. 60.

gilram témoigne des prétentions que l'on avait dès lors à
remonter jusqu'au temps des apôtres. Il témoigne aussi et
de l'existence d'un ancien catalogue et de l'intérêt qu'exci-
tait, chez l'évêque Angilram, l'histoire de ses prédécesseurs. Nous en avons une autre preuve dans l'histoire des
évêques de Metz qu'il fit rédiger par Paul Diacre, le célèbre
moine du Mont-Cassin. Le livre épiscopal de Paul Diacre
fut composé à Metz, peu après 783, avant la mort d'Angilram (791). Il est intitulé : *Libellus de numero vel ordine
episcoporum qui sibi ab ipso praedicationis exordio in Met-
tensi civitate successerunt* (1). De s. Chrodegang, le dernier
mort, l'auteur parle avec précision ; il peut même dire
quelques mots de son prédécesseur Sigebald. Au delà il se
borne, en général, à suivre le catalogue métrique. En
quelques endroits seulement, il y ajoute quelque chose. Du
premier évêque Clément, il paraît avoir trouvé le souvenir
attaché à une chapelle sous le vocable de saint Pierre,
dans les ruines de l'amphithéâtre. Lui aussi, il présente
Clément comme envoyé par l'apôtre, avec les fondateurs des
principales églises de Gaule, *sicut antiqua tradit relatio*. Il
sait que les deux évêques Rufus et Adelphus reposaient
dans l'église Saint-Félix et que leurs tombeaux y étaient
honorés. Pour l'évêque Auctor il disposait de deux traditions, l'une sur la prise de Metz par les Huns (2), l'autre
sur un autel brisé et miraculeusement rétabli. Ces deux
récits se rattachaient à l'église Saint-Étienne. Pour le premier, Paul a largement puisé dans Grégoire de Tours, entre-
laçant la légende que celui-ci rapporte sur s. Servais avec
les souvenirs messins sur s. Auctor. Frédégaire lui a fourni
un détail, celui de la chute des murs de Metz (3).

Du VI° siècle, il ne sait rien. Au siècle suivant, il note

(1) *M. G. Scr.*, t. II, p. 261.
(2) Grégoire de Tours, qui rapporte (*H. Fr.*, II, 6) la prise de Metz par
Attila et la conservation miraculeuse de la chapelle Saint-Étienne, ne dit
mot de s. Auctor.
(3) Frédégaire (II, 60) rapporte cela à l'invasion des Vandales, conduits
par le roi Chrocus.

que les deux évêques Aigulf et Arnoald étaient de race royale, le premier issu d'une fille de Clovis, l'autre neveu du précédent. Il développe l'histoire de s. Arnoul ou plutôt il renvoie à sa biographie, que nous avons encore, et se borne à enregistrer une histoire d'anneau jeté à la rivière, puis retrouvé dans le ventre d'un poisson, lieu commun hagiographique, qui est mis ici sous la protection de Charlemagne en personne. A cela se joint une dissertation sur la généalogie des Carolingiens, descendants de s. Arnoul, et, à ce propos, l'auteur n'omet pas d'insérer les épitaphes, par lui composées, de cinq princesses de cette famille.

Comme on le voit, le catalogue métrique et le *libellus* de Paul Diacre ont été écrits à peu de frais. Leur principal intérêt, c'est qu'ils nous certifient l'existence, au déclin du VIIIe siècle, d'une liste des évêques de Metz et nous en conservent la teneur.

Le catalogue métrique fut inséré dans le sacramentaire de Drogon (826–855) tel qu'il avait été rédigé au temps d'Angilram, sans aucune continuation. Mais à sa suite (f° 127 v°), on disposa un second catalogue, continué de première main jusqu'à Gondulfe, prédécesseur de Drogon, et même jusqu'à Drogon, dont le nom a été écrit après celui de Gondulfe, en onciales d'or. Aux noms des évêques sont ajoutées leurs dates obituaires. Voici ce catalogue :

SUBTER ADNEXI KALENDARUM DIES PANDUNT QUALITER PRAESCRIPTI PONTIFICES CHRISTI MIGRAVERUNT AD CHRISTUM.

Clemens VIIII kal. decemb. (1).
Caelestis II id. octob.
Felix VIII kal. martii.
Patiens VI id. ianuarii (2).

(1) *En marge, même main :* « Ipse construxit ecclesiam beati Petri in amfiteatrum et ecclesiam sancti Clementis, ubi ipse requiescit. »
(2) *En marge, même main :* « Ipse construxit ecclesiam sancti Arnulfi, ubi ipse requievit. »

Victor X kal. octob.
Item Victor.
Simeon XIIII kal. martii.
Sambatus XVIII kal. octob.
Rufus VII id. novembris.
Adelfus IIII kal. septemb.
Firminus XV kal. septemb.
Legontius XII kal. martii.
Auctor IIII id. aug.
Epletius III kal. aug.
Urbicius XIII kal. aprilis.
Bonolius VII id. octobris.
Terentius IIII kal. novembris.
Gunsolonius II kal. aug.
Romanus id. aprilis.
Fronimius VI kal. aug.
Gramatus VII kal. mai.
Agatember IIII id. mai.
Sperus kal. septemb.
Vilicus XV kal. mai.
Petrus V kal. octob.
Sigalfus X kal. septembris.
Arnoaldus.
Pappolus XI kal. decemb.
Arnulfus XVII kal. septemb.
Gohericus XIII kal. octob.
Godo VIII id. mai.
Chlodulfus VIII id. mai.
Abbo XVIII kal. mai.
Aptadus XII kal. februarii.
Felix XI kal. ian.
Sigibaldus VII kal. nov.
Chrodegangus II non. martii.
Angelramnus VII kal. nov.
Gundulfus VII i.l. septemb.
DROGO ARCHIEPISCOPUS VI id. DECEMBRIS.
    Adventus (1) decessit pridie kal. septembris.
    Wala decessit III id. apr.
    Ruotpertus ordinatus est episcopus X kal. mai.

Deux manuscrits, l'un de la bibliothèque de Brême (C 36), l'autre de la bibliothèque nationale de Paris (5294), celui-ci

(1) Ces trois derniers noms ont été ajoutés par la même main, donc après l'avénement de Ruotpert (882).

de la fin du XIe siècle (1), nous ont conservé un autre texte du catalogue, où non seulement les dates obituaires, mais aussi la durée de chaque épiscopat se trouve indiquée. Le premier de ces deux exemplaires s'arrête à l'évêque Wala (876-882), l'autre à l'évêque Adalbéron (929-964). En voici le texte, d'après M. Holder-Egger (2) :

NOMINA PONTIFICUM METTENSIS SEDIS ET ACTUS
HOC OBITUS SERIEM CODICE SCRIPTA LEGE.

I. Clemens episcopus sedit annos XXV et menses IIII; obiit VIIII kal. decembris.
II. Caelestis episcopus sedit annos XV; obiit pridie id. octobris.
III. Felix episcopus sedit annos XLII et menses VI; obiit VIIII kal. martii.
IIII. Patiens episcopus sedit annos XIIII; obiit VI id. ianuarii.
V. Victor episcopus sedit annos VIIII; obiit X kal. octobris.
VI. Victor episcopus sedit annos III et menses II.
VII. Simeon episcopus sedit annos XXX; obiit XIIII kal. mart.
VIII. Sambatius episcopus sedit annos XVIII; obiit XVIII kal. octob.
VIIII. Rufus episcopus sedit annos XXVIII; obiit VII id. novemb.
X. Adelfus episcopus sedit annos XVII; obiit IIII kal. septemb.
XI. Firminius episcopus sedit annos XV; obiit XV kal. septemb.
XII. Legontius episcopus sedit annos XXXIII et menses VI; obiit XII kal. mart.
XIII. Auctor episcopus sedit annos XXVIIII; obiit IIII id. aug.
XIIII. Aepletius episcopus sedit annos XVI; obiit III kal. aug.
XV. Urbicius archiepiscopus sedit annos XLVIIII; obiit XIII id aprilis.
XVI. Bonolus episcopus sedit annos III et menses VI; obiit VII id. octob.
XVII. Terentius episcopus sedit annos XX; obiit IIII kal. novemb.
XVIII. Gunsolinus episcopus sedit annos XVIII; obiit II kal. aug.
XVIIII. Romanus episcopus sedit annos XXXVI; obiit id. aprilis.
XX. Fronimius episcopus sedit annos VIII; obiit VI kal. aug.
XXI. Grammatius episcopus sedit annos XXV; obiit VII kal. mai.
XXII. Agatimber episcopus sedit annos XII et menses VI; obiit IIII id. mai.

(1) Il provient de l'abbaye Saint-Symphorien de Metz. Une copie de cet exemplaire figura dans le ms. 54 de la bibliothèque de Metz
(2) Je reproduis ici le texte du ms. de Brême; les variantes sont celles du ms. de Saint-Symphorien. Tout ce qui est imprimé en italique est également propre à ce manuscrit et manque au Bremensis.

XXIII. Sperus episcopus sedit annos XVII; obiit X kal. septemb.
XXIIII. Villicus episcopus sedit annos XXV et menses II; obiit XV kal. mai.
XXV. Petrus episcopus sedit annos X; obiit V kal. octob.
XXVI. Haigulfus episcopus sedit annos XII; obiit X kal. decemb.
XXVII. Arnoaldus episcopus sedit annos VII et mense I.
XXVIII. Pappolus episcopus sedit annos XXVII et dies XXX; obiit XI kal. decemb.
XXVIIII. Arnulfus episcopus sedit annos XV et dies X; obiit XVII kal. septemb.
XXX. Gohericus sive Abbo episcopus sedit annos XVIII; obiit XIII kal. octob.
XXXI. Godo episcopus sedit annos X et menses II; obiit VIII id. mai.
XXXII. Chlodulfus episcopus sedit annos XL et dies XXV; obiit VIII id. mai.
XXXIII. Abbo episcopus sedit annos X et mensem I et dies XXVI; obiit XVII kal. mai.
XXXIIII. Aptadus episcopus sedit annos VII et menses II; obiit XII kal. febroarii.
XXXV. Felix episcopus sedit menses VIIII; obiit XI kal. ianuarii.
XXXVI. Sigibaldus episcopus sedit annos XXV; obiit VII kal. novemb.
XXXVII. Chrodegangus archiepiscopus sedit annos XXIII, menses V diesque V. *Requiescit in Gorzia monasterio quod ipse a fundamentis construxit.* Obiit pridie non. mart. *et cessavit episcopatus annos II et menses VI et dies XVIIII.*
XXXVIII. Anghiramnus archiepiscopus *et palatii capellanus, qui sedit annos XXIII diesque XXVIII. Requiescit in monasterio cuius vocabulum Nova Cella.* Obiit VII kal. novemb. *in loco qui dicitur Asnagahunc Chunisberch; et cessavit episcopatus annos XXVII et menses IIII.*
XXXVIIII. Gundulfus episcopus sedit annos VI, menses VIII et dies VII. *Requiescit in Gorzia monasterio.* Obiit VII id. mai.
XL. Domnus Drogo archiepiscopus *et sacri palatii summus capellanus, filius Karoli imperatoris sedit XXXIIII annos, menses V, dies VII;* obiit VI id. decembris *in Burgundia, praedio sancti Petri Mimeriaco dicto, indeque corpus eius delatum ad urbem Mediomatricorum et humatum est in ecclesia beati Iohannis apostoli idus decembris.*
XLI. Adventius episcopus sedit annis XVII; obiit II kal. septemb.
XLII. Wala archiepiscopus sedit annos VI dies V; obiit III idus april.
XLIII. Rotbertus archiepiscopus sedit annos XXXIIII, menses VII et dies XII; obiitque Mettis IIII nonas ianuarii.
XLIIII. Wigericus episcopus sedit annos X et dies XXX; obiitque Mettis kal. mart.
XLV. Adalbero *opinatissime sanctitatis vir sanctaeque religionis indefessus ubique reformator,* sedit annos XXXV, menses VIIII, dies XXV; obiit VI kal. mai.

VARIANTES.

Nomina pontificum Metensis sedis et ordo, haec obitus seriem pagina scripta tenet. — 1 mensibus — 2 Celestis — 4 V id. — 6 Item Victor — *post menses* II *addit :* obiit VIII kal. octob. — 7 Symeon — 13 ann. XVIIII — 14 annos om. — 15 primus archiep. — XIII kal. — 18 Gons. — an. XVIIII — pridie k. — 26 Aigulfus — ann. XX — 27 mense I obiit — 30 Goericus ep. s. A. — 32 ann. XLII — d. XX — 34 Aptatus — 37 qui sedit — que om. — 38 Angelramnus — et dies — *post m.* IIII *manu coeva :* hic non videtur in cronicis — 39 et menses — 40 XXXII — 41 et dies XXIII obiit que pridie — 42 Walo episcopus — et dies — IIII id. — 44 Mettensis — *Post hunc manu saec.* XV *insertum :* XLV. Benno an. II. *Eadem manu in linea sequenti* XLV *correctum est in* XLVI.

Les dates obituaires sont les mêmes dans le sacramentaire et dans le catalogue (1). Il y en a pour tous les évêques, sauf les deux exceptions de Victor II et d'Arnoald. Nous n'avons pas les documents qui seraient nécessaires pour les vérifier toutes. Cependant le manuscrit *Bernensis* du martyrologe hiéronymien, exécuté pour le monastère de Saint-Avold, contient dans ses marges diverses commémorations messines parmi lesquelles figurent six anniversaires d'évêques, ceux d'Adelphe (10), d'Auctor (13), de Térence (17), d'Abbon (33), de Sigobald (36) et de Gondulfe (39), qui sont marqués aux jours indiqués dans notre table. Paul Diacre nous a conservé la date obituaire de s. Chrodegang (37) ; c'est celle de la table.

Il y a donc lieu de considérer celle-ci comme correspondant à une tradition sérieuse. Elle faisait évidemment foi pour les usages du culte, sans quoi on ne l'aurait pas insérée dans un livre comme le sacramentaire de Drogon. Toutefois le début inspire quelque défiance. Le premier évêque, Clément, a le même anniversaire (23 novembre) que son homonyme romain ; l'obit de son successeur, *Caelestis*, tombe le

même jour (14 octobre) que la fête de s. Calliste pape, dont le nom est souvent écrit *Calesti* ou *Caelesti*, au génitif, dans les martyrologes (1). Il y a un s. Félix au 21 février, date obituaire de Félix, troisième évêque de Metz, un s. Victor au 22 septembre, tout comme dans notre table messine. Ces coïncidences sont faites pour inspirer quelques doutes, mais, je le répète, seulement pour les premiers noms.

Quant aux chiffres d'années, mois et jours, qui n'ont point le témoignage du sacramentaire, mais seulement celui des deux autres catalogues, il convient d'être beaucoup plus défiant. En général, la durée des épiscopats est exprimée en chiffres ronds d'années, quelquefois avec une approximation plus grande. Il est clair que, dans la dernière partie, cette série de chiffres doit être conforme à la réalité. On la vérifie aisément depuis s. Chrodegang ; et même, en remontant jusqu'à s. Arnoul, elle ne se heurte sérieusement à aucune des données précises, trop rares il est vrai, que nous possédons sur la chronologie des évêques de Metz.

Mais si l'on dépasse s. Arnoul (614-630), on se heurte aussitôt à des difficultés. Il ne peut guère y avoir que 13 ou 14 ans entre lui et son prédécesseur Aigulf, à qui s. Grégoire le Grand écrivit en 601. Or, entre les deux s'interposent deux épiscopats, l'un de 7 ans, l'autre de 27. De même, entre l'année 601, qui doit tomber dans l'épiscopat d'Aigulf, et l'année 535, qui tombe dans celui de Sperus, il y a 66 ans. Or, entre ces deux évêques le catalogue ne nous donne que 35 ans ; ajoutons-y les 17 ans de Sperus et les 12 d'Aigulf, ce qui est un maximum invraisemblable, nous n'atteignons encore que 64 ans.

De Sperus à Auctor, exclusivement de part et d'autre, il y aurait 188 ans à placer, c'est-à-dire qu'Auctor serait mort, au plus tôt en 347. Or, les traditions qui nous res-

tent sur lui en font un contemporain de l'un des désastres
d'invasion qui s'abattirent sur Metz au cours du V⁰ siècle.

Entre Auctor et le second des deux évêques Victor, il y
a 170 ans. Or il y a des raisons de croire que l'un de ces
Victor siégeait en 346. Si l'on part de cette date, Auctor
sera reporté après Clovis ; si l'on part de 407 ou de 451,
Victor II sera antérieur à Dioclétien.

Je ne crois donc pas qu'il y ait lieu de considérer comme
traditionnels les chiffres afférents aux prédécesseurs de
s. Arnoul.

Outre ces catalogues plus ou moins développés, nous
avons encore, en deux manuscrits du XII⁰ siècle, le *Monacensis Fragm. lat.* F 2 et le *Parisinus* 4280, une liste où les
noms seuls figurent, sans obits ni chiffres de durée ni notes
historiques. Je reproduis ici, d'après M. Holder-Egger, le
texte du *Monacensis*, qui s'arrête (1) à Thierry II (1006-1047)
avec les variantes de l'autre, qui va jusqu'à Hermann
(1073-1090) (2).

METTENSES EPISCOPI.

Clemens episcopus.	Bonoldus episcopus.
Celestis episcopus.	Terentius episcopus.
Felix episcopus.	Consolinus episcopus.
Paciens episcopus.	Romanus episcopus.
5 Victor episcopus.	20 Gramaticus episcopus.
Victor II episcopus.	Gramaticus episcopus.
Simeon episcopus.	Agathol.
Sabacius episcopus.	Sporus episcopus.
Rufus episcopus.	Vilicus episcopus.
10 Adelfus episcopus.	25 Petrus episcopus.
Frininus episcopus.	Agigulfus episcopus.
Legontius episcopus.	Arnoaldus episcopus.
Auctor episcopus.	Papolus episcopus.
Epiecius episcopus.	Arnulfus episcopus.
15 Urbitius episcopus.	30 Cocricus episcopus.

(1) Qui s'arrêtait, car le manuscrit, mutilé à la fin, ne dépasse plus
Trogo (927). Heureusement il est suppléé par une copie peu postérieure à
l'original, dans le *Monacensis* 17,072.

(2) Le ms. de Paris omet régulièrement le titre *episcopus*.

Godo episcopus.	Adventus episcopus.
Chlodolfus episcopus.	Wale episcopus.
Aptatus episcopus.	Radebertus episcopus.
Appo episcopus.	Wegericus episcopus (1).
35 Felix episcopus.	45 Adelbero episcopus.
Sigibaldus episcopus.	Dietricus episcopus.
Arodegaudus episcopus.	Adelbero episcopus.
Eingilramnus episcopus	Dietricus episcopus.
Gundulfus episcopus.	Adelbero.
40 Trogo episcopus.	50 Herimannus.

VARIANTES.

Titre : Episcopi Mettensium — 4 Patiens — 7 Symeon — 8 Sambatius — 10 Adelphus — 11 Firminus — 14 Ampletius — 15 Urbicius —
16 Bonolus — 20 Froniminus — 21 Grammaticus — 22 Agatimbus —
22-23 Agathoisperus *Monac.* — 26 Aigolphus — 29 Arnolphus —
30 Goericus — 31 Gudo — 32 Clopulaus — 34 Abbo (Abbo *praeponitur
Apiato*) — 36 Sigebaldus — 37 Grodegandus — 38 Angelramnus —
39 Gondulphus — 40 Drogo — 41 Adventii *Monac.* — 43 Rumberius —
44 Wiricus — 45 Aelbero — 46 Tidericus — 47 Aelbero — 48 Tidericus
Hic desinit Monac.

La liste épiscopale est, sauf menues variantes, identique
à elle-même dans tous les textes. Quelle en est la valeur ?
Il faut noter d'abord qu'elle est vérifiée, à peu près nom
par nom, depuis Sperus, 23⁰ évêque. Au-dessus nous
n'avons que deux points d'attache ; l'un des deux Victor
(nᵒˢ 5 et 6) figure au document de 346 ; la tradition locale,
constatée au VIII⁰ siècle, rattachait le nom d'Auctor (nᵒ 13)
à la catastrophe que subit Metz en 451 de par les hordes
d'Attila. Entre Victor et Auctor se placent, entre autres,
les noms de Rufus et d'Adelphus, dont Paul Diacre vit les
tombeaux dans l'église Saint-Félix. De cet Adelphus la fête
est marquée dans les marges du martyrologe de Saint-
Avold. Entre Auctor et Sperus neuf évêques sont marqués,
pour un intervalle de 84 ans au plus. Ils sont un peu nom-

(1) Après Wegeric, on notera l'omission de l'évêque Bonno, imposé par
le roi Henri 1er de Germanie, maltraité par les Messins et contraint à se
retirer avant d'avoir achevé la deuxième année de son épiscopat (927-929).

breux; mais pas assez pour que l'on crie à l'invraisemblance. L'un d'entre eux, Térence (n° 17), a, lui aussi, son
anniversaire indiqué au martyrologe de Saint-Avold.

En somme, je crois que la liste messine du VIII° siècle
peut être considérée comme un document sérieux. Le fait
que son cinquième ou sixième évêque siégeait en 346 permet de reporter au début du IV° siècle ou même au déclin
du III° la fondation de l'église de Metz.

1. — *Clemens* (1).
2. — *Caelestis.*
3. — *Felix.*
4. — *Patiens.*
5. — *Victor.*
6. — *Victor II.* — Parmi les signatures du document de
346 (2), figure celle de *Victor Mediomatricorum.* C'est l'un
de nos deux Victor.
7. — *Simeon.*
8. — *Sabbatius.*
9. — *Rufus.*
10. — *Adelphus.*
11. — *Firminus.*
12. — *Leontius.*
13. — *Auctor.* — Une tradition, qui se manifeste au
VIII° siècle dans les legendes, le place au temps de l'invasion hunnique (451) (3). Quand même elle ne serait pas tout
à fait exacte, on aurait le droit d'en conclure que s. Auctor
fut témoin de l'une des invasions barbares du V° siècle, antérieurement à l'établissement définitif des Francs.
14. — *Epletius.*
15. — *Urbicius.*
16. — *Bonulus.*

(1) Voy. ci-dessus, p. 50.
(2) T. *II*, p. 364, 2° édit.
(3) Il est sûr que Metz fut emportée alors par les Huns. Le fait est rap-
porté dans la Chronique d'Hydace (*M. G. Script. antiq.*, t. XI, p. 25).

17. — *Terentius.*
18. — *Gunsolonius.*
19. — *Romanus.*
20. — *Fronimus.*
21. — *Grammatius.*
22. — *Agatimber.*
23. — *Hesperius* (1). — Assista, en 535, au concile d'Auvergne.
24. — *Vilicus.* — Destinataire de deux lettres (2) de la
collection austrasienne, l'une de Mapinius, évêque de
Reims, l'autre du duc Dynamius. Ces lettres paraissent
avoir été écrites aux environs de l'année 550. Il a été chanté
par Fortunat (3).
25. — *Petrus.* — Destinataire, lui aussi, d'une lettre (4)
de la même collection. Son correspondant est Gogus, *nu-
tricius* du roi Childebert II. Ce fonctionnaire mourut en
581 (5).
26. — *Agiulfus* ou *Aigulfus.* — Paul Diacre sait qu'il
était petit-fils de Clovis par une des filles de ce prince. En
601, s. Grégoire le Grand lui recommanda (6) une mission
envoyée par lui en Angleterre.
27. — *Arnoaldus.* — Neveu du précédent, d'après Paul
Diacre.
28. — *Papulus.*
29. — *Arnulfus.* — Issu d'une noble famille, élevé à la
cour d'Austrasie, il y exerçait les hautes fonctions de *domesticus et consiliarius regis.* Après la mort de Thierry II (613),
il fut au premier rang des grands d'Austrasie qui appelè-
rent au trône le roi neustrien Clotaire II. L'évêché de Metz
étant devenu vacant (614), il en adjoignit la charge à celle

(1) Var. *Hisperius, Sperius* dans les manuscrits des conciles; *Sperus* est
l'orthographe des catalogues.
(2) *M. G. Ep.*, III, 129, 130 (n°° 15 et 17).
(3) *Carm.*, XIII, 13; VI, 8.
(4) *Ibid.*, p. 134, n° 22.
(5) Greg. Tur., *H. Fr.*, VI, 1.
(6) J., 1831.

de ses fonctions civiles (1). Frédégaire le nomme plusieurs fois (2) au premier rang des conseillers du jeune roi d'Austrasie Dagobert. Il est mentionné, en 616, dans le testament de Bertram, évêque du Mans (3). En 627, il assista au concile de Clichy. Peu après, malgré les instances de Clotaire II et de Dagobert, il se retira dans une solitude des Vosges, auprès du *castellum Habendum* (Remiremont), où il mourut quelques années après. Obit le 18 juillet (4). Nous avons sa vie, œuvre d'un contemporain.

30. — *Goericus qui et Abbo.* — Elu pour remplacer Arnulf. Après la mort de celui-ci, il alla chercher son corps à Remiremont et le transporta à Metz (5). Il était nommé (*Abbo*) dans le testament de Dagobert, daté du 23 mai 636 (6). Il y a, dans le recueil des lettres de s. Didier de Cahors, une lettre de Didier à lui (I, 9) et une de lui à Didier (II, 13).

31. — *Godo.* — Mentionné dans le diplôme de Sigebert III pour la fondation de Cougnon (645-650) (7).

32. — *Chlodulfus.* — Fils de s. Arnulf (8). Une des lettres de s. Didier de Cahors (I, 8) lui est adressée, mais elle est antérieure à son épiscopat. D'après un passage des Miracles de sainte Gertrude, il vivait encore au moment de la mort de cette sainte (17 mars 659) (9).

(1) On ne voit point d'évêque de Metz au concile tenu à Paris le 8 octobre 614. Par ailleurs, tout l'épiscopat des anciennes provinces de Trèves, Mayence, Cologne, est présent. Cela suppose, je crois, que le siège de Metz était alors vacant.

(2) IV, 40, 52, 53, 58.

(3) Pardessus, n° 230.

(4) Le jour est connu, non l'année. La dernière édition de sa vie a été donnée par M. Br. Krusch dans *M. G. Script. merov.*, t. II, p. 432; cf. t. V, p. 34.

(5) *Vita Arnulfi*, 19, 23.

(6) On ne connaît ce testament que par les *Gesta Dagoberti*, c. 39 (*M. G. SS. merov.*, t. II, p. 417). La vie de s. Goeric (*Acta SS.*, sept., t. V, p. 342 [17 sept.]), n'a aucune valeur.

(7) Ci-dessus, p. 39, n. 2.

(8) Paul Diacre; cf. *Vita Arnulfi*, c. 5, 17. Il en est de la vie de s. Clodulf (*Acta SS.*, 8 juin) comme de celle de s. Goeric.

(9) *M. G. SS. merov.*, t. II, p. 465 (c. 7); cf. les observations de Krusch, *ibid.*, p. 448.

33. — *Abbo.* — Ce nom figure parmi les signatures épiscopales de la charte de Drausius, évêque de Soissons, datée du 25 juin 667 (1), dans une charte de l'évêque du Mans Aiglibert, en 683, et dans un diplôme de Clovis III, de 693 ou 694 (2).

34. — *Aptatus.* — Un fonctionnaire de ce nom (*Abthadus*) est mentionné en 691 dans un diplôme (3) de Clovis III. C'est peut-être lui, bien entendu avant sa promotion à l'épiscopat.

35. — *Felix.*

36. — *Sigebaldus.* — Paul Diacre rapporte qu'il fonda les deux monastères de Saint-Avold (*Hilariacum* ou *Nova Cella*) et de Neuviller. Il dit aussi que Sigebald était goutteux. La mort de cet évêque arriva le 26 octobre d'une année qui doit être l'année 741 ou peut-être une année antérieure.

37. — *Chrodegangus.* — Référendaire de Charles Martel, Chrodegang fut, après la mort de ce prince, élu à l'évêché de Metz. Sa consécration dut avoir eu lieu le dimanche 30 septembre 742 (4). Il suffira ici d'indiquer, avec cette date initiale, celle de la mort de ce célèbre évêque, le 6 mars 766. Après lui, le siège de Metz demeura vacant pendant plus de deux ans et demi.

38. — *Angitramnus.* — Ordonné le dimanche 25 septembre, le lendemain de la mort de Pépin le Bref, il prit possession le 23 octobre suivant (5). Bientôt promu au rang d'archichapelain, il fut, jusqu'à sa mort, un des principaux personnages de l'empire. Il mourut en 791, le 26 octobre, au cours de l'expédition de Charlemagne contre les Avares. Après lui, nouvelle vacance, celle-ci de près de 25 ans (6).

(1) Pardessus, 355.

(2) *Ibid.*, n° 431, 451; cf. J. Havet, *Quest. mérov.*, p. 398.

(3) Pardessus, 418.

(4) Cette date se déduit de la durée de son épiscopat, connue par Paul Diacre, et du jour de sa mort, consigné dans les annales et calendriers.

(5) Les trois dates d'Angilram sont marquées dans le ms. messin (*Bernensis*) du martyrologe hiéronymien.

(6) Le chiffre de 27 ans et 4 mois, attesté seulement par le 2e ms. du ca-

39. — *Gundulfus.* — D'après la date de sa mort il a dû être ordonné vers le commencement de l'année 816. C'est sous son épiscopat qu'Aidric, le futur évêque du Mans, passa cinq ans dans le clergé de Metz (1).

40. — *Drogo.* — Fils naturel de Charlemagne, il fut désigné en 823 pour occuper le siège de Metz ; ordonné prêtre le 12 juin, il reçut quelque temps après, sans doute le dimanche 30 juin, la consécration épiscopale. Il mourut le 8 décembre 855 en Bourgogne et fut enterré à Saint-Jean de Metz le 13 du même mois.

41. — *Adventius.* — Consacré le 7 août 858, mort le 31 août 875 (2). Il assista en juin 859 au concile de Savonnières.

42. — *Wala.* — Ordonné en 876, à la fin de mars ou au commencement d'avril (3). Il mourut le 11 avril 882, à la bataille de Remich, livrée par lui et l'archevêque de Trèves, à une bande de Normands.

43. — *Rotbertus.* — Consacré le 22 avril 883, il siégea jusqu'au 2 janvier 917 (4).

TOUL

L'histoire des évêques de Toul n'est représentée jusqu'au XIIᵉ siècle que par un catalogue assez maigre et quelques biographies, toutes de date trop basse pour qu'on en puisse tirer une lumière sérieuse sur les temps primitifs. Le catalogue lui-même est peu attesté. Cependant il

talogue, doit être corrigé d'après la chronologie de l'évêque suivant, et ramené à an. XXIII, m. III.

(1) *Gesta Aidrici*, p. 8 (éd. Charles et Froger).

(2) Sur ces dates, voy. Parisot, *Le royaume de Lorraine*, pp. 126, 410. Le jour de sa consécration est marqué dans le ms. messin du martyrologe hiéronymien ; avec le dimanche il détermine l'année ; le catalogue p. 47 nous fournit la date obituaire.

(3) Le catalogue p. 49 lui attribue 6 ans et 5 jours. Cela porterait l'ordination au 6 ou 7 avril, un vendredi ou un samedi. Cf. Parisot, *l. c.*, pp. 410, 461.

(4) Parisot, pp. 467, 618.

faut bien admettre qu'Adson (1), vers la fin du Xᵉ siècle, avait sous les yeux un texte qu'il cite comme *Gesta praecedentium Leucorum urbis antistitum*. Il en déduit que le premier évêque après s. Mansuy s'appelait Amon ; peut-être est-ce là qu'il a trouvé qu'Amon et Mansuy reposaient dans l'église suburbaine de Saint-Pierre.

C'est Adson lui-même qui, le premier, rédigea la vie du fondateur s. Mansuy. Vers le même temps, ou peu après, celle de s. Epvre (*Aper*) fut composée dans l'abbaye dont il était titulaire. Pour l'un comme pour l'autre, la tradition était à peu près muette. De ce qu'elle peut avoir fourni aux biographes il n'y a aucun profit à tirer pour l'histoire.

Peu après la mort de l'évêque Pibo (1107), un clerc de Toul entreprit de rédiger les Gestes des évêques jusqu'à ce prélat inclusivement (2). Pour les premiers siècles de l'église de Toul, il disposait, comme je l'ai dit, des deux vies de s. Mansuy et de s. Epvre, ainsi que d'un catalogue. En outre, il avait accès au chartrier de la cathédrale et à quelques autres dépôts de ce genre, qu'il exploita avec plus ou moins de bonheur et qui lui fournirent plus d'un renseignement de bon aloi.

On a contesté quelquefois la valeur de son catalogue et l'on s'est hasardé à le corriger ou à le compléter. Je crois, quant à moi, qu'il n'y a aucune raison de s'en défier et c'est à lui que je m'en rapporte pour la série qui va suivre. Au besoin je donnerai mes raisons de ne pas accepter les modifications proposées par les personnes qui ne partagent pas ma confiance (3). Sur un point seulement, je crois devoir présenter tout de suite les explications opportunes.

Avant *Ermeteus* il est d'usage d'intercaler un évêque Adéodat. Un concile tenu à Rome peu avant le VIᵉ concile

(1) Vie de s. Mansuy, I, 14.

(2) *M. G. SS.*, t. VIII, p. 631 ; Migne, *P. L.*, t. CLVII, p. 446.

(3) Le sujet des *Gestes* a été traité plusieurs fois par des membres du clergé local. On en trouvera la bibliographie dans le plus récent de ces livres, l'*Histoire des diocèses de Toul, Nancy et Saint-Dié*, par M. l'abbé Eug. Martin, Nancy, 1900, t. I.

œcuménique (680-681) porte, parmi ses signatures, celle de *Adeodatus, humilis episcopus s. ecclesiae Leucorum, legatus venerabilis synodi per Galliarum provincias constitutae.* On sait dans quelles circonstances cet évêque était venu à Rome. Wilfrid, évêque d'York, dépossédé de son évêché, avait cru devoir recourir personnellement au saint-siège. En passant par l'Austrasie, il fut accueilli à la cour du roi Dagobert II, lequel lui donna, pour l'accompagner à Rome, un de ses évêques appelé *Deodatus.* A ce moment, il y avait, dans le diocèse de Toul, un évêque de ce nom, non point, sans doute, dans la ville épiscopale, mais au monastère de Galilée, dans les Vosges. C'est saint Dié, fondateur de ce monastère, auquel son nom demeure attaché.

Je suis convaincu qu'il n'est pas différent du Déodat ou Adéodat du concile. Les notaires romains, qui ont évidemment remanié, pour l'uniformiser, le libellé des signatures, l'auront transformé d'évêque *dans* la cité des Leuques, en un évêque *de* la cité des Leuques ; ils n'étaient guère accoutumés à ces évêques hors cadres comme on en voyait tant à cette époque dans les royaumes francs. On objecte (1), il est vrai, à cette identification, que le concile s'est tenu à Pâques 680, alors que s. Dié était mort le 19 juin 679. Mais la date de la mort de s. Dié ne nous est connue que par une biographie du XIe siècle, fort peu rassurante. Du reste, en supposant qu'elle ait une véritable valeur traditionnelle, il resterait à voir si le concile est bien de 680 et non pas plutôt de 679, comme l'a cru Pagi. Cette assemblée fut réunie pour donner satisfaction aux désirs de l'empeur Constantin Pogonat, exprimés dans une lettre officielle dont nous avons la date, 12 août 678. Cette lettre dut arriver à Rome au commencement de l'automne de cette année. C'eût été montrer peu d'égards envers l'empereur, que de lui faire attendre une réponse pendant dix-huit mois. Comme rien ne s'oppose à ce que la lettre du

(1) Pfister, *Annales de l'Est,* 1889, pp. 558, 576.

synode romain ait été expédiée en 679, je crois qu'il y a lieu de préférer cette date à celle de 680. Dans ces conditions, saint Dié a pu prendre part au concile en question. En acceptant cette solution, on sera d'accord avec le catalogue épiscopal de Toul, que l'on ne saurait négliger sans de très graves raisons.

En dehors des *Gesta episcoporum Tullensium,* ce catalogue se présente à nous dans deux rédactions isolées, provenant l'une d'un feuillet de parchemin du XIIe siècle engagé dans la reliure d'un manuscrit de Düsseldorf (Panzer, n° 290), l'autre du manuscrit 500 de la bibliothèque d'Amiens, du XVIIe siècle, mais copié sur une exemplaire du XIIIe siècle. Le premier s'arrête à l'évêque Rikwin (1108-1126), l'autre à l'évêque Roger (1230-1251). Je donne ici le texte du manuscrit de Düsseldorf, avec les variantes de celui d'Amiens.

NOMINA PONTIFICUM TULLENSIS SEDIS ET ORDO.

Mansuetus.	Bodo.
Amon.	Iacob.
Alcha.	Borno.
Celsinus.	25 Wanimeus.
5 Auspicius.	Frotharius (1).
Ursus.	Arnauldus.
Aper.	Ladelmus.
Albinus.	Drogo.
Trisoricus.	30 Gauzlinus.
10 Dulcitius.	Gerardus.
Premon.	Stephanus.
Autmundus.	Bertoldus.
Cutlanus.	Herimannus.
Teutfridus.	35 Bruno.
15 Leudinus.	Udo.
Eborinus.	Pibo.
Ermeneus.	Richuinus.
Magnauldus.	Henricus.
Dodo.	40 Petrus.
20 Girbaldus.	Odo.
Godo.	Mattheus.

(1) Ici le premier catalogue omet Arnulf, l'autre Frotaire.

Renardus.	Garinus.
Gerardus.	Rogerus.
45 Udo.	

VARIANTES.

Titulum om. — 5 Aspicius — 9 Trisorigus — 12 Hutmundus — 13 Eatlanus — 14 Theufridus — 15 Leudinus — 16 Eporinus — 18 Magnaldus — 20 Grobauldus — 25 Wanincus — 26 Sanctus Arnulphus — 27 Hruaudus — 28 Leudelinus — 34 Hormanus — 35 Sanctus Leo qui et Bruno — 38 Riculuus.

Dans le second exemplaire, les treize premiers noms, sauf le neuvième, Trisoric, sont précédés du qualificatif *sanctus*; il en est de même pour ceux de Bodo et de Jacob (22, 23), d'Arnulf (26), de Gérard (31) et de Bruno (Léon IX, n° 35).

1. — *Mansuetus.*

2. — *Amon.*

3. — *Alcha.*

4. — *Celsinus.* — De ces quatre premiers évêques nous n'avons que les noms, à supposer même qu'ils se soient conservés sans altération tous les quatre. Adson, qui a écrit, vers la fin du X° siècle, une vie du premier évêque, n'a rien trouvé de plus dans la tradition (1), sauf ce qui regarde le lieu de sépulture de Mansuy et d'Amon. Il les dit enterrés dans l'église Saint-Pierre (Saint-Mansuy).

5. — *Auspicius.* — Auteur de la lettre au comte de Trèves Arbogast, citée plus haut. Sidoine Apollinaire (v. 472) parle de lui avec avantage dans une de ses lettres et lui en adresse une autre (2).

6. — *Ursus.*

7. — *Aper.* — S. Epvre. Son nom s'est conservé dans le

---

(1) Il représente Mansuy comme étant « Scot » d'origine. Ce n'est pas sans raison que l'on a considéré ce détail comme ayant été suggéré par le concile de Tours de 461, où figure la signature d'un *Mansuetus episcopus Britannorum.*

(2) Ep. IV, 17; VII, 10.

---

vocable d'une église suburbaine, qu'on dit avoir été fondée par lui sous le vocable de s. Maurice. Elle est mentionnée par Frédégaire (IV, 54), à l'année 626-627, comme lieu d'asile. Sa fête est marquée au 15 septembre dans un manuscrit du martyrologe hiéronymien (*Bernensis*, fin du VIII° siècle) et dans les martyrologes postérieurs. Son biographe, fort tardif, lui attribue sept ans d'épiscopat.

8. — *Alodius.* — Assista, en 549, au concile d'Orléans (1).

9. — *Trisoricus.* — Fortunat (II, 13) parle d'un *Trasaricus,* homme riche, son contemporain, qui avait fondé un oratoire en l'honneur des saints Pierre, Paul, Martin et Remi. Dans la collection des *epistolae Austrasicae,* il y a une réponse (n° 16) de Gogo, précepteur de Childebert II, à un *Trasericus,* personnage savant et considérable, qui paraît bien être un évêque (2). On l'identifie généralement avec le Trisoric du catalogue.

10. — *Dulcitius.*

11. — *Praemon.*

12. — *Autmundus.* — On lui attribuait divers écrits liturgiques et autres (*scripta ac responsoria*) en l'honneur de s. Epvre).

13. — *Eudila.* — Assista, en 614, au concile de Paris. L'auteur des Gestes l'appelle *Eudilanus* et rapporte à son épiscopat diverses donations en faveur de la cathédrale.

14. — *Teufridus.* — Les Gestes ont conservé, à propos de lui, le souvenir de chartes analogues aux précédentes. A les en croire, l'une d'entre elles l'aurait mis en rapport avec le roi Dagobert et sa mère Chimechilde. Cette princesse fut la mère de Dagobert II (674-678. Ce prélat est mentionné dans une charte (3) de Sigebert II, antérieure à février 648.

---

(1) Les *Gesta* l'appellent *Albinus.* Dans le pays on le connaît sous le nom de s. Albaud (*Albauldus* ou *Albaudus*), qui semble dérivé d'une forme *Albodius.*

(2) M. G. Ep., III, p. 130, noter l'expression *parentali affectu.*

(3) Pardessus, n° 313; Pertz, n° 22.

15. — *Leudinus qui et Bodo.* — Mentionné dans la vie de sainte Salaberge (1), dont il était le frère. Issu d'une famille considérable du pays de Langres, il se fit moine sur le tard, devint évêque de Toul et mourut peu après.

16. — *Eborinus.* — Mentionné dans la charte de fondation de Saint-Dié (2), sous le règne de Childéric II (663-675).

17. — *Ermenteus.*

18. — *Magnardus.* — L'auteur des Gestes savait qu'il était enterré à Saint-Epvre.

19. — *Dodo.*

20. — *Garibaldus.* — On trouve sa signature (*Garebaldus, Gerbaldus*) au bas de deux chartes du 13 mai 706, délivrées par Pépin d'Héristal à l'abbaye d'Echternach (3) et de la charte de fondation (4) de Saint-Mihiel (*Gairebaldus*). L'auteur des Gestes avait vu plusieurs chartes de lui.

21. — *Godo.* — D'après les Gestes, il aurait obtenu du *roi* Pépin une charte d'immunité et la reconnaissance des privilèges de son église, détruits dans un incendie qui consuma la ville de Toul. Au XII° siècle, on montrait encore son tombeau en un lieu appelé *Castellum.*

22. — *Bodo.* — L'auteur des Gestes lui rapporte diverses choses qui conviennent plutôt à *Leudinus qui et Bodo*, lequel lui est antérieur de plus d'un siècle. Cependant, l'une de ses fondations, un monastère dédié à s. Léger († v. 678), ne saurait être attribuée à cet homonyme.

23. — *Jacob.* — Il signa à Compiègne, le 23 mai 757, au privilège de Gorze. Un *Jacob, episcopus de monasterio Gamundias* (Hornbach, diocèse de Metz), prit part à l'association de prières signée à Attigny en août 762. Son tombeau se voyait à Saint-Bénigne de Dijon.

24. — *Borno.* — Après un nouvel incendie, il obtint du

(1) Migne, *P. L.*, t. CLVI, pp. 1226, 1232; *M. G. Scr. merov*, t. V, pp. 53, 60.
(2) Pardessus, n° 360. Sur cette pièce, voy. Pfister dans les *Annales de l'Est*, 1889, p. 379.
(3) Böhmer-M., 14, 15; Pardessus, 487, 488.
(4) Pardessus, 475.

roi Charles une restauration de ses chartes. Ce document est allégué par les Gestes, avec un autre du même règne. Borno figure dans un document judiciaire de 781 au plus tôt, dont la date n'est pas bien définie (1). Les Gestes marquent son obit au 22 mars.

25. — *Waninous.* — Enterré à Saint-Epvre, disent les Gestes, le 1er janvier (2).

26. — *Frotharius.* — Cet évêque est assez bien connu, grâce à sa correspondance qui s'est conservée en grande partie (3). Il fut désigné par Charlemagne, dans les derniers temps de son règne, et consacré en 813 ou l'une des années précédentes (4). Il assista au concile de Mayence en 829 (5); en 835, il prit part, à Thionville, à la déposition d'Ebbon, et, en 840, à Ingelheim, à son rétablissement. Les Gestes marquent son obit au 22 mai et lui attribuent 35 ans d'épiscopat. L'année de sa mort est encore moins déterminée que celle de sa consécration. Sauf la première, adressée à Charlemagne, toutes ses lettres sont du temps de Louis le Pieux (814-840).

27. — *Arnulfus.* — Installé vraisemblablement dès le temps de l'empereur Lothaire, cet évêque n'apparaît cependant pas, dans les documents, avant le concile tenu à Savonnières, près Toul, le 14 juin 859. On le rencontre l'année suivante (22 octobre) au concile de Tusey, en 862 au concile d'Aix-la-Chapelle. Les *Gesta* le représentent comme fort hostile au divorce de Lothaire II et il semble que cette attitude lui ait coûté quelques confiscations (6). En septembre 869, il fut au nombre des évêques lorrains qui

(1) Böhmer-M., n° 252.
(2) Var. *VII kal. ian.* (26 décembre).
(3) Migne, *P. L.*, t. CVI, p. 863; *M. G. Ep.*, t. V, p. 277. Cf. Hampe, *Neues Archiv*, t. XXI, p. 747; Pfister, *Annales de l'Est*, t. IV, p. 261.
(4) Les Gestes n'indiquent que le jour, 22 mars; encore ce renseignement est-il inexact, car une consécration d'évêque ne pouvait avoir lieu que le dimanche : or un dimanche 22 mars (lettre dominicale D) ne se rencontre pas, en remontant depuis la mort de Charlemagne, avant l'année 806.
(5) *M. G. Ep.*, t. V, p. 530.
(6) Diplôme de Louis le Bègue, Bouquet, t. IX, p. 398.

accueillirent Charles le Chauve et le couronnèrent à Metz (1). Il prit part, en 870, à la consécration de Bertulf, son métropolitain (2), et au concile d'Attigny. L'année suivante (août-septembre), il se fit représenter au concile de Douzy. C'est la dernière fois qu'il est question de lui. Obit, le 16 ou 17 novembre (3).

28. — *Arnaldus*. — Neveu du précédent, d'après les Gestes, qui lui assignent 23 ans d'épiscopat. Comme il mourut en décembre 893, il y a lieu de considérer ce chiffre comme trop fort, au moins d'une année. Il assista aux conciles de Ponthion, en 876, et de Troyes, en 878. Divers diplômes de Charles le Chauve (4), de Louis le Bègue (5), de Charles le Gros (6), d'Arnulf (7), le mentionnent comme évêque de Toul. En 888, il accueillit et couronna dans sa ville épiscopale le prétendant Rodolphe de Bourgogne transjurane (8), ce qui lui valut des difficultés, passagères il est vrai, avec Arnulf. Le dernier acte où il est mentionné est du 2 février 893. Il mourut le 4 ou le 5 décembre de cette année (9).

29. — *Ludolmus*. — Ordonné en 895, après un certain intervalle, dans lequel se place un incendie de la ville de Toul. Il siégea jusqu'en 906 (10).

VERDUN

Le livre épiscopal de Verdun fut composé, pour la pre-

(1) *Annales d'Hincmar*, 868.
(2) Flodoard, II. R., III, 21.
(3) Le 16 d'après le *Liber Vitas* de Remiremont (*Neues Archiv*, t. XIX, p. 70), le 17 d'après les *Gesta*.
(4) *Capit. de Kiersy*, 877.
(5) Bouquet, t. IX, p. 398, du 9 décembre 877.
(6) Böhmer-M., 1657, 1661, 1562, 12 et 21 juin 888.
(7) Böhmer-M., 1815, 1843, 9 oct. 891, 2 février 893.
(8) *Ann. Vedast.*, 888; cf. Böhmer-M., 1833.
(9) Le jour est indiqué par les documents cités plus haut; l'année résulte de ce que le siège était vacant en juin 894 (Böhmer-M., 1840).
(10) Reginon, a. 895, 906. — Pour plus de précision, voy. Parisot, *Le royaume de Lorraine*, p. 507, n. 2; 570, n. 1.

mière fois (1), en 893, par l'évêque Dadon, dans la treizième année de son gouvernement. Il ne remontait pas, tant s'en faut, aux origines de cette église. Outre ce qu'il dit de lui-même, Dadon ne s'occupe que de ses deux prédécesseurs immédiats, Hatton et Berhard. Vingt-trois ans plus tard, un chanoine de Saint-Vanne, appelé Berthaire, qui avait vécu sous les mêmes évêques, offrit à Dadon, encore en fonctions, un ouvrage beaucoup plus étendu, où l'histoire épiscopale commençait à la fondation même de l'église de Verdun. Les circonstances étaient défavorables. Un incendie venait de détruire la cathédrale et beaucoup de documents avaient été brûlés. Il restait cependant un catalogue, grâce auquel Berthaire savait que Verdun en était à son trentième évêque. Contre cette série, qui forme le canevas de son livre, on ne saurait élever l'ombre d'une objection : tout s'y tient parfaitement.

Berthaire y ajoute d'abord des indications sur les sépultures, dont il connaissait d'autant mieux l'emplacement que, pour la plupart, elles se trouvaient dans son église de Saint-Vanne. Les chartes lui ont fourni, depuis la fin du VIᵉ siècle, un certain nombre de renseignements sur le temporel de l'évêché. Il a tiré quelque chose des vies de s. Loup, évêque de Troyes, et de s. Mesmin de Micy, ainsi que de Grégoire de Tours et de Fortunat.

Sur les origines il rapporte, sans se prononcer ni même en faire la critique, deux traditions fort discordantes, dont l'une ferait du premier évêque un contemporain de s. Clément, l'autre un membre du concile de Cologne, tenu en 346. Encore n'y a-t-il là pour lui aucune tradition locale. Ce sont deux livres, la vie de s. Denis de Paris et celle de s. Servais, qui lui ont transmis ces renseignements. Pour

(1) *P. L.*, t CXXXII. p. 779. Berthaire dit bien de l'évêque Madelvée, contemporain de Pépin le Bref, que, dans ses tournées en Aquitaine, il emportait *gesta praediciorum pontificum nostrorum* ; mais comme il s'en servait pour se faire rendre les biens que son église avait possédés en ces contrées, il y a lieu de croire qu'il s'agit ici de titres de propriété.

les temps plus rapprochés de lui, il semble avoir puisé à des traditions encore orales ; ainsi ce qu'il dit des évêques Paul (VIIe s.), Madelvée, Pierre (VIIIe s.).

Pour les derniers évêques, depuis le temps de Charle-magne, il croit pouvoir indiquer la durée de leur gouver-nement ; mais ses chiffres sont sujets à caution et ne s'ac-cordent pas avec la chronologie que nous pouvons établir sur d'autres données.

Le livre de Berthaire fut continué au XIe siècle jusqu'à l'an-née 1047, et, au siècle suivant, toujours dans l'abbaye de Saint-Vanne, par un moine de Liège appelé Laurent, lequel le conduisit jusqu'à l'année 1144. D'autres continuations attei-gnent le milieu du XIIIe siècle (1). Dans sa Chronique, Hugues de Flavigny, natif de Verdun et moine de Saint-Vanne, reprit le travail de Berthaire et y ajouta beaucoup ; mais son apport est, pour la partie ancienne, de la plus mince valeur.

D'après ces compilations fut établi plus tard un catalogue épiscopal dont il subsiste, dans les manuscrits de Verdun, divers textes du XVe siècle (2). Un autre texte, publié par M. Holder-Egger (3), d'après un manuscrit d'Amiens, se ter-mine à l'évêque Richer (1089-1107), mais peut-être par suite d'une mutilation de l'original transcrit dans le manus-crit d'Amiens. Le voici :

S. Sanctinus.	10 S. Aggericus.
S. Maurus.	Caramcus.
S. Salvinus.	Ermenfridus.
S. Arator.	S. Godo.
5 S. Pulcronius.	S. Paulus.
S. Possessor.	15 Giloaldus.
S. Firminus.	Gorcbertus.
S. Vitonius.	Armonius.
S. Desideratus.	Agrebertus.

(1) M. G. SS., t. X, p. 489.
(2) Catalogue général des mss., t. V, p. 425 et suiv., n°* 1, 3, 4, 13. Le plus ancien (n° 1) ne remonte qu'à l'épiscopat de Jean de Sarrebrück (1404-1420).
(3) M. G. SS., t. XIII, p. 307.

Bertholomeus.	Berardus.
20 Albo.	Dado.
Peppo.	Berruinus.
Volohisus.	Berengerus.
Agronius.	35 Wicfridus.
S. Madelveus.	Adalbero.
25 Amalbertus.	Haymo.
Petrus.	Raimbertus.
Astranus.	Richardus.
Svilandus.	40 Theodericus.
Hilduinus.	Richerus.
30 Hatto.	

C'est la même série (1) que celle de Berthaire et de ses continuateurs, sauf deux additions, celle du chorévêque Amalbert (v. ci-dessous), transformé mal à propos en évê-que diocésain, et celle de l'évêque Godo, lequel n'est, je crois, qu'un dédoublement d'Ermenfrid.

1. — *Sanctinus.* — Le faux concile de Cologne porte la signature d'un *Sanctinus Articlavorum* (2), ce qui placerait cet évêque vers le milieu du IVe siècle (3).

2. — *Maurus.*

3. — *Salvinus.*

4. — *Arator.* — Berthaire raconte que l'évêque Ageric (VIe s.) retrouva les tombeaux de ces trois évêques ; de son temps, il s'y faisait beaucoup de miracles.

5. — *Polycronius.* — Disciple de s. Loup de Troyes et

(1) M. Holder-Egger signale l'omission de Hugues et d'Adalbéron II. Je crois plutôt qu'il s'agit ici d'Adalbéron I, nommé dans la continuation de Berthaire entre Hugues et Adalbéron II. Mais ni cet Adalbéron, ni Hugues, n'avaient de titres sérieux à figurer dans la liste des évêques de Verdun. C'est donc avec raison qu'on les en a écartés. Sur cette affaire, qui se place à l'année 984, voy. le continuateur de Berthaire, c. 4, 5.
(2) La légende de saint Denis de Paris l'identifie avec l'évêque homonyme de Meaux.
(3) Verdun était, au moyen âge, désignée par le nom, encore inexpliqué, de *civitas Articlavorum*. Le fait que cette dénomination se rencontre dans le faux concile de Cologne prouve qu'elle est tout au moins du VIIIe siè-cle. Est-ce l'auteur du faux concile qui l'a introduite, ou figurait-elle déjà dans le document du IVe siècle qu'il paraît avoir eu sous les yeux ? Je ne vois pas qu'on puisse le dire dans l'état présent des informations.

mentionné, dans la vie de celui-ci (1), comme un thaumaturge.

6. — *Possessor.*

7. — *Firminus.* — Sous l'évêque Hatton (IXe s.), les
tombeaux de ces trois évêques furent trouvés à Saint-
Vanne. Dans certains textes hagiographiques (2) qui ont
été connus de Berthaire, Firmin était identifié avec l'évêque de Verdun que la vie de s. Mesmin de Micy fait mourir
au temps de Clovis.

8. — *Vito.* — Saint Vanne. Les mêmes textes le présentent comme neveu de s. Euspice et successeur de Firmin.
Son tombeau se voyait, avec ceux des précédents, dans
l'église Saint-Pierre, qui fut plus tard appelée Saint-Vitou
ou Saint-Vanne.

9. — *Desideratus.* — Siégeait sous le roi Thierry Ier (511-
534), qui le persécuta. Il eut, au contraire, à se louer de
Théodebert, qui l'aida à soulager les habitants de Verdun (3). Il assista au concile d'Auvergne, en 535, et à celui
d'Orléans, en 549.

10. — *Agricus.* — Successeur du précédent. Grégoire de
Tours raconte qu'il était de Verdun (4). Il parle de lui à
propos d'événements de 584 et de 587. C'était le parrain du
roi Childebert II, auprès duquel il protégea, sans succès,
deux personnages compromis, Gontran Boson et Bertefred.
Fortunat lui a consacré deux petits poèmes (5). Berthaire
mentionne diverses donations faites à l'église de Verdun
par le roi Childebert II et ses « fidèles » au temps de cet
évêque. Il mourut en 588.

11. — *Harimeres.* — Référendaire de Childebert II, il fut

(1) *Acta SS. iul.*, t. VII, p. 81; cf. *M. G. SS. merov.*, t. III, p. 123, et
Bulletin critique, 1897, p. 418.
(2) Mabillon, *Saec. VI*, pp. 582 et 583, notes, renvoie à une vie de s. Euspice,
qui n'a pas, je crois, été publiée. Sur saint Mesmin, ses biographies et en
général sur l'hagiographie de Micy, voy. A. Poncelet, *Anal. Boll.*, t. XXIV,
pp. 5 et suiv.
(3) Greg. Tur., *H. Fr.*, III, 34, 35.
(4) *H. Fr.*, III, 34; VII, 44; IX, 8, 10, 12, 23.
(5) *Carm.*, III, 23, 23 a.

promu en 588 à l'évêché de Verdun, à la place d'Agricus,
que convoitait un abbé local, Bucciovaldus (1). Il assista, en
614, au concile de Paris (*Harimeris*).

12. — *Ermenfridus qui et Godo.* — Berthaire donne
Ermenfrid comme successeur à Harimer; il ne connaît
pas *Godo*, qui signa cependant, comme évêque de Verdun,
au concile de Clichy, en 627, et, avec l'orthographe *Guido*,
au privilège de Rebais (2), le 1er mars 637 ou 638. Il y a
donc lieu d'admettre ici un cas de dionymie (3), comme on
en rencontre tant à cette époque. Il est difficile que Godo
ait été le second nom de Harimer, car celui-ci avait déjà,
en 614, vingt-six ans d'épiscopat, sans parler d'une carrière
civile assez longue. Entre deux identifications possibles, la
plus vraisemblable est celle qui fait d'Ermenfrid et de Godo
une seule et même personne.

13. — *Paulus.* — Dans les derniers temps de Clotaire II
(619-629), Paul vivait à la cour où il avait pour compagnon
Arnoul, Eloi, Ouen, Didier, qui devinrent plus tard évêques
de Metz, Noyon, Rouen, Cahors (4). Il s'adonna ensuite à
la vie religieuse dans les environs du monastère de Tholey
(diocèse de Trèves) auquel il s'agrégea. Un ordre du roi
Dagobert le tira de là pour le faire monter sur le siège de
Verdun. La collection des lettres de s. Didier de Cahors
contient une lettre à lui adressée par Didier (I, 11) et deux
lettres adressées par lui à Didier (II, 11, 12); la dernière
est de l'année 632. C'est sous son épiscopat, en 636, que
Grimon, qui s'appelait aussi Adalgisèle, donna le monastère
de Tholey à l'évêché de Verdun. Il vivait encore lorsque
Didier de Cahors le mentionna dans une lettre à Dadon
(s. Ouen), évêque de Rouen (5). Il mourut le 8 février d'une

(1) Greg. Tur., *H. Fr.*, IX, 23; *Gl. conf.*, 93.
(2) Cette idée a déjà été exprimée par Mabillon, *Acta SS.*, t. II, p. 272,
note a.
(3) Pardessus, n° 275.
(4) *Vita Desiderii*, 3.
(5) La lettre est sûrement postérieure à l'ordination épiscopale de s. Ouen
(13 mai 641) et plutôt de quelques années.

année qui reste à déterminer, et fut enterré à Saint-Satur-
nin, en grand renom de sainteté. Sa vie (1) a été écrite
vers la fin du X⁰ siècle ; elle n'ajoute guère que des mots
aux renseignements fournis par Berthaire.

14. — *Gisloaldus.* — Mentionné dans un diplôme de
Sigebert III, antérieur au mois de février 648 (2), et dans la
charte de fondation de Saint-Dié (663-675) (3).

15. — *Gereberlus.*

16. — *Armonius.* — Echangea des biens avec Pépin d'Héristal et sa femme Plectrude, par acte du 20 janvier 702 (4).

17. — *Agrebertus.*

18. — *Bertalamius.*

19. — *Abbo.*

20. — *Peppo.* — Contemporain de Charles-Martel, qui
lui délivra deux chartes, actuellement perdues. D'après la
façon dont en parle Berthaire, elles doivent être postérieures à l'année 719 ou même à 724.

21. — *Vosohisus.*

22. — *Agroinus.*

23. — *Madelveus.* — Berthaire dit qu'avant lui l'évêché
resta vacant *multis diebus.* On trouve sa signature au bas
de la convention d'Attigny (762). Berthaire raconte qu'il
visita les Lieux-Saints et en rapporta de précieuses reliques. Il avait eu outre les mains plusieurs chartes signées
de lui. Son épiscopat paraît avoir été une période de répa-
ration après les désordres des temps précédents. D'après
les Annales de Saint-Bénigne (5), il aurait commencé vers le
temps où Pépin fut sacré roi par Etienne II (754). Hugues
de Flavigny enregistre (6) deux chartes où il était mentionné, l'une du 1ᵉʳ juillet 774, l'autre du 9 novembre 775.
Obit, 4 octobre.

(1) Mabillon, *Acta SS.*, t. II, p. 208; cf. Boll., au 8 février.
(2) Pardessus, n° 313; cf. n° 359.
(3) *Ibid.*, n° 360.
(4) Böhmer-M., 10; Pardessus, n° 454.
(5) *M. G. SS.*, t. V, p. 38.
(6) *M. G. SS.*, t. VIII, pp. 363 et 366.

24. — *Petrus.* — Berthaire le dit italien d'origine. Il fut
envoyé de Paris à Rome, en 781, par Charlemagne, pour
être consacré évêque par le pape Hadrien. Celui-ci se con-
forma aux désirs du roi et lui notifia le sacre de Pierre
dans une lettre (1) postérieure à la mi-avril. Une charte
royale du mois d'octobre 781 (2) le mentionne déjà comme
ayant exercé les fonctions d'évêque de Verdun. Il laissa
après lui une fâcheuse renommée de traîtrise. Berthaire
raconte qu'il avait livré Pavie à Charlemagne et que c'est à
ce service qu'il devait son évêché. Par la suite, il se serait
montré infidèle au roi des Francs lui-même et aurait été,
pour cette raison, en disgrâce pendant douze ans (3). Il est
sûr qu'un évêque appelé Pierre, mais dont le siège n'est
pas marqué, dut se justifier, en 794, devant le concile de
Francfort *quod ille in mortem regis sive in regno ejus non
consiliasset nec ei infidelis fuisset* (4). Berthaire assigne à
Pierre vingt-cinq ans d'épiscopat. Il serait donc mort en 806
environ.

25. — *Anstrannus.* — Ancien chantre du palais. Berthaire
le fait siéger cinq ans.

26. — *Herilandus.* — D'après Berthaire, il aurait traîné
vingt-quatre ans (5) une santé chancelante, et serait mort à
Aix. Enterré à Saint-Vanne, comme le précédent.

27. — *Hildinus.* — Originaire d'Alémanie. Il apparaît
pour la première fois au concile de Mayence en 829 (6). On

(1) J., 2434.
(2) Böhmer-M., n° 236. Il est mentionné aussi dans la charte n° 252, dont
la date n'est pas bien fixée.
(3) Berthaire place entre Madalvée et Pierre une vacance de douze ans,
pendant laquelle le diocèse aurait été administré par un chorévêque, Amalbert. Ceci est impossible, vu les dates certaines de Madalvée et de Pierre.
Mais il est à croire que les deux intervalles de douze ans coïncident et qu'il
s'agit du temps où Pierre, disgracié, avait été écarté du gouvernement de
son église.
(4) Conc. Francof., c. 9. Sur cette question, voy. Abel-Simson, *Karl
d. Grosse*, t. I (2ᵉ éd.), p. 403; t. II, p. 42.
(5) Hugues de Flavigny réduit cette durée à sept ans.
(6) *M. G. Ep.*, t. V, p. 530. Son nom, sous la forme Alduinus, figure au
bas du privilège d'Aldric de Sens pour s. Remi.

le trouve ensuite à l'assemblée de Thionville, le 2 février 835. Cette même année, il fit partie d'une mission envoyée par l'empereur Louis à son fils Lothaire (1). Il figura le 6 septembre 838 parmi les membres de l'assemblée de Kiersy. Après la bataille de Fontanet, il prit parti contre Lothaire, lequel, resté maître du pays par le traité de Verdun, lui fit éprouver les effets de son ressentiment. Obit, le 13 janvier 847.

28. — *Hatto.* — Il mourut le 1er janvier 870, après un épiscopat de vingt-trois ans (2), ce qui place son avènement à l'année 847. En 856, il obtint de Lothaire II l'abbaye d'Echternach et la garda jusqu'en 864 (3). Il assista, en 859, au concile de Savonnières, où la légitimité de son ordination fut mise en cause. Le 5 juin 860, on le trouve au congrès de Coblence (4). Il fut mêlé, peu après, à l'affaire du divorce de Lothaire II, et n'y joua pas un rôle très honorable. En 862, il prit part au concile de Tusey. A la mort de Lothaire II, il s'empressa de faire accueil à Charles le Chauve et prit part à son couronnement à Metz (5), le 9 septembre 869. Moins de quatre mois après, il mourut lui-même.

29. — *Berenhardus.* — Il paraît (6) déjà, le 25 juin 870, au concile d'Attigny; en septembre de l'année suivante au concile de Douzy; en 873, à la dédicace de la cathédrale de Cologne (7); en 876, au concile de Ponthion, mais non à celui de Troyes, tenu en 878 (8). Il mourut à Tholey, le 31 décembre 879, peu après les arrangements qui, à la mort de Louis le Bègue, avaient fait passer Verdun

(1) *M. G. SS.*, t. XV, p. 292.
(2) Berthaire, qui a ici l'autorité d'un contemporain.
(3) *M. G. SS.*, t. XIII, p. 738; t. XXIII, p. 31.
(4) *M. G. Capit.*, t. II, p. 154.
(5) *Ann. Hincm.*, 869.
(6) Une lettre d'Hincmar à Advence de Metz, analysée par Flodoard, *H. R.*, III, 23, avait rapport à sa consécration.
(7) Sur les documents de cette cérémonie, voy. Parisot, *Le royaume de Lorraine*, p. 405, n. 1.
(8) Flodoard, *H. R.*, III, 23.

sous le sceptre de Louis, fils de Louis le Germanique.

30. — *Dado.* — Ordonné dans les premiers mois de l'année 880 (1). Il siégeait depuis trente-six ans, lorsque Berthaire lui dédia ses Gestes des évêques de Verdun.

(1) Sur cette date, voy. Parisot, *loc. cit.*, p. 451, note; cf. Flodoard, *loc. cit.*

CHAPITRE III

LA PROVINCE DE REIMS

REIMS

Le catalogue des archevêques de Reims qui sert de base à l'*Historia Remensis ecclesiae* de Flodoard était déjà traditionnel au temps et au jugement d'Hincmar(1). On le récitait à la messe. Toutefois, en dehors de Flodoard, nous n'en avons aucun exemplaire antérieur au XI° siècle avancé.

A. — Le plus ancien se lit dans un bénédictionnaire d'Arras, actuellement à la bibliothèque de Boulogne, n° 92 (ancien n° 84). Il s'arrête à l'archevêque Gervais (1055-1067).

B. — Dans un autre manuscrit d'Arras, conservé aussi à Boulogne, n° 42 (37), la série est prolongée jusqu'à Raoul le Vert (1106-1124).

C. — Même arrêt dans le manuscrit 4280 de la Bibliothèque nationale.

D. — Continué jusqu'à Henri de France (1162-1175), il figure à la suite de l'Histoire de Flodoard en plusieurs manuscrits, notamment le n° 620 de la bibliothèque de Troyes (D¹) et le manuscrit H. 186 de celle de Montpellier (D²), lequel provient aussi de Troyes, où il appartient au collège de l'Oratoire.

E. — Dans le recueil de Robert de Torigni il va jus-

(1) *Opusc. LV capp. adv. Hincmarum Laudunensem*, c. 16 (*P. L.*, t. CXXVI, p. 334). Almann, le biographe de s Nivard, écrivait au temps d'Hincmar. Il sait (c. 5) que Nivard était le vingt-cinquième évêque et le onzième à partir de s. Remi (*M. G. Scr. merov.*, t. V, p. 163). Lui aussi connaissait notre catalogue.

qu'à Guillaume aux Blanches mains (1176-1202). En tête se lisent les deux distiques suivants, qui témoignent de l'usage liturgique auquel il avait été adapté:

> Nomina pontificis caiusque hic cerne Remensis
> quos inter est medius soi quasi Remigius.
> Sanctificatur enim dum sacre oblatio mense
> horum ita dicantur nomina pontificum.

F. — Enfin, dans le *Paris*. 8865, f° 124, copie du *Liber Floridus*, le catalogue va jusqu'à Henri de Dreux (1227-1240). Je donne ici le texte du manuscrit 92 de Boulogne (1), avec les variantes des autres.

NOMINA ARCHIEPISCOPORUM REMENSIS ECCLESIAE.

	S. Sixtus.		S. Rigobertus.
	S. Sinicius.		Tilpinus.
	Amsusius.		Vulfarius.
	Betausius.	30	Ebo.
5	Aper.		Hincmarus.
	Maternianus.		Fulco.
	S. Donatianus.		Heriveus.
	S. Viventius.		Senfus.
	Severus.	35	Artaldus.
10	S. Nichasius.		Odalricus.
	Baruc.		Adalbero.
	Barutius.		Arnulfus.
	Barnabas.		Ebalus.
	Bennadius.	40	Guido.
15	S. REMIGIUS.		Gervasius.
	Romanus.		Rainaldus.
	Flavius.		Manasses.
	Maphinius.		Rodulphus.
	Egidius.	45	Rainaldus II.
20	Romulfus.		Sanson.
	Sonantius.		Henricus.
	Leudegisius.		Willelmus.
	Engilbertus.		*Guido*.
	Lando.	50	*Albricus*.
25	S. Nivardus.		*Willelmus*.
	S. Reolus.		*Henricus*.

(1) D'après une copie obligeamment communiquée par M. E. Déprez, archiviste, du Pas-de-Calais.

Variantes.

Titre : Remenses episcopi C : Romorum archiepiscopi F : *de E v. supra.* — 1 Syxtus CD¹E — 2 Syn. C : Sivicius D¹ : Siguicius F — 3 Amansius C : Amausus F — 4 Becausius D¹ : Mettausus F — 5 Sper F — 6 Macern. D¹ : Madern. E : Acern. F — 7 Donacianus D¹ — 8 Vivencius D¹ — 10 Nycasius C : martyr *add.* E — 11 Baruclus E — 12 Baruclus D : Baruous E — 17 Flavus F — 18 Mafinus C : Maphinus D¹ : Maphinus D : Mappinius E : Masinus F — 19 Aegidius B : A, *in margine, prima manu* Gillo — 20 Romulphus D — 21 Synatius C : Sonnacius D¹ : Sonnatius D² : Sonnatius EF — 22 Leudegilius D : Leudegisilius E — 23 Angelb. C : Engelb. D : Engleb. E : Ansbertus F — 24 Landonius C — 25 Arvardus D¹ : Nivardeus D¹ : Nivo E — 26 Reolius E - 27 Rogobertus F - 28 Turpinus E — 30 Ebboms E : Hebo F — 31 Igmarus C — 32 Folco E — 33 Herverus F — 34 Scolfus BCDEF — 36 Odel. E : Adel. F — 37 Adelbertus F — 38 Arnulphus C : Gerbertus *add.* F — 39 Ebalius E — 40 Wido CE : *om.* F — 41 *Post Gervasium GF addunt* Manasses (Manases C). *Hic in A desinit prima manu.* — 42 Reinoldus C : Renoldus F — 43 Manasce C : *hic desinunt* AB — 44 Radulfus D : Rodulfus E : *om.* F : *hic desinit* C — 45 II *om.* E : Renoldus viridis F — 47 *hic desinit* D — 48 qui modo est *add.* E, *qui in eo desinit.*

Le titre de saint est attribué dans les textes A et B à neuf évêques : Sixte, Sinice, Donatien, Vivence, Nicaise, Remi, Nivard, Rieul et Regnobert; dans celui de Robert de Torigni (E) à trois seulement : Sixte, Sinice et Nicaise. Les autres listes ne le donnent à personne.

Les rédacteurs de ce catalogue ont négligé à diverses époques quelques évêques dont la légitimité leur paraissait douteuse : Abel, Gerbert et Manassès de Gournai. Celui-ci, après avoir occupé pendant onze ans (1069-1080) le siège métropolitain de Reims, fut déposé par le légat de Grégoire VII, Hugues de Die, au concile d'Autun. Gerbert avait été élu et installé après la déposition d'Arnoul, contre laquelle le saint-siège protesta. Arnoul finit par être rétabli et Gerbert lui-même, devenu pape, le reconnut comme archevêque de Reims. Quant à Abel, qui exerça les fonctions épiscopales à Reims au temps où le temporel de cette église était entre les mains du célèbre Milon de Trèves (1), Flodoard (2) dit que certains le considéraient comme chorévêque. Malgré cette appréciation, dont notre catalogue semble relever, il le range au nombre des évêques réels, et c'est ce que j'ai fait après lui.

Sous le bénéfice de ces observations, la liste épiscopale de Reims, vérifiée par des documents nombreux, mérite confiance.

Suivant elle, il y aurait eu trois évêques à Reims avant celui qui était en fonctions lors de la réunion du concile d'Arles, en 314, Imbetausius. C'est assez dire que le siège épiscopal de Reims remonte au IIIᵉ siècle, plutôt à la seconde moitié de ce siècle.

Divers systèmes furent imaginés, au moins depuis le IXᵉ siècle, sur le point d'attache de la série épiscopale. Hincmar, très intéressé à remonter le plus haut possible et très peu embarrassé, on le sait, de corriger l'histoire selon ses idées, ne réclame nullement des origines apostoliques. Selon lui (3), s. Sixte, le premier évêque, aurait été envoyé de Rome par le pape Sixte. Comme il y a eu, anciennement, deux papes de ce nom, qui ont vécu, l'un dans la première moitié du IIᵉ siècle, l'autre peu après le milieu du siècle suivant, on pourrait se demander quel est celui qu'il avait en vue. Mais Sixte Iᵉʳ est un pape sans notoriété, tandis que Sixte II, martyr célèbre et vénéré, était, depuis Grégoire de Tours, considéré comme ayant envoyé en Gaule beaucoup de fondateurs d'églises. Il est donc probable qu'Hincmar pensait à Sixte II, et, s'il en a été ainsi, son estimation est sensiblement d'accord avec la chronologie qui se déduit du catalogue.

Flodoard, lui, remonte jusqu'à saint Pierre, sans dire pourquoi il corrige ainsi l'appréciation d'Hincmar, plus ancien

(1) Voy. ci-dessus, p. 59, et plus loin, p. 85.
(2) *Hist. Rem. eccl.*, ii, 16.
(3) *Opusc. LV capp. adv. Hincm. Laudunensem*, 16; Migne, P. L., t. CXXVI, p. 334.

et plus autorisé que lui. Entre ces deux expressions de l'opinion rémoise, il n'est pas possible d'hésiter.

Il y en a une troisième, c'est celle que nous trouvons dans la vie des ss. Sixte et Sinice (1). D'après ce document, les apôtres rémois auraient été envoyés de Rome postérieurement au martyre des ss. Crépin et Crépinien, lesquels, de leur côté, sont présentés comme des victimes de la persécution de Dioclétien.

Cette chronologie est inacceptable. Elle abaisse jusqu'au commencement du IVᵉ siècle la fondation d'une église que le catalogue nous oblige à croire plus vieille de quarante ou cinquante ans. Du reste, il n'est pas aisé de dater le document hagiographique où nous la rencontrons. Il peut être relativement récent; son âge ne peut se déduire que de celui de ses manuscrits, et je ne vois pas qu'on en ait signalé de véritablement anciens. Son auteur a été conduit à ce système par la nécessité de concilier la tradition rémoise avec la passion des ss. Crépin et Crépinien, où Maximien est indiqué comme empereur. Hincmar et Flodoard n'ont pas eu égard à cette passion. Ils ne témoignent d'aucune autre tradition que la tradition rémoise, modifiée, chez Flodoard, par la contagion des prétentions apostoliques.

1. — *Sixtus.*

2. — *Sinicius.* — Hincmar (2) mentionne l'église des ss. Sixte et Sinice. Flodoard (3) en parle aussi et, de ce qu'il en dit, on déduit qu'elle existait déjà au temps de l'évêque Sonnatius, sous Clotaire II. La fête de ces deux saints fut interpolée, dès le IXᵉ siècle, au 1ᵉʳ septembre,

(1) 1ᵉʳ septembre (*Acta SS. sept.*, t. I, p. 125).
(2) *Vita Remigii*, 24.
(3) *Hist. Rem.*, I, 3. Déjà au temps de Flodoard l'église était à peine desservie. Les restes des saints avaient été transportés à Saint-Remi. Antérieurement on avait donné de leurs reliques à l'église de Brême et à l'abbaye de Fulda. Cf. *Acta SS. sept.*, t. I, p. 119. La basilique Saint-Sixte a disparu depuis des siècles.

dans le martyrologe de Wandelbert (1); celle de s. Sixte seul, au même jour, dans le martyrologe d'Usuard.

3. — *Amausius*.

4. — *Imbetausius.* — Assista, en 314, au concile d'Arles, avec son diacre Primogenitus (2).

5. — *Aper.*

6. — *Maternianus.* — Fête, le 30 avril (3).

7. — *Donatianus.*

8. — *Viventius.*

9. — *Severus.*

10. — *Nicasius.* — Victime d'une invasion barbare, sur laquelle on a beaucoup discuté; les avis se partagent entre les Vandales de 407 et les Huns de 451. Hincmar et Flodoard indiquent les Vandales; mais des confusions sont admissibles en ces auteurs.

11. — *Baruc.*

12. — *Barucius* (4).

13. — *Barnabas.* — Mentionné dans le testament du suivant (5).

14. — *Bennagius.* — Flodoard vit encore son testament, dont il donne une analyse.

15. — *Remigius.* — Saint Remi. Sidoine Apollinaire lui écrivit, vers 475, une lettre (IX, 7) où il vante beaucoup son talent d'écrire. A l'avènement de Clovis comme roi des Francs de Tournai (481), Remi lui envoya ses félicitations et ses exhortations. C'est par son ministère (6) que ce

(1) *M. G. Poetae*, t. II, pp. 593, 598.
(2) Le *Dyscolius* de s. Athanase (t. I, 2ᵉ éd., p. 364) est qualifié d'évêque de Reims dans les signatures du faux concile de Cologne. Comme il est resté inconnu à Flodoard, il y a lieu de se demander si le faussaire n'a pas ici mal interprété le document authentique dont il se servait. On ne peut rien définir.
(3) *Hist. Rem.*, I, 5.
(4) *Baruc* et *Barucius* pourraient bien être identiques.
(5) *H. R.*, I, 9.
(6) Greg. Tur., *H. Fr.*, II, 29-31. La meilleure discussion des témoignages sur le lieu et la date du baptême de Clovis se trouve dans Hauck, *Kirchengeschichte Deutschlands*, t. I, p. 579.

prince fut baptisé à Reims le 25 décembre 496. Outre la lettre déjà citée, quelques autres nous sont restées de lui, adressées à Clovis, aux évêques Héraclius, Léon et Théodose, et à l'évêque Fulcon de Tongres (1). Il avait cinquante-trois ans d'épiscopat lorsqu'il écrivit aux trois évêques, peu après la mort de Clovis (2). Sa carrière était encore loin d'être terminée, car Grégoire de Tours (3) dit qu'il passait pour avoir siégé soixante-dix ans ou plus. Sa mémoire demeura en grand honneur (4). Sa fête est marquée au 1er octobre dans le martyrologe hiéronymien.

On conservait à Reims, au temps d'Hincmar, un calice avec une inscription qui l'attribuait à Remi :

Hauriat hinc populus vitam de sanguine sacro
Iniecto aeternus quem fudit vulnere Christus.
Remigius reddit Domino sua vota sacerdos (5).

Le texte de son testament nous a été conservé (6).

16. — *Romanus.*

17. — *Flavius.* — Assista, en 535, au concile d'Auvergne.

(1) *Ep. Austr.*, 1-4; *M. G. Ep.*, III, pp. 113-116. Ces pièces de correspondance ne justifient pas l'enthousiasme de Sidoine Apollinaire pour le style de s. Remi.
(2) Héraclius de Paris et Théodose d'Auxerre assistèrent en 511 au concile d'Orléans.
(3) *Gl. conf.*, 78.
(4) Inscription à Saint-Julien de Reims (*H. Rem.*, I, 23). Lettre de s. Nizier à la reine Chlodosvinde, *M. G. Ep.*, III, p. 121; Fortunat, II, 13; *Vita Mart.*, IV, v. 138; Greg. *Tur.*, *Gl. conf.*, 78. L'épisode du vase de Soissons, raconté par Grégoire de Tours, *H. Fr.*, II, 27, sans aucun nom d'évêque, est rattaché par Frédégaire, III, 16, à s. Remi de Reims. — De sa vie nous avons deux rédactions, l'une fort courte, attribuée à tort à Fortunat (*M. G. Auct. ant.*, t. IV B, p. 64); l'autre, beaucoup plus étendue, mais sans valeur traditionnelle, constituée par Hincmar (*M. G. Script. merov.*, t. III, p. 250). Cf. Flodoard, *H. R.*, I, 10 et suiv.
(5) *Vita Rem.*, 2; cf. Flodoard, I, 10. Du temps même d'Hincmar ce vase fut fondu pour racheter des captifs à la suite d'une invasion normande. Malgré les objections de Krusch, *Neues Archiv.*, t. XX, pp. 538 et suiv., la première me semble authentique dans l'ensemble, bien que le texte, tel qu'il a été transcrit par Hincmar (*Vita*, c. 32), soit altéré en plus d'un endroit.

18. — *Mappinius.* — Se fit représenter, en 549, au concile d'Orléans, par son archidiacre Protadius. Il reste de lui deux lettres adressées, l'une à s. Nizier de Trèves, au temps du roi Théodebald (548-555), l'autre à l'évêque de Metz Vilicus (1). Flodoard a connu diverses chartes qui le mentionnaient, parmi lesquelles une donation de la reine Suavegotta, femme de Thierry Ier, et une précaire de sa fille Theudechilde (2).

19. — *Egidius.* — Trop zélé pour les intérêts politiques du roi d'Austrasie Sigebert, son souverain, il consacra un prêtre chartrain appelé Promotus pour exercer le ministère épiscopal dans la partie austrasienne du diocèse de Chartres, avec résidence à Châteaudun; ce pourquoi le concile de Paris lui écrivit, le 11 septembre 573, une lettre où il est rappelé à l'observation des canons. Cet évêque était un vieil ami de Frédégonde et il se fit volontiers son instrument. Grégoire de Tours avait été consacré par lui (573) ; il est pourtant obligé de raconter à son propos plusieurs choses désagréables. Il dit qu'on l'accusait d'avoir trempé dans les intrigues qui amenèrent la mort de Mérovée, fils de Chilpéric (577) (3). Childebert II, auprès duquel il n'était pas moins puissant qu'auprès de son père Sigebert, l'employa à plusieurs reprises comme ambassadeur auprès de ses oncles Chilpéric et Gontran. Il reçut de lui plus d'un mauvais conseil. A la fin il découvrit qu'Egidius conspirait contre lui et il dut le traduire devant un concile des évêques de son royaume. Ce concile se réunit à Metz, au mois de novembre 590. L'évêque de Reims y fut déposé, et le roi l'exila à Strasbourg (4). Au temps où il était en faveur, il fut célébré par Fortunat (III, 15). Flodoard avait sous les yeux plusieurs chartes reçues ou délivrées par lui.

(1) *Epp. austr.*, 11, 15 (*M. G. Ep.*, t. III, pp. 126, 129.)
(2) *H. R.*, II, 1.
(3) *H. Fr.*, V, 18.
(4) Greg. *Tur.*, *H. Fr.*, VI, 3, 31; VII, 14, 33; IX, 14; X, 19; cf. *Virt. s. Mart.*, III, 17.

20. — *Romulfus*. — Fils de Loup, duc de Champagne, il était déjà prêtre lorsqu'il fut substitué à Egidius déposé (1). Flodoard analyse ses principales chartes et mentionne en particulier son testament, confirmé par le roi Childebert II (2).

21. — *Sonnatius*. — Archidiacre du précédent, il fut élevé à l'épiscopat avant la mort de Brunehaut (+ 613), avec laquelle on le trouve en rapport (3). Il assista, en 614, au concile de Paris et, en 627, à celui de Clichy (4). Son testament figure parmi les nombreuses chartes analysées par Flodoard.

22. — *Leudegisilus*. — Flodoard, qui avait vu des documents de son épiscopat, le place sous Dagobert (+ 639) (5).

23. — *Angelbertus*. — Flodoard parle d'un procès qu'il soutint devant le roi (Dagobert ou Sigebert III) contre l'évêque d'Auvergne Gall II, à propos de certains biens situés au delà de la Loire et que l'église Saint-Julien de Brioude détenait indûment.

24. — *Lando*. — Contemporain de Sigebert III (634-656), nous dit Flodoard, d'après ses chartes, et, en particulier, son testament.

25. — *Nivardus* ou *Nivo*. — A Reims et dans les monastères de ce diocèse, on possédait encore, au X⁰ siècle, plusieurs chartes de cet évêque, ou faisant mention de lui. Elles ont été dépouillées, tant par son biographe (6), contemporain d'Hincmar, que par Flodoard (7). Elles le montrent en rapport avec le roi Clovis II, le maire austrasien Grimoald et son fils Childebert. Il siégeait donc en 657 et peut-être auparavant. Sa signature figure au bas des privi-

(1) Greg. Tur., *H. Fr.*, X, 19.
(2) *H. R.*, II, 4.
(3) *H. R.*, II, 4, 5. — Flodoard ne dit pas où se tint ce concile, que l'on a cru à tort s'être célébré à Reims. J'ai démontré qu'il est identique au concile de Clichy.
(4) *H. R.*, II, 5.
(5) *H. R.*, II, 6. Il le met en rapport avec Abbon, évêque de Troyes ; mais cela n'est pas possible. Il y a ici quelque erreur. Sur la date d'Abbon, voy. t. II, p. 181.
(6) Ed. Levison, *M. G. Scr. merov.*, t. V, p. 157.
(7) *Hist. Rem.*, II, 7, 10.

lèges de Berthefrid d'Amiens (664) et de Drausius de Soissons (667). Il est encore mentionné dans un acte de 673 (1) relatif au monastère de Fontenelle. Obit, le 1ᵉʳ septembre (673).

26. — *Reolus*. — Ancien comte de Champagne, il joua, comme évêque de Reims, un rôle politique important. Sa signature figure au testament de s. Amand (674, 17 avril) (2). Le continuateur de Frédégaire (3,5) le nomme à propos d'événements de 678 et de 687. Cette dernière année il fut au premier rang de ceux qui excitèrent Pépin d'Héristal contre le majordome Berthaire et la Neustrie. Flodoard rapporte diverses fondations et divers documents de cet évêque, sans qu'il en ressorte une plus grande précision pour sa chronologie. Il signa au privilège d'Ansbert pour Fontenelle, en 688 ou 689 (3).

27. — *Rigobertus*. — Avec cet évêque nous atteignons le VIIIᵉ siècle. Les documents analysés par Flodoard le montrent en rapport avec Pépin d'Héristal (687-714), Dagobert III (711-715) et Thierry IV (720-737). Bien qu'il fût le parrain de Charles Martel, il ne voulut pas prendre parti entre lui et le maire de Neustrie, Ragenfrid. Après sa victoire de Vincy (717), Charles l'exila en Gascogne et donna l'évêché ou plutôt son temporel à Milon, qui détenait déjà, au même titre, l'évêché de Trèves. Un arrangement intervint cependant entre les deux titulaires, et Rigobert put officier

(1) Vie de s. Lambert, évêque de Lyon, c. 3 (*M. G. Scr. merov.*, t. V, p. 610).
(2) Pardessus, 376; *M. G. Scr. merov.*, t. V, p. 464. — M. Krusch (*ibid.*, p. 369), entre les deux années 674 et 675, croit la dernière plus admissible, parce que le 17 avril tombait en 675 le mardi saint ou le mardi de Pâques, suivant les deux solutions indiquées dans la table de Victorius, et que les fêtes pascales semblent un temps plus propice pour une réunion d'évêques. Je croirais plutôt que les évêques étaient retenus chez eux par les cérémonies de ces jours saints et qu'une date plus éloignée de Pâques est à préférer. C'est ce qui me fait pencher pour l'année 674, où Pâques tomba le 2 avril. Quinze jours plus tard, toutes les fêtes terminées, les évêques avaient plus de facilité pour se transporter hors de leurs diocèses.
(3) *Vita Ansberti*, 18; *Scr. Merov.*, t. V, p. 631. — Reolus est mentionné plusieurs fois dans la vie de s. Nivard (c. 1, 9, 10).

dans sa cathédrale. Son anniversaire était fêté le 4 janvier ; on ne sait au juste en quelle année il mourut (1).

28. — *Abel.* — En 743, Pépin se décida à faire déguerpir Milon et, sur l'indication de s. Boniface, il donna l'évêché de Reims à un moine scot (2) du monastère de Laubach appelé Abel. Le pallium fut demandé aussitôt pour lui, par Boniface et les princes francs, et le pape Zacharie l'envoya. Peu après, Boniface écrivit au pape une nouvelle lettre où il ne maintenait plus sa demande de pallium pour Abel (3). Celui-ci est mentionné comme « archevêque » dans le capitulaire que Pépin publia, le 2 mars 744, après le concile de Soissons, avec Ardobert de Sens qui se trouvait, au point de vue du pallium, dans la même situation que lui (4). Deux ou trois ans plus tard, Abel prit part à une démarche collective de plusieurs évêques auprès du roi de Mercie, Æthelbald (5). Milon, cependant, n'était pas mort et il parvint à évincer Abel (6).

29. — *Tilpinus.* — L'archevêque Turpin des légendes. C'était un moine de Saint-Denis. Il siégea quarante-sept ans (748-794) (7). Nous le voyons, en 769, figurer au concile de Rome. Parmi les chartes où Flodoard a trouvé mention de lui, il y en avait une de la première année de Carloman (768-769). Peu avant 780, il reçut une lettre du pape Hadrien, qui, après avoir confirmé les droits de l'église de Reims, le chargeait d'une enquête sur la personne de Lui, proposé

(1) Flodoard, *H. R.*, II, 11-15 ; cf. J ; 2411.
(2) *M. G. Scripl.*, t. IV, p. 58.
(3) J., 2270, 2271.
(4) *C. 3. M. G. Capit.*, t. I, p. 29.
(5) *Ep. Bonif.*, 73.
(6) Ceci résulte d'une lettre du pape Hadrien à l'archevêque Turpin. dont on a des fragments dans Flodoard, *H. R.*, II, 16, 17.
(7) La chronologie de l'archevêque Turpin s'établit ainsi qu'il suit. Il mourut, d'après Hincmar (*De villa Noviliaco*, Migne, *P. L.*, t. CXXV, p. 1173), la vingt-troisième année après la mort de Carloman, soit en 794. Le même Hincmar, dans l'épitaphe de Turpin, dit qu'il siégea *quadragenis amplius annis* et Flodoard précise en indiquant l'an 47ᵉ de l'épiscopat. Le point de départ tombe donc en 748 ou 749.

pour l'évêché de Mayence. Son anniversaire tombait le 2 septembre. Hincmar lui composa une épitaphe (1).

30. — *Vulfarius.* — Après la mort de Turpin, Charlemagne laissa vaquer le siège de Reims pendant neuf ans environ, *per annos circiter novem*, dit Hincmar (2), ce qui conduirait à l'année 803. Flodoard attribue à l'évêque Vulfaire la qualité de *missus dominicus* et s'exprime à ce propos en termes qui rappellent ceux du *Capitulare missorum* de 802 (3). Vulfaire n'était point encore installé quand il fut chargé de cette mission. C'était un homme de confiance. Charlemagne lui commit la garde de quinze otages saxons. En 811, il signa le testament de l'empereur. En 813, il présida à Reims un des quatre grands conciles de l'empire ; en 814, alors que déjà Louis le Pieux avait succédé à son père, il en tint un autre, celui-ci provincial, à Noyon, pour régler une question de limites entre ce diocèse et celui de Soissons. C'est lui qui célébra l'ordination de Frotaire, évêque de Toul, dans la province de Trèves (4). Il était mourant au moment où le pape Etienne IV consacra Louis le Pieux, dans sa ville épiscopale, au mois d'octobre 816 (5).

31. — *Ebo.* — Son ordination suivit de près le couronnement de Louis le Pieux à Reims (6). Les suffrages s'étaient portés sur un certain Gislemar que les évêques trouvèrent trop ignorant. Ceci se passait en 816 ou au commencement de 817. Déposé au concile de Thionville, le 4 mars 835, pour sa participation à la seconde révolte des fils de l'empereur Louis, il fut rétabli, après la mort de celui-ci, par les soins de Lothaire, au concile d'Engelheim, en août 840. Le 6 décembre de cette année, il fit sa rentrée à Reims, où

(1) Flodoard, *H. R.*, II, 17.
(2) *Ep. ad Hincm. Laud.*
(3) *M. G. Cap.*, t. I, p. 100.
(4) Flodoard, *H. R.*, II, 18.
(5) *Ep. Caroli Calvi ad Nicol.* pp.
(6) Flodoard le présente comme ayant reçu le pape Etienne IV et l'empereur et assisté au couronnement. Il a mal compris une inscription rapportée par lui, où ces trois personnages figurent en effet, mais sans qu'Ebbon y soit mis en rapport avec les deux autres.

il séjourna quelques mois seulement, car les partisans de Lothaire ne purent se maintenir à Reims après la bataille de Fontanet. Il se retira auprès de Lothaire, avec lequel il finit par se brouiller. Vers 847, Louis le Germanique lui donna l'évêché de Hildesheim, où il mourut, le 20 mars 851.

Depuis le concile de Thionville, le diocèse (sauf pendant la courte restauration d'Ebbon) était gouverné par les abbés de Saint-Remi, *Fucio* († 843) et *Notho*.

32. — *Hincmarus*. — Élu au mois d'avril 845 au concile de Beauvais et consacré le 3 mai suivant par son suffragant Rothade, évêque de Soissons. Il mourut le 23 décembre 882, à Épernay, au milieu des terreurs de l'invasion normande.

33. — *Fulco*. — Son épiscopat commence le 7 mars 883 (1). Il fut assassiné le 17 juin 900 par les soins de Baudouin, comte de Flandre.

34. — *Hériveus*. — Aussitôt installé (2), le 6 juillet 900, Hérivée tint un concile contre les assassins de son prédécesseur. Il mourut le 2 juillet 922.

SOISSONS

La tradition de l'église de Soissons sur ses anciens évêques présente des difficultés spéciales. Il semble bien qu'il ait existé un catalogue plus ou moins officiel, mais nous n'en possédons aucun texte ancien. Les vies des saints évêques Onésime, Baudry et Drausius (3) ont été écrites par des personnes qui le connaissaient; mais ces biographies ne paraissent pas avoir été composées avant le XIIe siècle (4). La première suppose l'existence d'un cata-

(1) Son épitaphe (Flodoard, *H. R.*, IV, 10) lui attribue 17 ans, 3 mois et 10 jours. Cependant, le 7 mars 883 n'était pas un dimanche, mais un jeudi.
(2) Sur cette installation, v. Flodoard, *H. R.*, IV, 11.
(3) Boll., 13 mai, 1er août, 5 mars.
(4) Le biographe de s. Baudry (*Acta SS. Aug.*, t. 1, p. 57) se réfère à une *vetus schedula*, qui contenait un récit fort succinct, mais en somme identique au sien.

logue qui débutait par les noms de Sixte, Sinice, Divitien, Rufin, Filan, Mercurin, Onésime; l'autre fait succéder s. Baudry à un évêque Loup, et le présente comme contemporain de Clotaire et de s. Médard, aux funérailles duquel il aurait présidé. Celle de s. Drausius connaît la série Ansericus, Bettolenus, Drausius.

Je ferai usage de ces indications, qui ne sont ni assez autorisées, ni assez complètes pour nous empêcher de regretter la perte du catalogue.

1. — *Divitianus*. — Flodoard (1) savait que Soissons avait eu, en commun avec Reims, ses deux premiers évêques Sixte et Sinice et que le troisième seulement, Divitien, avait été le pasteur spécial de Soissons. Celui-ci doit avoir siégé dans les dernières années du IIIe siècle ou les premières du siècle suivant.

2. — *Rufinus*.

3. — *Filanus* (?) (2).

4. — *Mercurius*. — Un des évêques dont les noms figurent au bas du faux concile de Cologne (346) est *Mercurius Suessionum*.

5. — *Onesimus*. — Fête, le 13 mai (3).

6. — *Principius*. — Tout ce que Hincmar raconte de ce personnage, dans la vie ou dans le testament de s. Remi, suppose qu'on le considérait au IXe siècle comme un évêque de Soissons, contemporain de Remi. D'après Hincmar, ils auraient été frères. Sidoine Apollinaire (4) échangea par

(1) *H. Rem.*, I, 3.
(2) Ces deux noms figurent, avec le suivant, dans la vie de s. Onésime. Le second doit avoir été mal transcrit.
(3) Dans le martyrologe de Raban, on lit à ce jour : *Festivitas s. Onesimi confessoris*. S'agit-il vraiment d'un évêque de Soissons? La date festivale de notre Onésime ne procéderait-elle pas de celle que Raban assigne au sien? — Après Onésime, le *G. C.* insère *Vincentius*, *Lubeanus*, *Onesimus II* et un s. *Edibius*, qui aurait été contemporain d'Attila, d'après sa vie manuscrite. Je n'ai pas vu ce document. Sa fête était célébrée le 10 décembre.
(4) *Ep.* VIII, 14; IX, 8.

deux fois (v. 475) des lettres avec un évêque Principius, qui, lui aussi, avait un frère évêque. La dernière lettre qu'il lui écrivit vient dans son recueil immédiatement après une lettre adressée à s. Remi (1). Il est donc admissible que, sur ce détail de la parenté, Hincmar ait suivi une tradition sérieuse et que, par suite, le correspondant de Sidoine doive être attribué au siège de Soissons.

7. — *Lupus*. — Assista au concile d'Orléans, en 511. Hincmar le présente comme neveu du précédent. — Fête, le 19 octobre.

8. — *Bandaridus*. — N'est connu que par sa vie, qui le fait succéder à Lupus, peut-être d'après un catalogue, et le met assez naturellement en rapport avec le roi Clotaire et s. Médard de Noyon. — Fête, le 1er août.

9. — *Droctigisilus*. — Grégoire de Tours (2) en parle comme d'un ivrogne émérite. En 589, un synode tenu à Sauriciacum lui permit de rentrer dans sa ville épiscopale dont il avait été éloigné pendant quatre ans (3).

10. — *Ansericus*. — Assista en 614 au concile de Paris, en 627 (*Ansaricus*) à celui de Clichy. C'est sans doute l'*Asaneus* qui signa, comme évêque de Soissons, au privilège de Rebais (637-8). Mentionné dans la vie de sainte Salaberge (4).

11. — *Bettolenus*. — Mentionné dans la vie du suivant.

12. — *Drausius*. — Sa signature (*Drusio*) figure au bas de la charte d'Emmon pour S. Pierre-le-Vif (660). Il signa (*Draucio*) le diplôme de s. Omer pour Sithiu (663), celui de Berthefrid (*Drauscio*) pour Corbie (664), et en délivra lui-même un (667) à Sainte-Marie de Soissons. — Fête, le 5 mars.

13. — *Warimbertus*. — Ancien abbé de Saint-Médard.

(1) IX, 7.
(2) *Hist. Fr.*, IX, 37.
(3) Ici le *G. C.* insère les noms *Anectarius. Theobaldus, Tondulfus, Landulfus.*
(4) C. 27. *Acta SS. sept.*, t. II, p. 529; *M. G. Scr. merov.*, t. V, p. 65.

Les moines de cette abbaye, dont il s'était approprié les biens, en gardèrent un mauvais souvenir et racontèrent comment, après un court épiscopat, il mourut de male mort (1).

14. — *Adalbertus*. — Un évêque de ce nom signa la charte d'Aiglibert du Mans (683) (2).

15. — *Hildigangus*. — Son nom, avec la qualification d'*episcopus civitas Suasseonis*, figure (3) au bas de la convention d'Attigny (v. 762).

16. — *Rothadus I*. — Présent, en 814, au concile de Noyon où fut réglée une question de limites entre les diocèses de Noyon et de Soissons (4). Nommé *missus* suppléant, en 825 (5). Mentionné dans le récit de la translation de s. Sébastien (826) (6). Assista, en 829, au concile de Paris.

17. — *Rothadus II*. — Évêque depuis 832 environ (7), il figure en un très grand nombre de documents conciliaires et autres jusqu'à l'année 869. Excommunié en 861 par son métropolitain Hincmar, puis déposé l'année suivante, incarcéré et pourvu d'un successeur, un certain *Engelmodus*, bien qu'il eût appelé à Rome, il parvint à se faire entendre du pape Nicolas, comparut devant lui et fut par lui rétabli, en 865. On le trouve encore, après cette date, dans les réunions épiscopales; la dernière est celle de Verberie, 30 avril 869.

18. — *Hildebaldus*. — Siégea, le 25 juin 870, à la réunion épiscopale d'Attigny; mentionné depuis lors en divers documents. Après la mort d'Hincmar, en 883 (5 février), les clercs de Reims lui écrivirent (8).

(1) *Acta SS. iun.*, t. II, p. 85.
(2) J. Havet, *Œuvres*, t. I, p. 435.
(3) *M. G. Conc.*, t. II, p. 73.
(4) Flodoard, *Hist. Rem.*, l. 18.
(5) Anségise, II, 25 (*M. G. Capit.*, t. I, p. 308).
(6) C. 32. *M. G. SS.*, t. XV4, p. 385.
(7) Trente ans environ avant sa déposition, dit le pape Nicolas (J., 2788).
(8) Mariot, *Hist. de Reims*, t. II, p. 651.

19. — *Riculfus*. — Auteur d'un règlement pastoral, en date de 889, ind. VII (1). Il assista à un plaid tenu en 892, par le roi Eudes, à Verberie (2), et présida, en 900, à la consécration de son métropolitain Hérivée (3).

CHALONS

L'église de Châlons possède un bon catalogue épiscopal. La plus ancienne rédaction qui nous en soit parvenue, non pas, il est vrai, dans son texte original, mais dans une copie de Mabillon, s'arrêtait, de première main, à Wido (1004-1008). M. Delisle(4) identifiait ce texte avec celui d'un sacramentaire que Martène et Durand virent dans la bibliothèque de l'évêque de Châlons (5). Ici cependant la série s'arrêtait de première main à l'évêque Gibuin. Les deux prédécesseurs immédiats de Wido ont porté ce nom ; ils occupèrent le siège depuis 947 jusqu'à 1004. Je vais donner ci-dessous la copie de Mabillon, conservée dans le manuscrit 17.185 de la Bibliothèque nationale de Paris, f° 87.

A partir de Bovo, trentième évêque, qui siégea vers la fin du VIII° siècle, le catalogue contient le plus souvent des chiffres de durée. Ni ces chiffres, ni la liste elle-même ne sont jamais en conflit avec la réalité chronologique. Une seule erreur est imputable à notre texte, l'omission de Lupus II, trente-troisième évêque. Encore ne savons-nous pas si l'omission ne serait pas à mettre au compte de Mabillon ou de son copiste.

Elle ne se rencontre pas dans un second texte du catalogue, celui que nous a conservé Robert de Torigni. Celui-ci n'a que la suite des noms, sans indications chronologiques. Il se prolonge jusqu'à l'évêque Boson (1153-1162).

(1) *Collections de conciles à cette date.*
(2) *G. C.*, t. XII, p. 730 *instr.*
(3) Flodoard, *H. R.*, IV, 11.
(4) *Anciens Catalogues*, p. 28.
(5) *Voyage littéraire*, I, 11, 88.

En ce temps-là vivait à Châlons un clerc instruit, Guy de Bazoches, neveu de l'évêque Haimon, prédécesseur de Boson. Dans une de ses lettres (1), il parle des saints évêques de Châlons, au nombre de six, Memmie, Donatien, Domitien, Alpin, Leudomir et Elaphius, et du culte dont ils étaient l'objet. A ce propos, il mentionne le catalogue et marque la place qu'y occupaient les saints. Il est clair que ce catalogue était identique à ceux que nous connaissons.

Voici celui de Mabillon, avec les continuations dont il fut l'objet jusqu'au XIV° siècle. Il est à remarquer qu'à partir du soixante-et-unième évêque, Geoffroy de Grand-Pré (1237-1247), ce document prend la forme d'une série d'obits. Il se prolonge ainsi jusqu'à Pierre de Latilli († 1327), après lequel, pendant trois siècles, la série s'interrompt. La copie de Mabillon mentionne encore quatre évêques du XVII° et du XVIII° siècle. Je néglige cet appendice. Les variantes représentent le texte de Robert de Torigni.

INCIPIUNT NOMINA EPISCOPORUM CATALAUNENSIS ECCLESIAE.

S. Memmius episcopus.
S. Donatianus episcopus.
S. Domitianus.
Amabilis
5 Desiderius.
Sanctissimus.
Provinus.
Salpinus.
Amandinus.
10 Florentus.
Providerus.
Prodictor.
Lupus.
Papio.
15 Eucharius.
Teutmodus.
S. Elafius.
S. Leudomirus.

(1) *Neues Archiv*, t. XVI, p. 95.

Felix.
20 Ragnebaudus.
Landebertus.
Landebertus.
Arulfus.
Bertoindus.
25 Felix, hoc Chamingus.
Orledaldus.
Scaricus.
Iticoarius sive Ardaldus.
Willeboldus episcopus habuit episcopatum XIIII annis.
30 Bovo episcopus XVIIII.
Hildegrinus episcopus XXV..
Adelelmus episcopus XI et die XV.
Erchenraudus episcopus XI.
Willebertus episcopus VIIII et dies VIIII.
35 Berno episcopus VIIII et dies CXXXIIII.
Rodowardus episcopus.
Mantio episcopus XV.
Latoldus episcopus IIII.
Bovo.
40 Gibuinus bonus episcopus LII
Item Gibuinus episcopus VII.
Wido episcopus VII et dies (f).
Rotgerius episcopus XXXI annis et VIII mensibus.
Rotgerius secundus episcopus XXIII et III mensibus.
45 Rotgerius tertius episcopus XXVII.
Philippus VI annis et mensibus XI.
Hugo episcopus XII annis et XI mensibus.
Guillelmus venerabilis V annis et VII mensibus.
Ebalus episcopus et comes de Rameruco sedit annis V et men-
ses III et cessavit episcopatus I annum VI ebdomadas,
dies IIII.
50 Elbertus episcopus annos III et dies VIII, et cessavit episco-
patus anno I diebus IIII minus.
Gaufridus episcopus sedit in episcopatu annis XII.
Guido de Liance.
Bartholomaeus.
Haimo.
55 Boso.
Guido de Joinville.
Rotrodus.
Girardus.
Guillelmus episcopus de Pertico.

(1) *Hactenus prima manu*, note Mabillon..

60 Philippus de Merevilla IX annis.
Obiit Ganfridus episcopus secundus Grandis Prati ; sedit
annis XI.
O[bitus?] Petri episcopi de Hans; sedit XIIII annis. Obiit
XVI calendas decembris anno MCCLXI.
Anno Domini MCCLXXXI, mense maio, die Martis post Inven-
tionem s. Crucis, Ph[ilippus] Dei gratia Illustris rex Franco-
rum civitatem visitavit Catalaunicam et mansit ibi per duos
dies.
Cono de Vitriaco episcopus Cathalaunensis.
Arnulfus episcopus filius comitis de Loth[aringiae].
65 Anno Domini MCCCXII, III nonas aprilis, obiit Iohannes de
Castro Villani Cathalaunensis episcopus; sedit XXVIII annis.
Anno Domini MCCCXXVII. XV die mensis martii, obiit Petrus
de Lentiliaco, Suessionensis diocesis, Catalaunensis episcopus
XV annis.

Titre : Nomina episcoporum Cathalaunensium.
Istos pontifices habuit Cathalaunica sedes.
7 Provitus — 8 Alpinus — 10 Florendinus — 13 Luppus — 14 Pappio
— 15 Eucarius — 16 Teutmodus — 17 Elaphius — 18 Leudominus —
20 Ranneb. — 22 Item Land. — 24 Betroindus — 25 sive Cemingus —
26 Biadais — 28 Richoarius sive Aldaldus — 32 *Post Ade- lelmum
Lupus add.* — 33 Ricanradus — 34 Vill. — 36 Rodovaldus —
42 Guido — 43-5 Rogerius — 49 Hebalus — 50 Herbertus -- 55 Boso :
hic desinit Rob.

1. — *Memmius.* — Grégoire de Tours (2) connaissait le
sanctuaire du saint évêque Memmie, patron de Châlons,
lequel, disait-on, avait jadis ressuscité un mort. La fête de
s. Memmie est marquée au 5 août dans le martyrologe
hiéronymien (3).

(1) Il n'y a, chez Robert, rien autre chose que les noms. Celui de saint
Memmie est le seul qui soit précédé du sigle S.
(2) *Gl. conf.*, 65.
(3) Sa légende (*Acta SS. aug.*, t. II, p. 11) est sans valeur. Le saint est
envoyé par s. Pierre, avec deux compagnons (ses deux premiers successeurs), dont l'un meurt en route et ressuscite par l'imposition d'un vête-
ment de l'apôtre. Le mort de Grégoire de Tours est ici un enfant noyé,
puis rappelé à la vie. Cette histoire a été connue de Raban. Plus ancien est
un récit d'invention et de miracles publié par M. Levison dans les
M. G. Scr. merov., t. V, p. 365. Il s'agit de faits arrivés en 677; le narrateur est contemporain.

2. — *Donatianus.* — Cet évêque et le suivant sont mentionnés dans la vie de s. Memmie comme ses premiers successeurs.

3. — *Domitianus.*

4. — *Amabilis.*

5. — *Desiderius.*

6. — *Sanctissimus.*

7. — *Provintus.*

8. — *Alpinus.* — Célébré pour sa sainteté et ses miracles, dans la vie de s. Loup de Troyes, dont il avait été disciple (1). — Fête, le 7 septembre.

9. — *Amandinus.* — Assista, en 461, au concile de Tours (2).

10. — *Florentius* (?).

11. — *Providorus* (?).

12. — *Prodictor.*

13. — *Lupus.* — Assista. en 535, au concile austrasien d'Auvergne.

14. — *Papio.*

15. — *Eucharius.*

16. — *Teutmodus.*

17. — *Elafius.* — Mort en 580, au cours d'une légation en Espagne (3).

18. — *Leudomeris.* — Assista, en 614, au concile de Paris.

19. — *Felix.* — Assista, en 627, au concile de Clichy (4).

20. — *Ragnebaudus.*

21. — *Landebertus.*

22. — *Landebertus II.* — Un *Landebertus* figure parmi les

(1) M. G. Scr. merov., t. III, p. 124.
(2) Fastes, t, II, p. 247.
(3) Greg. Tur., Hist. Fr., V. 40. — Cet évêque et le suivant ont été honorés d'un culte local. Sur cette tradition hagiographique, voy. Anal. Boll., t. XXVII (1908), p. 109.
(4) C'est bien à tort que le G. C. et l'éditeur de Grégoire de Tours M. G. Scr. merov., t. I, p. 399) l'identifient avec un des évêques Félix mentionnés dans un document de 589 (Hist. Fr., IX, 41).

III

évêques de la province de Reims, à qui Drauscius, évêque de Soissons, adressa en 667 son privilège pour Sainte-Marie.

23. — *Arulfus.*

24. — *Bertoendus.* — Délivra, le 15 février 693 (*anno II Clodovei regis*), une charte de privilège aux monastères de Montier-en-Der (1).

25. — *Felix sive Chamingus.*

26. — *Orledaldus* (?), *Biadais* (?).

27. — *Scaricus.*

28. — *Richoarius sive Aldaldus.*

29. — *Willeboldus.* — L'un des catalogues lui assigne quatorze ans d'épiscopat. Cette durée, on le voit par la chronologie des évêques suivants, doit être comptée à partir de l'année 768 environ.

30. — *Bovo.* — Dix-neuf ans, 782-802, environ.

31. — *Hildigrimus.* — La première fois qu'il apparaît comme évêque de Châlons, c'est à l'enterrement de son frère s. Liudger (809) (2). Mais s'il a siégé vingt-cinq ans, comme l'indique le catalogue, son épiscopat a dû commencer en 802. Il hérita de son frère l'abbaye de Werden sur la Ruhr, diocèse de Cologne, dans les documents de laquelle il est souvent mentionné (3). Ce monastère avait été fondé par Liudger. Avec celui-ci il avait travaillé, dès avant de devenir évêque, à l'évangélisation de la Frise et de la Saxe. Tout en demeurant évêque de Châlons, il fut chargé d'organiser l'apostolat dans la Saxe orientale, spécialement dans le pays qui devint, peu après, le diocèse de Halberstadt. Il mourut le 20 juin 827 et fut enterré à Werden.

32. — *Adelelmus.* — Son nom figure au bas d'une charte d'Inchad, évêque de Paris, donnée en juin 829 (4), et du privilège d'Aldric de Sens (833). Les onze ans que lui assi-

(1) Pardessus, n° 423.
(2) Vita Liudgeri, Acta SS. martii, t. III, p. 652.
(3) Lacomblet, Urkundenbuch für die Geschichte des Niederrheins.
(4) Lasteyrie, Cartulaire de Paris, [...].

7

gue le catalogue conduisent, pour sa mort, à l'année 838.

33. — *Lupus*. — Il signa, le 6 septembre 838, une pièce relative à l'évêché du Mans (1). On le rencontre ensuite en diverses réunions épiscopales dont la dernière est le concile de Soissons, 26 avril 853.

34. — *Erkenraus*. — Deux lettres relatives à son élection et à son installation à la place de Loup décédé figuraient dans le registre d'Hincmar (2). En novembre 858, on le trouve à Attigny, en députation auprès de Louis le Germanique (3). Il est souvent mentionné dans les documents du temps, notamment dans les lettres d'Hincmar. La dernière fois qu'on le rencontre, c'est au concile de Soissons, le 25 octobre 867.

35. — *Willebertus*. — Élu non sans quelques difficultés, qui furent levées dans une enquête solennelle (4), Willebert fut consacré le 5 décembre 868. Il mourut le 2 janvier 878 (5).

36. — *Berno*. — Etait déjà en fonctions depuis quelque temps, lorsque le roi de Germanie Louis III confirma, le 26 mai 878, un échange fait entre lui et l'archevêque de Mayence Liutbert (6). Il assista, l'été suivant, au concile de Troyes. Il est plusieurs fois nommé dans la correspondance d'Hincmar. Sa dernière mention se présente dans un diplôme de Charles le Gros, du 12 novembre 886 (7).

37. — *Rodoardus*. — Mentionné à propos de la translation de s. Gibrien (8), au temps du roi Eudes (888-898).

38. — *Mancio*. — Après la mort de Rodoard, les gens de Châlons élurent pour évêque Berthaire, partisan du roi Eudes. Mais l'archevêque de Reims, Foulques, qui lui était

(1) *Gesta domni Aldrici*, éd. Froger, p. 155.
(2) Flodoard, *Hist. Rem.*, III, 21.
(3) Mansi, t. XV, p. 523.
(4) Procès-verbal, *G. C.*, t. X, p. 149 *instr.*
(5) Date obituaire conservée dans un nécrologe de Châlons. *G. C.*, t. X, p. 868.
(6) Mühlb., 1516 (2ᵉ éd., 1558); *Forschungen z. D. Gesch.*, t. VI, p. 128.
(7) Mühlb., 1687 (2ᵉ éd., 1734).
(8) Flodoard, *Hist. Rem.*, IV, 9.

---

contraire, envoya d'abord Hériland, évêque de Térouanne, dont l'église avait été dévastée par les Normands. Il aurait voulu que le pape approuvât cette translation. Le pape, qui était alors Formose (891-896), ne se prêta pas à cet arrangement. Alors Foulques consacra un clerc appelé Mancio, dont l'installation souleva bien des difficultés. Cependant, Mancio réussit à se maintenir. Il assista, en 900, à l'ordination de son métropolitain Hérivée. Comme le catalogue lui attribue quinze ans d'épiscopat, il dut siéger jusque vers 910 (1).

CIVITAS VEROMANDUORUM (SAINT-QUENTIN, NOYON)

La *civitas Veromanduorum* avait eu d'abord son chef-lieu à Saint-Quentin, où les évêques, aux temps les plus anciens, eurent leur résidence. Plus tard, vers le milieu du VIᵉ siècle, ils se transportèrent à Noyon. Plus tard encore, vers la fin de ce siècle, le diocèse de Tournai fut confié aux prélats de Noyon et leur resta jusqu'en 1146; il reprit alors son autonomie. Ces vicissitudes ont laissé trace dans les catalogues, où l'on voit distinguées les deux séries de Saint-Quentin et de Noyon; nous en avons des exemplaires prolongés, après la séparation de 1146, soit par la série de Noyon, soit par celle de Tournai. Le premier type est représenté par le texte de Robert de Torigni (*Paris*, 6042), qui va jusqu'à Baudouin III, évêque de Noyon (1167-1174); le second, par un catalogue inséré au XIIᵉ siècle sur des pages blanches d'un manuscrit de Saint-Amand, actuellement nᵒ 166 de la bibliothèque de Valenciennes. Je publie le texte de Robert, avec les variantes de l'autre :

(1) Diverses lettres sur cette affaire sont analysées par Flodoard (*Hist. Rem.*, IV, 3, 6). On a aussi une lettre de Mancio à son métropolitain (P. L., t. CXXXI, p. 23).

Nomina episcoporum Viromandensium.

Hilarius.	Divitianus.
Martinus.	Remedius.
Germanus.	10 Mercorinus.
Maximinus.	Promotus.
5 Eosonius.	Suffronius.
Aeternus.	Alomerus.
Hilarus.	8. Medardus. Hic propter Ver-

mandi subversionem Noviomum sedem constituit episcopalem ; qui
etiam post sancti Eleutherii episcopi Tornacensis obitum regendam
suscepit ecclesiam Tornacensem.

Nomina episcoporum Noviomensium ac Tornacensium

15 Augustinus.	S. Eumo, martyr.
Gundulfus.	Rantelmus.
Eurulfus.	Heidilo.
Bertitiandus.	Ranbertus.
8. Acharius.	40 Ainardus.
20 S. Eligius.	Galbertus.
S. Mommolinus.	Tvasmarus.
Gonduinus.	Rodulfus.
Gaurulfus.	Fulcherus.
Crasmarus.	45 Iladulfus.
25 Framengerus.	Lundulfus.
Hunuanus.	Radbodus.
Guido cum Eunutio.	Harduinus.
Eliseus.	Hugo.
Edelfridus.	50 Balduinus.
30 Dido.	Radbodus.
Gislobertus.	Baudricus.
Pleou.	Lambertus.
Gundelmus.	Simon.
Ranegarius.	55 Balduinus.
35 Eikardus.	Item Balduinus.

VARIANTES.

VIRMANDENSIUM — 7 item Hilarius — Nov. AC TORN.] NOVIOMAGENSIUM
— 18 om. — 19 Aicharius — 21 Mommulenus — 22 Gunduinus — 23
Gaorulfus — 24 Grasmarus — 26 Hunianus — 27 sancto Eunucio —
28 Heliseus — 29 Adelfrecus — 33 Guandelmarus — 34 Ronegarius —
35 Fikardus — 36 sanctus om — 37 Rainolinus — 39 Raub. — 40 Airardus — 41 Gualb. — 42 Trans. — 46 Teudulfus — 47 Ratb. — 51 item
Radb. — 52 Bald.

Après Simon (n°. 54), le catalogue de Saint-Amand néglige les deux Baudouin, tous deux évêques de Noyon seulement, et passe à la série de Tournai :

Nomina Tornacensium episcoporum.

Anselmus.	Goalterus.
Geraldus.	Ewardus.

Gautier siégea de 1166 à 1171. Son successeur Eward
a été marqué après coup.

La série du *Liber Floridus* est incomplète et en désordre ;
elle ne contient que des évêques de Noyon :

Nomina episcoporum Noviomensium.

Medardus, Gundulfus. Germundus, Eligius, Gunduinus, Heidilo, Ay-
rordus, Grasmarus, Magnelmus, Faustinus, Ebrulfus, Acharius, Momo-
lenus, Valarulfus, Raubertus, Vualbertus.

Ce sont deux fragments d'une liste semblable à la précédente, mais disposée sur deux colonnes, ainsi qu'il suit :

14. Medardus.		. . . .
16. Gundulfus.		17. Ebrulfus.
18. Germundus.		19. Acharius.
20. Eligius.		21. Momolenus.
22. Gunduinus.		23. Valarulfus.
. . . .		. . . .
38. Heidilo.		39. Raubertus.
40. Ayrordus.		41. Vualbertus.
42. Grasmarus.		. . . .
. . . .		

Cependant, entre les deux fragments, lus verticalement,
au lieu de l'être horizontalement, on a inséré deux noms,
Magnelmus et *Faustinus*, qui sont étrangers à la série épiscopale de Noyon.

Cette liste s'ouvre par une série de quatre noms : Hilaire,
Martin, Germain et Maximin, qui sont ceux de quatre des
plus célèbres évêques des Gaules, au IV° et au V° siècle. Il

n'est pas téméraire de supposer que ce sont précisément ces personnages, dont les noms, relevés dans les diptyques liturgiques avec ceux des évêques de Vermandois, auront été considérés par le compilateur de la liste comme appartenant à la même série épiscopale. Un peu plus bas, *Divitianus, Remedius* et *Mercorinus* se rencontrent aussi dans les listes de Soissons et de Reims. J'ai bien peur que ce début ne soit en partie artificiel et je ne crois pas devoir dissimuler ici des appréhensions analogues à celles que m'inspire le catalogue épiscopal de Poitiers (1).

A partir du VI° siècle, il n'y a plus de difficulté. L'évêque Sophrone, attesté en 511, est bien à la place qui lui convient, et la série noyonnaise est vérifiée, depuis s. Médard, par une suite de documents. Je crois donc pouvoir admettre, dans la série ci-dessous, tous les noms portés au catalogue, à partir de Sophrone.

1. — *Sofronius.* — Assista au concile d'Orléans, en 511, où il signa comme évêque *de Veromandis* (2).

2. — *Alomerus.*

3. — *Medardus.* — Né en Vermandois, d'un père franc et d'une mère romaine, Médard, dont les vertus étaient déjà célèbres, entra dans le clergé, devint prêtre, puis *defuncto Veromandensium urbis pontifice*, il fut promu à l'épiscopat. Il consacra, à Noyon, la reine Radegonde en qualité de diaconesse et mourut au temps du roi Clotaire († 561), qui fit transporter son corps à Soissons, sa capitale. Sur son tombeau, le roi Sigebert (561-575) fit élever une basilique célèbre. — Fête le 8 juin (3).

(1) T. II, p. 79.
(2) Var. : *Vermandis, Viromandis.* Dans un ms. on trouve *episcopus ecclesiae Noiomanginae*, correction manifeste.
(3) Grégoire de Tours, *Gl. conf.*, 93, parle d'un livre *de mirabilibus eius*. La vie qui nous est parvenue n'est que du temps du roi Théodebert II (593-612), probablement des environs de l'année 802 (Krusch, *M. G. Auct. antiq.*, t. IV B, pp. xxvi, 67). Fortunat a célébré s. Médard dans un de ses poëmes, II, 16; il en parle aussi dans sa vie de sainte Radegonde, c. 25, 35. Cf. Greg. Tur., *Hist. Fr.*, IV, 19. Son église de Soissons était un sanctuaire

---

4. — *Augustinus.*

5. — *Gondulfus.*

6. — *Ebrulfus.*

7. — *Berhtmundus.* — Assista, en 614, au concile de Paris, *ex civitate Nocciomo.*

8. — *Acharius.* — Il assista, en 627, au concile de Clicby : *ex civitate Noviomago Aigahardus episcopus.* C'était, raconte Jonas, un disciple de s. Eustase de Luxeuil (1). Aussi montra-t-il beaucoup de zèle pour les missions du Nord. C'est à son instigation que le roi Dagobert reconstitua l'évêché de Térouanne sous la direction de s. Omer (2). Dans l'ancien diocèse de Tournai, qui avait été attaché à l'évêché de Vermand-Noyon, il favorisa les missions de s. Amand (3). En 637 ou 638, il signa le privilège de Rebais (4). Il mourut peu après, le 27 novembre 640.

9. — *Eligius.* — Saint Éloi fut ordonné évêque le même jour que s. Ouen, c'est-à-dire le 13 mai 641 (5). Dans sa vie de s. Colomban (II, 10), écrite vers 642, Jonas de Bobbio mentionne son élévation à l'épiscopat : *inluster tunc vir Elegius, qui modo Vermandensis ecclesiae pontifex praeest.* On trouvera des détails sur son administration dans sa biographie, dont il ne nous reste qu'une recension tardive et d'une autorité assez inégale (6). Il assista, avec Audobert de Cambrai, à la translation de s. Fursey à Péronne, vers le milieu du VII° siècle. On le trouve en 650 au concile de Chalon-sur-Saône : *Elegius episcopus ecclesiae Noviomensis.* En 654, il signa le privilège de Clovis II pour Saint-Denis (7), et l'on peut

fort renommé (Fortunat, *Vita Mari.*, IV, 639; Greg. Tur., *H. Fr.*, IV, 19, 21, 51; V, 3, 34, 49; IX, 9; *Vitae PP.*, XIX, 2; *Gl. conf.*, 93).
(1) *Vita Columb.*, II, 8.
(2) *Vita Audomari*, 4 (*M. G. Scr. Merov.*, t. V, p. 755).
(3) *Vita Amandi*, c. 13 (*Acta SS. febr.*, t. I, p. 861. M. G. Scr. Merov. t. V, p. 437).
(4) Pardessus, n° 275.
(5) Cf. t. II, p. 207, et Krusch, *M. G. SS. merov.*, t. IV, p. 658.
(6) Rééditée, sauf quelques suppressions, par Krusch, *l. c.*, avec une étude biographique très complète.
(7) J. Havet, *Œuvres*, t. I, p. 239.

encore y lire sa signature originale. Quelques années après, il enterra le maire du palais Erkinoald (1). Son dernier acte datable est la signature apposée au privilège d'Emmon de Sens pour Sainte-Colombe, 26 août 660. Il mourut peu après, le 1er décembre de cette même année. — Fête le 1er décembre.

10. — *Mummolenus*. — Ancien moine de Luxeuil, il fut le premier abbé de Sithiu, succéda à s. Eloi sur le siège de Noyon et signa, peu après son élévation à l'épiscopat, le privilège d'Emmon pour Saint-Pierre le-Vif (2). En 663, le 1er février, il obtint du roi Clotaire III ratification d'un échange de biens conclu entre l'évéché de Noyon et l'abbaye de Saint-Bertin (3). De la même année, 24 avril, est la charte de s. Omer pour Sithiu (4), où figure sa signature. On la trouve aussi au bas des chartes épiscopales pour Corbie (664) et Soissons (667), ainsi qu'au testament de s. Amand (5), en 674 ou 675 (6).

11. — *Gunduinus*.

12. — *Guarulfus*.

13. — *Transmarus*. — Mentionné dans une inscription métrique du monastère scot de Péronne, comme contemporain de l'abbé Cellau (v. 700) (7).

(1) Vie, 11, 27.
(2) Donné en 660, avant le mois de novembre, l'an III de Clotaire III; le mois de novembre 660 appartenait déjà à la quatrième année du roi.
(3) Pardessus, n° 343; Pertz, n° 39.
(4) Pardessus, n° 344; Guérard, *Cartulaire de S. Bertin*, p. 25.
(5) Pardessus, n° 376.
(6) Ici le *G. C.* place un *Autgarius*, en lui rapportant (avec doute) ce que la vie de s. Sauve dit d'*Acharius*, envoyé par le roi Thierry II à Amiens après la mort de s. Honorat. Quant au document de Sainte-Colombe de Sens, allégué d'après Mabillon, où se lit la signature d'un évêque Autgarius (*Hectarius* ou *Hautcarius*, Mab.), il est bon de savoir que ce nom n'est suivi, dans la pièce, d'aucune indication de siège, et que l'attribution à Noyon est une simple conjecture de Mabillon, conjecture contredite par le catalogue.
(7) Traube, *Perrona Scottorum*, dans les *Sitzungsberichte* de l'Académie de Munich, 1900, p. 488 :

  Quid Veromedemnis memorem tot milia plebis
  Francigenas inter populos felicia fuste?
  - - - - - - - - - - - - - - - -
  Ista pia gaudit Traonmaro praesulis terra.

14. — *Framengerus*.

15. — *Hunuanus*.

16. — *Guido cum Eunutio*. — Cette mention singulière, dans le catalogue épiscopal, de deux personnages à la fois, a donné lieu à beaucoup de conjectures. Je me contente de constater que cet endroit de la série correspond au temps de Charles Martel.

17. — *Heleseus*. — L'un des destinataires de la lettre adressée en 748 aux évêques francs par le pape Zacharie (1).

18. — *Athalfridus*. — Signa le privilège pour Gorze en 757 et assista, entre 760 et 762, à l'assemblée d'Attigny. Sa signature figure au bas du privilège pour Prüm, du 13 août 762 (2).

19. — *Dido*.

20. — *Gislebertus*. — Assista, en 769, au concile de Rome (3). Avant d'être évêque, il avait été abbé d'Elnone (Saint-Amand); il mourut dans ce monastère, le 23 mai 782, comme il est marqué dans les annales contemporaines. Deux épitaphes furent rédigées en son honneur (4).

21. — *Pleon*. — Prit part (v. 798) à la consécration des églises de Saint-Riquier (5).

22. — *Wendilmarus*. — Assista, en 814, au concile de Noyon (6) où fut débattue une affaire qui intéressait cette église. Le 20 novembre 817, il reçut une charte de l'empereur Louis le Pieux (7).

23. — *Ranigarius*. — Figure (8) en 825 parmi les *missi*. En 829, il assista au concile de Paris. Une lettre d'Amalaire lui est adressée (9).

24. — *Aicharius*. — Prit part, en 830, avec Halitgar de

(1) J., 2287.
(2) Böhmer-Mühlb., n° 93.
(3) L. P., t. I, p. 474.
(4) Dümmler, *Poetae Carolini*, t. I, pp. 111, 305.
(5) M. G. SS., t. XV¹, pp. 174, 175.
(6) Flodoard, H. R., II, 18.
(7) Böhmer-Mühlb., n° 644 (2e éd., 658).
(8) M. G. Capit., t. I, p. 308.
(9) M. G. Ep., t. V, p. 261.

Cambrai, à la translation de s. Momble (1). Il assista, en 835, au concile de Thionville.

25. — *Imno*. — Au commencement de l'automne 841, Charles le Chauve l'envoya en mission auprès de Louis le Germanique (2). Il figure depuis dans un grand nombre de documents, dont le dernier est le concile de Thusey, 22 octobre 860. Cependant les Annales de Saint-Bertin rapportent, à l'année 859, qu'il fut pris par les Normands, emmené captif et massacré (3).

26. — *Raginelmus*. — Son nom, à lui aussi, figure parmi les signatures du concile de Thusey; il y aura été ajouté après coup (4). Il assista, en 862, au concile de Pistes. On le trouve ensuite en diverses autres assemblées. Il vécut jusqu'au règne de Louis III et Carloman (879, 10 avril), avec lesquels Hincmar fut en correspondance, à propos de la succession de Raginelme (5). C'est sans doute en 880 qu'il mourut.

27. — *Hetilo*. — Il fut consacré par Hincmar, trente-cinq ans après l'avènement de son métropolitain, ce qui donne l'année 880 (6). Il siégea au moins jusqu'en 902, car à cette date il reçut une charte de Charles le Simple (7).

CAMBRAI-ARRAS

Sous l'évêque Gérard (1012-1051), et, plus précisément, de 1041 à 1043, un des familiers de ce prélat entreprit d'écrire l'histoire de Cambrai et de son église. Son livre a pour titre : *Gesta pontificum Cameracensium*. C'est une composition fort étendue, pour laquelle ont été mis à

(1) Ci-dessous, p. 113, n. 2.
(2) Cf. Nithard, III, 3, qui l'appelle *Exemeno*.
(3) Cf. p. 121, ci-dessous.
(4) A ce même concile on trouve un second cas de ce genre, relatif à l'évêque d'Auxerre.
(5) Flodoard, *H. R.*, III, 19, 24, 25.
(6) Flodoard, III, 24.
(7) Bouquet, t. IX, p. 492.

contribution, outre des sources connues d'ailleurs, un grand nombre de documents locaux. Après Gérard Ier, les *Gesta* furent continués par diverses mains, jusqu'à l'année 1167 (1). Pour établir la suite des évêques, l'auteur disposait d'un catalogue, qu'il cite expressément (2) et qui, du reste, remontait bien au delà du XIe siècle. En effet, dans un récit du IXe siècle, relatif à la translation de s. Waast (3), on lit que s. Aubert était le septième évêque. Ceci suppose un catalogue identique, pour le commencement, à ceux qui nous ont été conservés.

Ceux-ci sont au nombre de trois. Les deux premiers s'arrêtent à Gérard II (1076-1092), à la mort duquel s'opéra la séparation des deux évêchés de Cambrai et d'Arras; le troisième ajoute à cette partie commune aux deux sièges la série des premiers évêques d'Arras. Le premier se trouve dans le manuscrit 92 (84) de la bibliothèque de Boulogne, manuscrit qui provient d'Arras; le second dans le *Liber Floridus* de Lambert; le troisième est celui de Robert de Torigni; il va jusqu'à l'évêque d'Arras Fruimaud (1174-1183).

Je vais donner d'abord le texte du manuscrit de Boulogne (4) avec les variantes de l'original du *Liber Floridus*; puis le texte de Robert.

I

In antiquorum traditione refertur quod quidam Diogenes natione grecus, tempore Wandalice persequutionis que crudeliter grassata est in regno et in ecclesiis regni Francorum, a Romano pontifice in Galliam gratia predicationis sit directus et a quodam illius temporis Remorum archiepiscopo episcopus consecratus. Hic primum predicavit Atrebatum. Fuerunt autem inter illius predicationis et beati Vedasti ordinationem anni numero LXXIIII.

(1) *M. G. Ser.*, t. VII, p. 402, avec le complément publié par Ch. de Smedt sous les auspices de la Société de l'histoire de France, 1870.
(2) *M. G., l. c.*, p. 408.
(3) *M. G. Script. meroo.*, t. III, p. 426 : « Septimus ei (Vedasto) in sede pontificali successit episcopus. »
(4) M. E. Déprez, archiviste du Pas-de-Calais, « bien voulu le copier pour moi.

S. Vedastus sedit Atrebati annis quadraginta.
Dominicus.
Vedulfus.
S. Gaugericus.
5 Bertoaldus.
Ablebertus.
S. Autbertus.
S. Vindicianus.
Hildebertus.
10 Hunoldus.
S. Hadulfus.
Trarvadus.
Confridus.
Albricus.
15 Hilduardus.
Halicarius.
Theodericus.

Iohannes.
Rodardus.
20 Dodilo.
Stephanus.
Fulbertus.
Berengerus.
Engrannus.
25 Ansbertus.
Oilboldus.
Thiedo.
Rothardus.
Erlewinus.
30 Gerardus.
Lietbertus.
Gerardus.

VARIANTES DU LIBER FLORIDUS (1).

Notam In antiquorum - LXXIIII *om.*, *pro qua habet titulum :* Nomina episcoporum Cameracensium — 1 Sanctus *om.* — sedit - quadraginta *om.* — 3 Sanctus Vedulfus — 7 Audb. — 10 Hunwaldus —
11 *post Hadulfum addit* Gumbertus. — 12 Trawardus — 13 Confridus
om. — 15 Hilduardus — 16 Halitsarius. — 17 Teodericus. *post quem*
add. Hilduinus — 19 Rotradus — 23 Berengarius — 26 Wiboldus —
27 Teddo — 29 Erluinus — 30 Girardus — 31 Litbertus — 32 Girardus.

II

NOMINA AEPISCOPORUM ATREBATENSIUM ET CAMERACENSIUM (2).

Ante persecutionem Wandalorum quam graviter in ecclesias per
Gallias exercuerunt, Atrebatensis civitas proprium pastorem habuit et
episcopum, set propter violentiam persecutionis civitas illa diu caruit
episcopo. Ellapso autem longo tempore beatus Vedastus factus est illius
civitatis episcopus, et propter locorum solitudinem eciam Cameracensi
ecclesie noscitur prefuisse.
Beato autem Vedasto successit Dominicus.
Post quem Wodulphus.
Cui successit sanctus Gaugericus, qui episcopalis sedis dignitatem
ad Cameracensem transtulit urbem. Atrebatensis tamen ecclesia
suo titulo duos semper habuit archidiaconos et non nisi in Atre-

(1) Holder-Egger, M. G. Scr., t. XIII, p. 382.
(2) Cf. M. G. Scr., t. XIII, p. 750. La copie qui a servi pour cette édition
était fautive à divers endroits.

batensi ecclesia illius diocesis episcopalia tractabantur. Unde
constat ipsam dignitatem episcopalem non amisisse, set pro sui
penuria sub alterius iugo diutius laborasse.
Sancto Gaugerico successit Bertoaudus.
5 Emebertus.
Beatus Aubertus.
Vindicianus.
Hildebertus.
Hunaldus.
10 Hadulfus.
Traguardus.
Gonfridus.
Albricus.
Hildoardus.
15 Alicarius.
Theodericus.
S. Iohannes.
Rotardus.
Dodilo.
20 Stepfanus.
Fulbertus.
Bereng(ari)us.
Engelramnus.
Ansbertus.
25 Wibaldus.
Tiedo, de quo legitur quod cum missam celebraret, hostia Christi ei
in manus prosiluerit (1).
Rotardus.
Herlewinus.
Gerardus.
30 Hebertus
Gerardus, post cuius decessum dominus Iesus Atrebatensem eccle-
siam visitavit et per domnum Urbanum papam secundum et pro-
prium pastorem et episcopum habere meruit in perpetuum.
Lambertus.
Robertus, qui horas sancte Dei genitricis in conventu canonicorum
primus decantari elaboravit.
Aivisus.
35 Godescalcus..
Andreas.
Robertus, prepositus de Daria (2), qui miserabiliter occisus est.
Fruimaldus.

(1) Gesta epp. Camer., I, 100.
(2) Prévôt d'Aire ; évêque nommé, mais non consacré. Pourvu du siège
de Cambrai, il allait s'y faire consacrer, quand il fut assassiné en route, le
5 octobre 1174.

Ces deux rédactions ont eu commun une sollicitude spéciale des droits et de l'antiquité de l'église d'Arras.

1. — *Superior.* — Parmi les signatures du faux concile de Cologne (346), on lit celle de *Superior Nerviorum* (*episcopus*).

2. — *Vedastus.* — D'après son biographe (1), s. Waast fut installé comme évêque à Arras par s. Remi, quelques années après le baptême de Clovis, et il y siégea quarante ans environ. Son épiscopat se place donc dans la première moitié du VIe siècle. — Fête le 6 février.

3. — *Dominicus.*

4. — *Vedulfus.*

5. — *Gaugericus.* — Nous avons sa vie (2), qui est presque contemporaine. Il en résulte que s. Géry, diacre de Trèves, fut envoyé comme évêque à Cambrai par le roi Childebert II et consacré par le métropolitain Egidius. Cet événement dut se produire entre 584, date de la mort de Chilpéric et de l'annexion de Cambrai au royaume austrasien, et l'année 590, où Egidius fut envoyé en exil. Il assista au concile de Paris en 614 et mourut après un épiscopat de 39 ans, le 11 août d'une année comprise entre 624 et 627.

6. — *Bertoaldus.* — Mentionné comme successeur de s. Géry dans la vie de celui-ci. Il assista le 27 septembre 627, au concile de Clichy (3).

7. — *Ablebertus* (4).

8. — *Audebertus.* — La première fois qu'on le trouve mentionné, c'est dans la vie de s. Fursey, à propos de la translation de celui-ci (entre 645 et 652), à laquelle il présida avec s. Eloi (5). Sa signature figure au bas des privilè-

(1) *M. G. Script. merov.*, t. III, pp. 408, 409, 411, cc. 3, 5, 8. Cf. ci-dessus, pp. 12-15.
(2) *Ibid.*, p. 652.
(3) *M. G. Conc.*, t. I, p. 203.
(4) L'auteur des *Gestes*, tout en constatant que telle est l'orthographe du catalogue, identifie cet évêque avec Emebertus, frère de sainte Gudule; v. n° 9.
(5) *M. G. Scr. merov.*, t. IV, p. 439.

ges pour Sainte-Colombe de Sens (660), pour Saint-Bertin (662), Corbie (664), Soissons (667) (1). On lui attribua (2) plus tard la translation de s. Waast et la fondation des monastères de Lobbes et de Saint-Ghislain. — Fête le 13 décembre.

9. — *Vindilianus.* — Son nom figure au bas de plusieurs chartes, l'une du 18 mars de l'an XV de Childéric II (674 ou 675) (3), l'autre (4) du 19 avril de l'an II de Thierry III (674 ? 675 ?), la troisième (5) (*Vindilianus*) du mois de juin de l'an XI du même roi (683). C'est vers cette dernière date que se place la mort de saint Léger; il figura, d'après l'un des biographes de celui-ci, parmi les évêques qui réclamèrent ses reliques (6).

10. — *Hildebertus.* — C'est peut-être le même personnage que l'évêque de Cambrai, frère de sainte Gudule (7), qui, d'après la vie de celle-ci, lui aurait survécu.

11. — *Hunoldus.* — La chronique de Saint-Waast le fait mourir en 717 (8).

12. — *Hadulfus.* — Abbé de Saint-Waast. Sa mort est marquée à l'année 728 dans les *Annales Petaviani, Laureshamenses* et *Vedastini* (9). Enterré à Saint-Waast. D'après le *Chronicum Vedastinum*, il aurait siégé douze ans (717-728). — Fête le 19 mai.

13. — *Trewardus.* — Figure au nombre des destinataires

(1) Pardessus, n°s 332, 344, 345, 355.
(2) Son biographe (Migne, *P. L.*, t. CXLI, p. 356; cf. Surius, 6 février, et *Neues Archiv*, t. XV, p. 469) le met en rapport avec Dagobert; mais il est trop éloigné des événements pour faire foi; d'ailleurs ce synchronisme lui a été suggéré par des chartes fausses, Pardessus, n°s 266, 267, 290.
(3) Pardessus, n° 385.
(4) Pardessus, n° 376.
(5) Pardessus, n° 451, p. 255; cf. J. Havet, *Œuvres*, t. I, p. 435 et p. 398. — Une autre charte, à son nom (Pardessus, n° 391), est sûrement inauthentique.
(6) Cf. *Fastes*, t. II, p. 180. On a de lui une fausse charte pour Sainte-Marie d'Arras, avec une confirmation non moins apocryphe du pape Jean V, en date du 8 mai 656 (*Gesta epp. Cam.*, I, 26). Cf. *Acta SS. oct.*, t. I, p. 479.
(7) Boll., 8 janvier.
(8) *M. G. Scr.*, t. XIII, p. 700.
(9) *M. G. SS.*, t. I, pp. 9, 24.

d'une lettre du pape Zacharie, datée du 1er mai 748 (1).

14. — *Guntfridus.* — Signa au privilége de Heddo, évé-
que de Strasbourg, pour Arnoldsau, du 13 mars 762 (2).

15. — *Albericus.* — Signa la charte de fondation du mo-
nastére de Lorsch, datée du 12 juillet 763 (3). Un livre de
canons du VIIIe siècle, actuellement conservé à la bibliothèque de Cambrai, n° 619, le mentionne dans son *explicit :
Explicit liber canonum quem dominus Albericus episcopus
urbis Cameracinsium et Atrabatinsium fieri rogavit.*

16. — *Hildoardus.* — Il prit part (*Hildiguardus, Hildegual-
dus*) à la dédicace des églises de Saint-Riquier (4), célébrée au temps de Charlemagne (v. 798). En 814 il assista
au synode provincial tenu à Noyon (5). Un diplôme
d'immunité lui fut accordé, le 15 avril 816, par l'empereur Louis le Pieux (6). Le poète irlandais Dungal le
célébra dans une pièce de vers (7). Un diptyque d'ivoire
mentionnait sa douzième année d'épiscopat (8) ; un manuscrit liturgique actuellement (9) conservé (10), est daté
par sa vingt et unième.

17. — *Halitgarius.* — Il assista (11), en novembre 825, à
l'assemblée épiscopale tenue à Paris à propos du culte des
images par elle, avec l'évêque Amala-
laire, auprès de l'empereur Louis, qui les reçut à Aix-la-
Chapelle le 6 décembre. En 828 il fut envoyé à Constanti-

(1) J., 2287.
(2) G. C., t. V, p. 461.
(3) Codex Laureshamensis diplom., Mannheim, 1768, t. I, p. 2.
(4) M. G. SS., t. XV¹, p. 174.
(5) Flodoard, H. R., II, 18.
(6) Böhmer-M., n° 592 (2ᵉ éd., n° 612).
(7) M. G. Poetae Carol., t. I, p. 411.
(8) Gesta, I, 39.
(9) Delisle, Sacramentaires, dans les Mémoires de l'Acad. des Inscr.,
t. XXXII⁴, p. 400.
(10) Cambrai, n° 159.
(11) Il n'est pas certain qu'on doive reconnaître l'évêque de Cambrai dans
le Halitgar qui fut désigné pour accompagner l'archevêque Ebbon de Reims
dans la mission du Nord (J., 2553).

nople en ambassade (1). En juin 829, il assista au concile de
Paris. Divers récits de translation (2), relatifs aux saints
Ursmar, Ghislain et Momble, mentionnent ou son épiscopat
ou sa présence. Tous se placent sous Louis le Pieux. Le
plus ancien (s. Ursmar de Lobbes) se rapporte à l'année
823, le troisième à l'année 829 au plus tôt. A la prière de
son métropolitain Ebbon, Halitgar composa un pénitentiel
célèbre. Dans le *Chronicon Vedastinum* sa mort est indiquée
à l'année 830.

18. — *Theodericus.* — On trouve dans les *Gesta* mention
de deux cérémonies datées, qui se rapportent aux premières
années de son épiscopat : une ordination célébrée à Lobbes,
le 26 novembre 832, et une dédicace d'église, en 834. Depuis, on le voit figurer au concile de Thionville, en 835, et
il se rencontre souvent dans les documents du temps.
La date de sa mort est déterminée par une lettre (3) de
Nicolas Ier écrite à la fin d'avril ou au commencement de
mai 863, dix mois après la mort de Théodoric. Celui-ci,
dont l'anniversaire tombait le 5 août, sera donc mort le
5 août 863 (4).

19. — *Iohannes.* — La succession de Thierry donna lieu
à un conflit très grave. Tandis que la métropole de Reims
faisait partie du royaume de Charles le Chauve, le diocèse
de Cambrai, rattaché en 843 au royaume de Lothaire, se
trouvait maintenant dans l'obédience de son fils, le roi
Lothaire II. Celui-ci présenta successivement trois can-
didats, Guntbert, Tetbold et Hilduin ; l'archevêque Hincmar
les écarta l'un après l'autre. Hilduin était le frère de l'archevêque de Cologne, Günther. Contre tous les deux le
pape Nicolas avait les plus graves sujets de plainte (5) :
dans cette affaire, il soutint énergiquement le métro-

(1) Annales d'Eginhard.
(2) Folcuin, Gesta abb. Laubiensium, M. G., t. IV, p. 60 ; Acta SS. O. S. B.,
saec. II, pp. 661 et 796.
(3) J., 2730.
(4) C'est la date marquée expressément dans les Gesta epp. Cam.
(5) Ann. Bertin., 864.

politain de Reims. Enfin, au bout de trois ans, en 866, on parvint à s'entendre sur un quatrième candidat, Jean, qui exerçait les fonctions de chantre dans le palais du roi. Il fut ordonné dans le diocèse de Beauvais le 21 juillet (1) 866 ; le mois suivant il assista au concile de Soissons et depuis lors il figure en beaucoup de documents, dont le dernier est une charte du pape Jean VIII, donnée à Troyes, le 17 août 878 (2). Les *Gesta* reproduisent son épitaphe :

Regum magnifica fueram nutritus in aula
in qua cantoris nomine functus eram.
Non propriis meritis, sola pietate Tonantis
antistes ista factus in urbe fui,
quam praestante Deo monui contempnere semper
illecebras mundi, gaudia vera sequi.
Nunc autem facto carnisque animaeque dirempta
septima post sexta sabbata (3) perficio,
donec in adventu Christi sua membra resumat
spiritus, octava iam radiante die.
Qui legis hunc titulum, frater, subsiste parumper
et dic aeternam promcrear requiem.

20. — *Rothadus*.

21. — *Dodilo*. — Consacré le 17 mars 888 (4). Il est souvent mentionné, surtout dans la correspondance de son métropolitain Foulques, après la mort duquel il prit part à l'ordination d'Hérivée, son successeur (900). On le trouve encore plus tard à la consécration de l'église de Lobbes (5), avec Étienne de Liège, lequel n'a commencé qu'en 901.

TOURNAI

1. — *Eleutherius*. — On lit dans la vie de s. Médard que

(1) Hincmar, *Libellus expostulationis*, c. 3 (P. L., t. CXXVI, p. 569).
(2) J., 3178.
(3) Le sens est qu'après les six sabbats (jours) qui correspondent à la vie terrestre, le défunt est entré dans le repos du septième jour ; il y attend le huitième jour, jour parfait et éternel.
(4) Ann. Vedast.
(5) Folcuin, *Gesta abb. Lob.*, c. 18.

---

ce saint, étant encore en bas âge, prédit à un de ses petits camarades (*puerulus*), appelé Eleuthère, qu'il deviendrait comte et serait élevé à l'épiscopat quand il aurait atteint l'âge de trente ans. Le biographe ajoute qu'Eleuthère devint en effet évêque de Tournai (1). S. Médard mourut vers 560, accablé de vieillesse, *longaevitate defessus* (2). Ceci suppose qu'Eleuthère devint évêque peu avant ou peu après la mort de Clovis (511). — Fête le 20 février.

2. — *Agrestius* (?). — Un évêque de ce nom députa au concile d'Orléans, en 549, et assista, en 552, à celui de Paris. Au premier de ces deux conciles, le nom de son église est indiqué : *ecclesiae Toronnicae, Toronicae, Teronnicae*. Ce n'est sûrement pas un évêque de Tours (3). Rien, je crois, n'empêche de voir en lui un évêque de Tournai.

3. — *X.* — Une troisième mention de l'évêque de Tournai nous est fournie par un récit de Grégoire de Tours (4). Frédégonde étant accouchée pendant qu'elle et Chilpéric se trouvaient assiégés dans Tournai (577), l'enfant fut baptisé et l'évêque du lieu fut son parrain, *ab ipso episcopo susceptus*.

L'évêché de Tournai fut supprimé vers la fin du VIe siècle ou le commencement du suivant, et le diocèse rattaché à celui de Noyon. L'évêque de Noyon Acharius, qui siégeait sous Clotaire II et Dagobert, était aussi évêque de Tournai.

SENLIS

Le catalogue des évêques de Senlis s'est conservé dans un vieux sacramentaire de cette église, qui fait maintenant partie de la bibliothèque Sainte-Geneviève (5). Le sacra-

(1) « In Tornaco civitate pastor est datus ecclesiae. » *Vita Medardi*, 87 (M. G. *Auct. antiq.*, t. IV, p. 68).
(2) *Ibid.*, c. 25.
(3) *Fastes*, t. II, p. 287. Ce n'était pas non plus un évêque de Rodez ni de Rennes (*Ibid.*, pp. 40, 325). Il faut donc écarter aussi la lecture *Rotonicus*.
(4) *Hist. Fr.*, V, 22.
(5) La cote est BB 70. Sur ce manuscrit, voy. Delisle, *Mém. de l'Acad. des inscr.*, t. XXXIᵉ, pp. 143, 371 ; cf. *Hist. littéraire*, t. XXIX, p. 414.

mentaire lui-même est encore du IX° siècle, car il a été
exécuté sous l'évêque Hadebert (871-900), au temps d'un
roi Louis, c'est-à-dire de Louis II (877-879) ou Louis III
(879-882). La liste épiscopale ne remonte pas si haut ; elle
a été ajoutée en marge du canon de la messe, après l'avènement (937) de l'évêque Bernuin, le dernier dont le nom
soit de première main. Après Bernuin, diverses mains la
prolongèrent jusqu'à Henri, élu en 1167 ou 1168. Voici ce
texte. Dans la partie primitive, les noms, conformément à
l'usage liturgique, sont au génitif ; on peut voir, surtout
par la comparaison des autres documents, qu'il sont ici
singulièrement altérés.

Reguli.	Hadeberti.
Niceni.	Otfredi.
Mansueti.	Adelelmi.
Venusti.	30 Bernuini.
5 Taniti.	Presul Constantius, propitius
Iocundi.	cui sit Deus ; XVI kal. iulii
Protati.	ordinatio illius (1).
Modesti.	Odo (2).
Levangii.	Robertus.
10 Passivi.	Rodulphus, cui Deus mise-
Nonuli.	reatur.
Hodierni.	35 Guidonis (3).
Sanctini.	Frollandi.
Malulfi.	Odonis.
15 Agmari.	Rollandi.
Autberti.	Ivonis.
Cranberti.	40 Ursionis.
Vuilfredi.	Hugonis.
Amalsidi.	Letaldi.
20 Bethelmi.	Huberti.
Idoini.	Clarembaldi.
Adelberti.	45 Petri.
Ragnaldi.	Teobaldi (4).
Ermini.	Amaurici.
25 Godefredi.	Henrici.
Herpuini	

(1) Main spéciale.
(2) Odo et les deux noms suivants sont de même main.
(3) Les n°⁵ 35-45 sont de même main.
(4) Les n°⁵ 46-48 ont été ajoutés en même temps.

Ce catalogue doit être complété par la note suivante,
écrite dans la marge du fond, en regard du catalogue : *Ivo
indignus, potest esse Deus cui pius*. Il s'agit d'un évêque
excommunié en 948 au concile de Trèves. Il aurait dû avoir
place entre Bernuin et Constantin.

1. — *Regulus.* — S. Rieul (1). — Fête le 24 avril.
2. — *Nicenus (Nicetius ?).*
3. — *Mansuetus.*
4. — *Venustus.*
4. — *Tanitus (?).*
6. — *Iocundus.*
7. — *Protatus (Protasius ?).*
8. — *Modestus.*
9. — *Libanius.* — Assista, en 511, au concile d'Orléans.
— Fête le 19 octobre.
10. — *Passivus.*
11. — *Nonulus.*
12. — *Gonothigernus (2).* — Assista, en 549, au concile
d'Orléans et, plus tard, entre 557 et 573, à un autre concile tenu à Paris (3).
13. — *Sanctinus.* — Fête le 7 janvier.
14. — *Mallulfus.* — Grégoire de Tours, *H. Fr.*, VI, 46,
raconte qu'il présida aux obsèques du roi Chilpéric, en 584.
15. — *Aigomaris.* — Assista, en 627, au concile de Clichy.
— Fête le 7 novembre.
16. — *Audebertus.* — Signa les chartes de s. Omer pour
Sithiu (663), de Berthefrid pour Corbie (664), de Drauscius pour Sainte-Marie de Soissons (667). — Obit, le 9 février.
17. — *Cranbertus.* — Je serais très disposé à reconnaître
cet évêque dans le *Frambertus* qui signa une charte man-
celle de 683 (4).

(1) Voy. ci-dessous, p. 147.
(2) C'est l'orthographe du concile de Paris ; dans celui d'Orléans on
trouve la forme *Gonotiernus*. C'est l'*Hodiernus* du catalogue.
(3) Ici le C. insère, sans aucune raison, un *Lethardus* ou *Letaldus*.
(4) J. Havet, *Œuvres*, t. I, p. 435.

18. — *Wilfredus.*

19. — *Amalsidus* (?).

20. — *Bethelmus.*

21. — *Idoinus* (?).

22. — *Adelbertus.*

23. — *Rognaldus.*

24. — *Ermeno.* — Assista, en 814, au concile de Noyon (1).

25. — *Godefridus.* — Assista, en 829, au concile do Paris et, en 835, à celui de Thionville. Son nom figure, sans doute d'après quelque charte authentique, au bas d'un document faux, le jugement du concile de Kiersy contre les moines de Saint-Calais (2) (6 septembre 838).

26. — *Erpuinus.* — Très souvent mentionné dans les textes du temps de Charles le Chauve. Il apparaît pour la première fois en 840, dans les actes relatifs à la réintégration d'Ebbon de Reims (3). La date de sa mort, 6 juin (871), est marquée dans une lettre d'Hincmar, relative à cet événement (4). Cependant, au mois d'août de la même année, un représentant d'Erpwin assista au concile de Douzy

27. — *Hadebertus.* — Consacré le 12 décembre 871, ainsi qu'il résulte d'une note insérée dans le sacramentaire, f° 8, à la suite du calendrier : *II id. decemb., regnante Karlomanno rege anno II* (880) *fuere XI anni ordinationis Hadeberti episcopi indict. VI.* Une lettre de Foulques de Reims à l'évêque de Beauvais Honorat parle de sa mort et de son remplacement par Otfred (5). On n'a pas la date de cette lettre, mais elle fut écrite après l'avènement de Charles le Simple (28 janvier 893).

28. — *Otfredus.* — Il est question de son ordination dans la lettre citée ci-dessus. En l'an 900, le 7 juillet, il assistait à celle du métropolitain Hérivée. Avec lui il siégea au concile de Trosly (26 juin 909).

(1) Flodoard, *Hist. Rem.*, II, 18.
(2) *M. G. Concilia*, t. II, p. 850.
(3) *Ibid.*, pp. 798-810.
(4) *Hincmari ep. 47 ad Carolum regem.*
(5) Flodoard, *H. R.*, IV, 6.

BEAUVAIS

La succession épiscopale de Beauvais est fort peu documentée, non seulement pour la période romaine, mais même pour les temps mérovingiens. Grégoire de Tours ne parle jamais ni de Beauvais ni de ses évêques. Ceux-ci ne paraissent à aucun concile avant le milieu du VIII° siècle. Quelques-uns, au VII° siècle et au VIII°, sont connus par les chartes. Des autres il ne s'est conservé que les noms dans un catalogue dont, pour comble de malheur, les textes manuscrits ont disparu. Robert de Torigni en avait inséré un dans sa collection, mais le feuillet où il l'avait été transcrit a été depuis longtemps arraché de son manuscrit. Les auteurs du *Gallia christiana* en ont eu au moins deux sous les yeux; ils n'ont point été retrouvés. Je ne puis faire autrement que de suivre ces auteurs, en m'écartant d'eux, toutefois, quand ils se sont eux-mêmes écartés de leur document.

Il est d'usage de faire figurer saint Lucien, martyr, en tête de la série épiscopale de Beauvais. On verra plus loin que les deux plus anciennes vies de ce saint ne le présentent pas comme évêque et qu'il en est de même de la vie de s. Quentin. Le *Gallia christiana* ne nous dit pas s'il figurait en tête du catalogue.

1. — *Thalassius.*

2. — *Victor.*

3. — *Chanao* (var. *Chanarus*).

4. — *Numidius.*

5. — *Licerius.*

6. — *Themerus* (?)

7. — *Bertegisilus.*

8. — *Rodomarus.*

9. — *Ansoldus.*

10. — *Rigobertus* (var. *Ribertus*).

11. — *Gogerinus*.

12. — *Anselmus* (var. *Anselinus*).

13. — *Maurinus*. — Il signa la charte de fondation de Solignac (632) (1), celle de Burgundofaro pour Rebais (637 ou 638) et celle d'Emmon pour Saint-Pierre-le-Vif (660) (2).

14. — *Himbertus* (var. *Hirebertus*).

15. — *Clemens*. — Il signa au privilège de Drauscius pour Sainte-Marie de Soissons, en 667, et, en 683, à une charte d'Aiglibert du Mans (3). Il est mentionné dans la vie de s. Éloi (4).

16. — *Constantinus*. — Mentionné dans les chartes des rois Clovis III, Childebert III et Childéric III, en 692-3, 693-4, 696-7, 697-8, 706 (5).

17. — *Radingus (Radigus)*.

18. — *Ercambertus*.

19. — *Rocoaldus (Recoaldus)*.

20. — *Miroldus (Meroldus)*.

21. — *Austringus*.

22. — *Deodatus*. — Il figure parmi les destinataires d'une lettre du pape Zacharie, datée du 1er mai 748 (6).

23. — *Andreas*.

24. — *Hodingus (Audingus)*. — D'abord évêque du Mans, pendant deux ans, puis transféré à Beauvais (7). Son épiscopat manceau doit se placer dans l'intervalle entre 762 et 774.

25. — *Adalmanus*. — Identifié avec l'évêque *Ydelmarus*, qui assista à la dédicace de Saint-Riquier (v. 798) (8).

28. — *Ragimbertus*. — Présent, en 814, au concile de Noyon.

(1) Pardessus, n° 254; Krusch, M. G. SS. merov., t. IV, p. 749.
(2) Pardessus, n° 275, 335.
(3) J. Havet, Œuvres, t. I, p. 436.
(4) II, 76.
(5) Pardessus, n° 429, 431, 435, 440, 467, 468.
(6) J., 2287.
(7) T. II, pp. 323, 340.
(8) M. G. SS., t. XV², p. 174.

29. — *Hildemannus*. — On le rencontre pour la première fois au lit de mort et aux obsèques d'Adalhard, abbé de Corbie, au commencement de janvier 826 (1). Sa mort peut, je crois, être fixée au 8 décembre 843 ou 844. Le jour est donné par les nécrologes. Quant à l'année, il faut considérer qu'Hildemann ne prit point part au concile provincial d'avril 845, tenu dans sa propre église. Il était donc mort. Avant cette date, le dernier document où il figure est le privilège de Corbion, daté de Germigny (843).

30. — *Ermenfridus*. — Paraît pour la première fois au concile de Paris, le 14 février 847 (ind. X). D'après les Annales de Saint-Bertin, il aurait été massacré en 859 par les Normands, deux mois après que ceux-ci eurent pris la ville de Noyon et emmené captif l'évêque Immo, qu'ils tuèrent en route. L'obit d'Ermenfred tombait le 23 juin. Il serait donc mort le 23 juin 859, et Immo vers la fin du mois d'avril de la même année. Or, on les trouve tous les deux au concile de Savonnières, près Toul, le 14 juin 859, et à celui de Tbusey, dans la même région, le 22 octobre 860. Je ne vois pas comment on pourrait résoudre ce conflit de dates.

31. — *Odo*. — Ancien abbé de Corbie. Consacré par Hincmar après exclusion d'un autre candidat appelé Fromold (2). On le trouve déjà aux conciles et dans les négociations de l'année 862. Depuis lors il joue un grand rôle dans les affaires du royaume et dans celles de l'Église. Il mourut le 28 janvier 881.

32. — *Hrotgarius*. — La succession d'Odon donna lieu à un grand conflit (3). Les gens de Beauvais avaient d'abord élu un certain Honorat; le roi patronnait un candidat appelé *Odacer*; l'archevêque en avait un troisième, Rodulf. Honorat finit par occuper le siège, mais il dut attendre, car avant lui nous trouvons un autre évêque de Beauvais,

(1) *Vita Adalhardi*, Boll., 2 janvier, c. 79.
(2) Hincmar, ep. 19.
(3) Hincmar, ep. 19, 20; cf. 39, 49.

Hrotgaire, dont la mort est marquée à 883 dans les Annales de Saint-Waast (1).

33. — *Honoratus.* — Il paraît d'abord au concile de Mayence, en 888. Plusieurs lettres à lui adressées se conservaient dans le registre de Foulques, son archevéque (2) ; il se brouilla avec lui à propos de Charles le Simple. En 900, il assista au concile de Reims, tenu le 6 juillet, sous la présidence du nouvel archevéque, Hérivée.

AMIENS

Le catalogue des évêques d'Amiens n'a pas d'attestation plus ancienne que sa transcription dans le recueil de Robert de Torigny. Voici ce texte (3) :

NOMINA EPISCOPORUM AMBIANENSIUM.

Sanctus Firminus, episcopus et martyr.
Sanctus Firminus, episcopus et confessor.
Sanctus Honoratus, episcopus et confessor.
Sanctus Salvius, episcopus et confessor.
5 Sanctus Berthundus, episcopus et confessor.
Leudardus.
Audoenus.
Edibius.
Bertefridus.
10 Beatus.
Deodatus.
Dado.
Ursinianus.
Dominicus.
15 Christianus.
Rinbertus.
Ailulfus.
Georgius.

Jesse.
20 Sigebardus.
Raginaldus.
Helmoradus.
Geroldus.
Ogerus.
25 Deraldus.
Ramboldus.
Teobaldus.
Almannus.
Godesmannus.
30 Fulco.
Guido.

Radulfus.
Rorico.
Gervinus.
35 Godefridus.
Ingelrannus.

Gairinus.
Theodericus.
Robertus.
40 Theobaldus.

L'évêque Thibaud de Heilli, dernier nommé, fut élu en 1169 et vécut jusqu'en 1204.

Cette liste épiscopale est, pour le commencement, bien loin de pouvoir être considérée comme sûre. Depuis le milieu du neuvième siècle, elle semble en règle avec la chronologie. Il n'en est pas de même pour la période antérieure. Les évêques *Berthundus* (Berachundus) et *Bertefridus*, du VIIᵉ siècle, ne sont sûrement pas à leur place. Le premier se présente notablement avant Edibius, contemporain de Clovis ; le second figure entre Edibius et Beatus, celui-ci contemporain de Childebert Iᵉʳ. L'évêque *Theodefridus*, qui siégeait en 683, a été omis. Ainsi les informations du compilateur ne lui permettaient pas d'être au clair sur la succession des évêques dans le courant du VIIᵉ siècle. Il a donné sa liste un peu à l'aventure, en commençant par cinq noms d'évêques honorés de son temps comme saints. Que tous les noms portés sur sa liste soient des noms d'évêques d'Amiens, on peut le croire ; mais qu'il n'en ait pas omis quelques-uns, c'est ce que le cas de Théofrid nous interdit d'affirmer. Le peu que l'on sait sur les évêques d'Amiens au VIIIᵉ siècle ne fournit aucune objection contre la liste ; mais, après Jessé, on y trouve un Sigehard qui est bien douteux. L'hagiographie, malheureusement, nous est ici d'un faible secours, comme va le montrer un examen rapide des légendes amiénoises sur les premiers évêques de ce siège.

« Dans les temps anciens », dit la passion de s. Firmin le martyr (1), s. Saturnin de Toulouse, « disciple des apôtres », se transporta à Pampelune, où il avait été précédé

---

(1) Boll., 25 sept.

par un de ses prêtres, Honestus. Il y opéra beaucoup de conversions, notamment celle du sénateur Firmus, lequel avait un fils appelé Firminus. Celui-ci, formé par Honestus et par un autre évêque de Toulouse, Honorat (1), finit par s'adonner à la prédication. Consacré évêque par Honorat, il évangélisa une grande partie de la Gaule, Agen, l'Auvergne, l'Anjou, Beauvais, et se fixa enfin à Amiens, où sa carrière apostolique se termina par le martyre. Un sénateur Faustinien, converti par lui, l'enterra dans son cimetière (*in suo cimiterio*) appelé Abladana.

Ce sénateur avait un fils, auquel il donna le nom de Firmin (2), en souvenir de l'évêque martyr. Ce second Firmin grandit et devint, lui aussi, évêque d'Amiens. Ici on nous explique que cette ville, fondée en 114 (867 de Rome) par Antonin et son fils Aurèle, sous le nom de Somonobria, avait reçu de l'empereur Gratien le nom d'Amiens. Vers ce temps-là (*per idem tempus*, celui de Gratien ou celui d'Antonin?), Faustinien vivait à Amiens, d'où il exerçait l'autorité préfectorale sur toute la Gaule. Son fils Firmin grandissait auprès de lui. Il fut promu à l'épiscopat et consacré par Jean, évêque de Lyon (3). Au bout d'un certain temps il fit le voyage de Rome, où il séjourna trois ans auprès du pape Vigile (537-555) (4), lequel lui confia la mission d'évangéliser les pays voisins d'Amiens. Outre ses travaux apostoliques, il s'occupa de la sépulture de son prédécesseur martyr et fit construire à Abladana une église en l'honneur de la sainte Vierge, où il fut lui-même enterré, à l'âge de soixante-sept ans. Dans la même église on célébrait, le 1er mai, l'anniversaire de deux martyrs, Ache et Acheul, dont l'histoire est inconnue et qui n'ont pas même de légende.

(1) Inconnu d'ailleurs.
(2) Boll., 1er sept.
(3) Aucun évêque de Lyon ne s'est appelé Jean avant les dernières années du XIIe siècle.
(4) Né, d'après ce qui a été raconté plus haut, vers la fin du IIIe siècle, Firmin II se trouve avoir vécu deux siècles et demi.

L'évêque Honorat, qui, d'après la passion des ss. Fuscien et Victoric (1), aurait présidé, sous le roi Childebert, à l'invention des corps de ces derniers martyrs, a sa légende spéciale (2), laquelle n'est guère qu'un recueil de miracles posthumes, et ne remonte qu'à la fin du XIe siècle (3), au plus tôt. Elle date le saint du temps du pape Pélage, le prédécesseur du pape s. Grégoire. Comme le catalogue plaçait s. Honorat après s. Firmin le confesseur, et que celui-ci, dans sa légende, est en relation avec le pape Vigile, le synchronisme d'Honorat avec Pélage était à peu près forcé. La vie de s. Honorat dépend naturellement de la passion des ss. Fuscien et Victoric, tout comme des vies des deux ss. Firmin.

Quant à s. Salvius, qui vient au quatrième rang sur la liste, le document biographique qui le concerne est un faux grossier. Sauf le récit de la construction de la cathédrale d'Amiens et de la translation dans cet édifice des corps saints d'Abladana (Saint-Acheul), ce n'est guère qu'une reproduction du chapitre (4) consacré par Grégoire de Tours à s. Salvius, évêque d'Albi. On le fait élever à l'épiscopat par le roi Thierry II (595-613), par les soins d'Hautcarius (Acharius), évêque de Noyon, dont le prédécesseur assista, en 614, au concile de Paris. Salvius, dit le biographe, fut enterré dans l'église Sainte-Marie, d'où il fut plus tard transféré à Montreuil. Sa fête se célébrait le 28 octobre; on la transporta par la suite au 11 janvier, jour où les anciens calendriers marquent un autre s. Salvius, martyr africain.

En somme, de toute cette littérature hagiographique il n'y a rien à tirer, si ce n'est l'impression que l'église Saint-Acheul semble s'être élevée sur l'emplacement du cime-

(1) Ci-dessous, p. 147.
(2) Boll., 16 mai.
(3) On y relate un fait arrivé en 1060. Un trait spécial : le saint, célébrant la messe, aurait vu apparaître la main du Christ qui s'étendait sur l'autel comme pour consacrer l'eucharistie.
(4) *Hist. Fr.*, VII, 1.

tière primitif d'Amiens et que la tradition attribuait à
s. Sauve tant la fondation de la cathédrale que la translation en ville des ss. Firmin avec les ss. Ache et Acheul (1).
Les hagiographes (à supposer que tout ne soit pas de la
même main) se sont inspirés les uns des autres et leur
chronologie, tout bizarre qu'elle est, concorde d'une pièce
à l'autre. Elle est conforme aux indications du catalogue
sur l'ordre de succession des quatre premiers évêques.

Quant à la tradition de culte, elle n'a pas d'attestation
antérieure au IXe siècle avancé. Raban, Wandelbert et
Usuard savent qu'à Amiens on célébrait, le 25 septembre,
la fête d'un s. Firmin martyr, auquel Usuard, seul des
trois, donne le titre d'évêque (2). Le sacramentaire de
Senlis, exécuté entre 877 et 882, en est au même point
qu'Usuard (3). On serait d'abord tenté de croire que Firmin
le confesseur n'est qu'un dédoublement de Firmin le martyr. Cependant les livres amiénois (4), dont la série commence au Xe siècle, distinguent expressément les deux
saints, et l'on ne peut leur refuser, dans cette question,
une valeur traditionnelle assez grande. Le sacramentaire
d'Amiens contient un calendrier où non seulement leurs
fêtes proprement dites (1er et 25 septembre) sont expressément distinguées, mais où l'on trouve à des jours séparés,
10 et 13 janvier, l'anniversaire de leurs translations; dans
les litanies aussi, on invoque un s. Firmin martyr et un
s. Firmin confesseur. Le sacramentaire dit de Ratold, exécuté à Saint-Waast d'Arras au Xe siècle, distingue aussi,
de première main, les deux fêtes du 1er et du 25 septembre.
Il est donc prudent d'accepter, sur la foi de la tradition

(1) Noter cependant que dans une charte de 1085, où l'évêque Rorico
parle de cette translation, Salvius n'est pas nommé.
(2) Usuard, 25 septembre : « In civitate Ambianensium, beati Firmini
episcopi, qui sub praeside Rictiovaro post varia tormenta capitis decolla-
tione martyrium sumpsit. »
(3) Ms. de Sainte-Geneviève, BB 20; Delisle, Mém. sur d'anciens sacramentaires (Mém. de l'Acad. des inscr., t. XXXII¹, pp. 143, 321).
(4) Sacramentaire d'Amiens (Par. 9432) et de Ratold (Par. 17057); Delisle,
l. c., pp. 160, 188.

amiénoise du Xe siècle, la distinction des deux saints Firmin.

S. Honorat est mieux documenté, puisqu'il est question
de lui dans la passion des ss. Fuscien et Victoric. Le sacramentaire d'Amiens marque sa fête au 16 mai; dans celui
de Ratold, elle a été ajoutée de seconde main, après que
ce livre eut été transporté de Saint-Waast à Corbie (v. 980).

Quant à s. Sauve, sa situation liturgique est loin d'être
aussi bonne. Non seulement il est inconnu aux martyrologes, mais son nom ne figure point aux litanies dans les sacramentaires de la région et sa fête n'est indiquée que
dans celui d'Amiens (1), et encore sans la qualité d'évêque : Salvi confessoris. Un s. Sauve était honoré dans le
pays; mais il est aisé de voir, par la place qu'on lui
assigne, tant au calendrier qu'aux litanies, qu'il s'agit du
s. Sauve de Valenciennes, assassiné en 801 et commémoré
le 26 juin ou le 1er juillet.

Les livres liturgiques ne témoignent que du culte; ils ne
peuvent servir au classement chronologique des légendes.
Ici, tout ce qu'on peut dire, c'est qu'Usuard, qui fait du
martyr Firmin une victime de Rictiovarus, n'avait aucune
connaissance de la Passio Firmini, que la vie de s. Sauve
se lit dans un manuscrit du Xe siècle (2).

1. — Eulogius. — Le faux concile de Cologne (346) porte
la signature d'Eulogius Ambianorum (episcopus).

2. — Edibius. — Assista, en 511, au concile d'Orléans.

3. — Beatus. — Assista, en 549, au concile d'Orléans.

4. — Berachundus. — Assista, en 614, au concile de Paris.
Mentionné plusieurs fois dans la vie de s. Valery (3).

5. — Bertofredus. — Assista, en 650, au concile de Chalon-

(1) Delisle, l. c., p. 341. Dans les litanies du sacramentaire de Saint-
Amand (Delisle, p. 362), il clôt la liste des martyrs, à la suite des ss. Léger,
Lambert et Boniface.
(2) Paris, 5275. Pour s. Firmin le martyr, le plus ancien ms. que je con-
naisse est le Paris, 17627, du XIe siècle; pour s. Firmin le confesseur, le
ms. 9536-7 de Bruxelles, fin du XIe siècle.
(3) Ed. Krusch, M. G. SS. merov., t. IV, pp. 165, 172, 174, cc. 14, 30, 34.

sur-Saône. Diverses chartes du temps présentent son nom : celles d'Emmon de Sens pour Sainte-Colombe et Saint-Pierre le-Vif (660) ; celle de s. Omer pour le monastère de Sithiu (663) ; celle qu'il délivra lui-même au monastère de Corbie (664) ; celle de Drauscius pour Sainte-Marie de Soissons (667) (1).

6. — *Theodefredus.* — D'abord abbé, et le premier abbé, de Corbie, il est mentionné comme évêque dans une charte de Thierry III pour Corbie (2). et sa signature figure au bas d'une autre charte, de l'évêque du Mans Aiglibert, de 683 (3).

7. — *Ursinianus.* — Mentionné en deux chartes de Clovis III, de 692 et de 697 (4).

8. — *Dominicus* (5).

9. — *Christianus.*

10. — *Rimbertus.* — Figure au nombre des destinataires d'une lettre du pape Zacharie, en 748 (6).

11. — *Ailulfus.*

12. — *Georgius.* — D'abord évêque d'Ostie, il accompagna, en cette qualité, le pape Etienne II dans son voyage

---

(1) Pardessus, n° 333, 335, 344, 345, 355. Meilleure édition de la charte de Berthefrid par L. Levillain, *Examen des chartes de Corbie*, Paris, 1902, p. 221; cf. Krusch, *Neues Archiv*, t. XXIX, p. 253.

(2) Pardessus, n° 398; K. Pertz, n° 57; Levillain, *l. c.*, p. 253. M. Krusch, *l. c.* (cf. *M. G. SS. merov.*, t. II, p. 477), n'admet pas l'authenticité de cette pièce dont la latinité est, en effet, d'une correction un peu soutenue pour la date à laquelle elle prétend; mais les phrases correctes ne manquent pas dans certaines chartes de ce temps, par exemple celle de Berthefrid. M. Krusch et son contradicteur M. Levillain, *l. c.*, p. 64, découvrent dans cette charte l'intention de revenir, à propos de l'élection du troisième abbé de Corbie, aux prescriptions de la règle, négligées pour le deuxième. J'avoue n'avoir pas la même impression.

(3) J. Havet, *Œuvres*, t. I, p. 433; cf. Pardessus, n° 451. — Ni l'une ni l'autre de ces deux chartes n'indique le siège occupé par l'évêque Theodefred, lequel n'est pas marqué sur la liste épiscopale. Mais cette liste n'est pas sûre, et la charte de Thierry III semble bien supposer qu'il s'agit d'un évêque d'Amiens. On a pensé à Cambrai. Mais à Cambrai nous avons une liste sûre, laquelle suffit à exclure Theodefred.

(4) Pardessus, n° 429, 440; Pertz, n° 61, 70.

(5) Le document d'après lequel le *G. C.* le fait siéger en 721 n'a aucune valeur (*Acta SS. sept.*, t. V, p. 553).

(6) J., 2287.

---

en France, en 754 (1) ; à plusieurs reprises il servit d'intermédiaire entre les princes francs et le Saint-Siège. Le pape Paul (2) autorisa Pépin le Bref à le garder près de lui ; cette autorisation fut retirée par l'antipape Constantin II (3). Mais Georges n'en tint compte, et, en 769, on le voit siéger au concile romain parmi les évêques francs, avec le titre d'évêque d'Amiens (4). En 782, Charlemagne le chargea d'une mission auprès du pape Hadrien (5). Il prit part (v. 798) à la consécration des églises du monastère de Saint-Riquier (6).

13. — *Iesses.* — Personnage très important sous Charlemagne et Louis le Pieux. On le rencontre pour la première fois, en 799, parmi les évêques chargés de reconduire le pape Léon III de Paderborn à Rome. Sous Louis le Pieux, il figura au nombre des plus décidés partisans de Lothaire ; cela lui valut de perdre son siège en 830, par sentence du métropolitain Ebbon, lequel, révolté à son tour en 833, rétablit Jessé dans sa situation épiscopale. Il la conserva quelques mois seulement, car, le 28 février 834, il dut fuir en Italie avec Lothaire ; il y mourut en 836 ou 837 (7).

14. — *Ragenarius.* — On ne sait trop quand il fut substitué à Jessé, si c'est après la disparition de celui-ci en 830 ou après sa déposition en 834 (8). La signature de Rage-

---

(1) *Lib. pont.*, t. I, p. 446.

(2) J., 2347, 2364; *Cod. Carol.* pp. 94, 132.

(3) J., 2375; *Cod. Carol.*, p. 153.

(4) *Lib. pont.*, t. I, p. 473.

(5) J., 2438; *Cod. Carol.*, p. 230.

(6) *M. G. SS.*, t. XVI, p. 174. Jessé, à l'automne 799, était déjà évêque d'Amiens. La principale dédicace de Saint-Riquier, celle à laquelle son prédécesseur Georges prit part, eut donc lieu en 799 (1ᵉʳ janvier), au plus tard. Jessé consacra, un 4 septembre, l'autel de saint Raphaël. Ce 4 septembre ne peut guère être celui de 799, ni celui de 800, car alors l'évêque devait se trouver auprès du pape Léon III. Angilbert, dans son *Libellus de ecclesia Centulensi*, manque de précision pour les dates d'années.

(7) Thégan, *Vita Ludov.*, II, 37, 44; Flodoard, *H. R.*, II, 20; *Vita Ludov.*, c. 56.

(8) La mention d'un Sigobard, dans le catalogue, entre Jessé et Ragenairo, a peut-être quelque rapport avec les vicissitudes que traversa, en ces années, la direction de l'église d'Amiens.

narius figure au bas du privilège d'Aldric de Sens, document assez énigmatique (833 ?). Il assista sûrement, en 835,
au concile de Thionville. On le trouve depuis en diverses
assemblées, jusqu'au concile tenu à Kiersy, en 849, contre
Gotteschalk.

15. — *Hilmeradus.* — Il prit part, vers la fin de l'année
850 ou au commencement de la suivante (1), à la démons-
tration épiscopale contre Nominoé, chef des Bretons révoltés. Une lettre de Loup de Ferrières (ep. 79) est relative
à son élection. Il figure en beaucoup de documents du temps.
Le dernier est le concile de Douzy (871), auquel il se fit
représenter.

16. — *Geroldus.* — Signa le privilège de Tournus (875),
le concile de Ponthion (876), enfin des lettres des évêques
de la province de Reims au clergé et au peuple de Laon, à
l'occasion d'une ordination d'évêque (877) (2). Obit, 25 septembre.

17. — *Otgarius.* — On le signale en 893 à propos d'une
translation des ss. Fuscien et Victoric. En 900, il assista
au sacre de son métropolitain Hérivée. Il mourut centenaire
en 928 (1er août) (3).

MORINI (TÉROUANNE)

Il nous reste deux exemplaires anciens du catalogue épiscopal de Térouanne, l'un dans le *Liber Floridus* de Lambert, l'autre dans le recueil de Robert de Torigni. Je vais
donner d'abord le premier, tel qu'il a été publié, d'après le
manuscrit original, par M. Holder-Egger (4).

MORINORUM EPISCOPI.

Andmundus.
Athalbertus.

(1) T. II, p. 267.
(2) Hincmar, ep. 52.
(3) Ana. Flodoardi.
(4) *M. G. Scr.*, t. XIII, p. 389.

S. Audomarus fit episcopus anno Domini DCLVIII.
Draucius anno DCLXXXVIII.
5 S. Bainus.
  Ravangerus.
  S. Erkenbodo presul anno DCCXX.
  Adalgerus.
  Gumbertus.
10 Etharius.
  Rodwaldus.
  Athalolfus.
  Wicfridus.
  Tedwinus.
15 S. Folquinus presul anno DCCCXVII.
  Grimbaldus.
  S. Hunfridus presul DCCCLV.
  Actardus presul DCCCLXVIII.
  Athalbertus presul DCCCLXXI.
20 Herlandus DCCCLXXIIII.
  Stephanus.
  Wicfridus DCCCCXXXV.
  David DCCCCLVIIII.
  Framericus DCCCCLXIIII.
25 Balduinus DCCCCLXXXVIIII.
  Drogo MXXX fit episcopus.
  Hubertus MLXXVIII fit episcopus.
  Gerardus MLXXXI fit episcopus.
  Iohannes anno MXCVI fit episcopus.

Voici maintenant le catalogue de Robert :

NOMINA EPISCOPORUM MORINENSIUM.

Aimundus.	15 Erenbaldus.
Athalbertus.	S. Folcuinus.
S. Audomarius.	S. Vinfridus.
Draucius.	Athardus.
5 S. Baicius.	20 Herlandus.
Ravengerus.	Athalbertus.
S. Erkenbaudus.	Stephanus.
Adalgerus.	Wicfridus.
Gumbertus.	David.
10 Etharius.	Framericus.
Rodwaldus.	25 Baldewinus.
Athalpius.	Drogo.
Wigbertus.	Hubertus.
Theoduwinus.	Gerardus.

S. Iohannes.
30 S. Milo.
   Milo.
   · Desiderius. Legitur in vita s. Ar-

nulfi martyris s. Patricius Morinorum episcopus, set in cathalogo
episcoporum non invenitur.

A ces deux catalogues je crois devoir joindre quelques
notes chronologiques sur les évêques de Térouanne, insé-
rées dans une petite chronique locale. Cette chronique,
copiée vers le milieu du XII° siècle dans un manuscrit de
la bibliothèque Saint-Victor (*Parisinus* 15139) a été publiée,
d'après ce manuscrit, par M. Wauters, dans le *Compte
rendu des séances de l'Académie royale de Belgique*, 4° série,
t. III (1876), p. 90. Je reproduis à mon tour le manuscrit,
mais seulement pour les passages qui concernent les évêques de Térouanne (1).

627. S. Audomarus transiit.

816. S. Folquinus fit Morinorum episcopus.
855. S. Folquinus obiit : Hunfridus successit.
868. Hunfridus obiit : Actardus successit.
871. Actardus obiit (2) : Adalbertus successit.
884. Adalbertus obiit : Herelandus successit.

920. Herelandus obiit : Stephanus successit.
935. Stephanus obiit : Wiffridus successit.

959. Wiffridus episcopus obiit : David successit.
968. David episcopus obiit : Framericus successit.
989. Framericus obiit : Baldevinus successit.
1030. Baldevinus obiit : Drogo successit.

1078. Drogo episcopus obiit : Hubertus successit.

1099. Iohannes ordinatus est.
1130. Iohannes episcopus obiit : sequenti anno Milo successit.

Tous les évêques portés sur les catalogues sont mentionnés ici, sauf Gérard, prédécesseur de Jean. Cette omission
correspond à un temps troublé. Entre Hubert et Gérard

(1) M. Lucien Auvray a bien voulu m'en procurer une copie.
(2) Inexact : Actard fut transféré à Tours.

les catalogues omettent eux-mêmes un évêque contesté.
Lambert.

Autant qu'on peut s'en assurer, la série épiscopale qui
se dégage de ces divers documents doit être considérée
comme très digne de confiance.

1. — *Antimundus.*
2. — *Athalbertus.* — La vie de s. Omer (commencement
du IX° siècle) ne mentionne pas ces deux prédécesseurs (1).
Son auteur ne connaît, avant s. Omer, d'autres évangélisateurs que les saints Victoric et Fuscien. Mais cet écri-
vain n'est ni assez explicite ni assez autorisé pour qu'on
lui sacrifie le témoignage de la liste épiscopale. J'ai donc
cru devoir admettre Antimund et Athalbert, attestés par
elle dans tous ses exemplaires et qu'aucune légende, à
notre connaissance, n'a suggérés à ceux qui ont dressé le
catalogue épiscopal. La forme germanique de leurs noms
porte à croire que ces deux évêques sont de l'époque franque, probablement de la fin du VI° siècle ou du commencement du VII° (2).

3. — *Audomarus.* — S. Omer était évêque en 642, comme
il résulte de la vie de s. Colomban, par Jonas de Suse (3).
Son biographe à lui fait désigner à l'évêché de Térouanne par le roi Dagobert (629-639), à l'instigation d'Acharius, évêque de Noyon, lequel ne fut promu qu'en 641. Ces
données sont donc contradictoires. On sait par Jonas qu'il
était originaire de Coutances et qu'il fut longtemps moine
à Luxeuil. Sa signature figure au bas du privilège de Clovis II pour Saint-Denis (4). Il délivra, en 663, une charte

(1) Sur les traditions et systèmes relatifs à l'évangélisation de la Morinie,
voy. O. Bled, *Regestes des évêques de Thérouanne*, Saint Omer, 1902, dans
les *Mémoires de la Société des antiquaires de la Morinie*. Cf. *Analecta
Bolland.* (Poncelet), t. XXIX, p. 255, où il est fait justice de certains documents faux relatifs aux deux prédécesseurs de saint Omer.
(2) Voy. ci-dessus, pp. 14, 15.
(3) *Vita Columbani*, II, 8.
(4) J. Havet, *Œuvres*, t. I, p. 239. Je néglige ici la première charte du
cartulaire de Saint-Bertin, la donation d'Adroald (Guérard, p. 18; cf. Par-

aux moines de Saint-Bertin (1) et signa aux privilèges pour Corbie (664) et pour Sainte-Marie de Soissons (667) (2). Sa fête est marquée au 1er novembre dans certains manuscrits du martyrologe hiéronymien (3); actuellement, on la célèbre le 9 septembre. Sa plus ancienne biographie (4), écrite plus d'un siècle après sa mort, est un récit bien peu circonstancié.

4. — *Drauscius.* — Sa signature fut apposée après coup au bas de la donation de s. Omer à l'abbaye de Saint-Bertin (ci-dessus).

5. — *Bainus.* — Il signa aussi la charte de Saint-Bertin. En 701, il quitta l'évêché de Térouanne pour prendre la direction de l'abbaye de Fontenelle (5). Il est mentionné dans la vie de s. Aimé de Bruel et dans celle de ss. Luglius et Luglianus de Lillers (6). — Fête le 20 juin.

6. — *Ravengerus.* — Confirma aussi par sa signature la charte de Saint-Bertin. Le 2 mai 708, il signa, comme témoin, un contrat de vente (7) relatif à la même abbaye (8).

7. — *Erkembodus.* — Déjà abbé de Sithiu, il succéda à

dessus, n° 31?), où s. Omer est nommé; si elle était authentique, elle serait de 649. Sur cette pièce, voy. la discussion de M. Levison, *M. G. Scr. merov.*, t. V, p. 732.

(1) Guérard, p. 25; Pardessus, n° 344; cf. Levison, *ibid.*, p. 733.
(2) Pardessus, n° 345, 355. — Il n'y a pas à tenir compte du récit de la translation de s. Waast, auquel s. Omer aurait assisté en 666 ou 667 (*M. G. Scr. merov.*, t. III, p. 426; cf. les observations de Krusch, *ibid.*, p. 403).
(3) Ceux de Wolfenbüttel (Fontenelle) et de Corbie.
(4) *M. G. Scr. merov.*, t. V, p. 753 (éd. Levison).
(5) *Gesta abb.* Fontan., 2 (*M. G. Scr.*, t. II, p. 275) : « Bainus episcopus de civitate Tyroanda.
(6) *Acta SS.* sept., t. IV, p. 135 (cf. *Cat. hag. Brux.*, t. II, p. 56); — oct., t. X, p. 120.
(7) Pardessus, n° 470; Guérard, p. 41.
(8) Après Ravengerus, il faudrait donner place à *Silvinus Tarvennensis episcopus*, dont Folcuin (*Cart.*, I, 74, p. 44 Guérard) parle comme vivant au temps de la bataille de Vincy (717). Mais cet évêque est exclu par les listes, et Folcuin lui-même, quelques pages plus loin (p. 48), fait d'Erkembod le successeur immédiat de Ravenger. S. Silvin, tel que le montre sa vie (Boll., 17 février), était un évêque sans siège; il y a quelque indice (*Acta SS. feb.*, t. III, p. 25) qu'il était s snot s d'origine ou d'observance. Il fut enterré à Anchy, près Hesdin.

Ravenger sans abandonner sa charge abbatiale. Il figure, en qualité d'évêque, dans un contrat de vente daté du 29 août 723 (1). — Fête le 12 avril.

8. — *Adalgerus.*

9. — *Gumberus.*

10. — *Aetherius.* — L'un des destinataires d'une lettre du pape Zacharie, du 1er mai 748 (2).

11. — *Rodwaldus.*

12. — *Athalfus* ou *Athalolfus.*

13. — *Wigbertus* ou *Wicfridus.*

14. — *Theodwinus.* — Figura (v. 798) à la consécration des églises de Saint-Riquier (3).

15. — *Erembaldus.*

16. — *Folcuinus.* — Son élévation à l'épiscopat se place dans les six derniers mois de 816 ou dans les premiers de 817; il siégeait déjà le 20 juin de cette année. En 839, le 20 juin, il délivra une charte aux moines de Saint-Bertin (4), auxquels, en 843, il fit rendre les reliques de s. Omer, volées par l'abbé de Saint-Quentin (5) ; en 846, par crainte des Normands, il déposa dans une cachette le corps de s. Bertin (6). Il prit part, en 840, à la réhabilitation de l'archevêque de Reims Ebbon. On trouve son nom au bas de divers documents du temps, un privilège pour Corbie (846), la condamnation de Gotteschalk (849), le concile de Soissons (853). Cette même année 853, il figure dans une liste de *missi* (7). Une lettre d'Hincmar, actuellement perdue, lui était adressée (8). Il mourut en tournée pastorale à Ekelsbecke-sur-l'Ysar, le 15 décembre 855 (9), et fut enterré

(1) Pardessus, n° 578; *Cart.*, p. 49.
(2) J., 2287.
(3) Angilbert, *De eccl. Centulensi*, 1 (*M. G. SS.*, t. XV², p. 174; cf. Mabillon, *Ann.*, t. II, p. 368).
(4) *Cart.*, p. 85.
(5) *Ibid.*, pp. 85-92.
(6) *Ibid.*, p. 93.
(7) *M. G. Cap.*, t. II, p. 275.
(8) Flodoard, *Hist. Rem.*, III, 21 (Migne, *P. L.*, t. CXXXV, p. 207).
(9) *M. G. SS*, t. XV², p. 429. L'épitaphe ci-dessous donne le 14; dans le

à Sithiu, près du tombeau de s. Bertin. Folquin, l'auteur du cartulaire, rédigea plus tard une vie de ce saint évêque (1), où l'on ne trouve guère que ce qui figure déjà dans le cartulaire lui même. On y peut cependant relever l'épitaphe suivante :

Folquini veneranda patris hic membra locantur
antistes dudum qui fuerat Morinum.
Quique quater denis vitae dux exstitit annis
mente actuque pio jussa operando Dei ;
atque die quarto decimo decembris ab orbe
sumptus apostolicum gaudet adire chorum.

17. — *Humfridus.* — Deux lettres perdues d'Hincmar, adressées à Pardulus de Laon et à Thierry de Cambrai, étaient relatives l'une à l'élection, l'autre à la consécration épiscopale du successeur de Folquin (2), Humfrid, qui eut lieu en janvier ou février 856. Il signa les conciles de Soissons (853) et de Kiersy (856, 4 février), mais après coup. On le trouve ensuite dans les documents jusqu'à sa mort, arrivée le 8 mars 870 (*Karoli ann. XXX*) (3).

18. — *Actardus.* — Après la mort d'Humfrid (4), l'évêché de Térouanne fut confié quelque temps à Actard, évêque dépossédé de Nantes (5) ; c'est en qualité de *Morinorum episcopus* qu'il signa, en 870, un diplôme pour Saint-Waast (6). Au concile de Douzy, en août 871, il signa simplement *episcopus*, sans indication de siège.

19. — *Adalbertus.* — Nous avons encore le texte de la profession de foi qu'il remit à l'archevêque Hincmar, au moment de sa consécration (7).

Cartulaire, Folquin dit que c'était un mardi (*fer. III*) ; dans la Vie, il remplace le mardi par le samedi (*feria VII*). Le 14 décembre 855 était un samedi.
(1) *M. G., t. c.*, p. 473.
(2) Flodoard, *Hist. Rem.*, III, 21 (Migne, *P. L.*, t. CXXXV, pp. 206, 207).
(3) *Cart. de Saint-Bertin*, éd. Guérard, p. 116.
(4) Hincmar avait tout d'abord désigné l'évêque de Noyon comme visiteur de l'église vacante (Flodoard, *H. R.*, III, 23).
(5) Hincmar, ép. 31.
(6) Manzi, t. XVI, p. 568.
(7) *P. L.*, t. LXXXVII, p. 916.

20. — *Herlandus.* — En 892, il assista à un concile de Reims (1). Peu après, l'église de Châlons étant devenue vacante, l'archevêque Foulques l'y installa provisoirement et s'efforça même (v. 895) de l'y fixer définitivement (2). Il figura, en 900, au sacre de l'archevêque Hérivée et au concile tenu à cette occasion, le 6 juillet.

LAON

On ne connaît d'autre ancien catalogue des évêques de Laon que celui que nous a conservé Robert de Torigni. Le voici (3) :

NOMINA EPISCOPORUM LAUDUNENSIS ECCLESIÆ.

8. Genebaudus.	Pardulus.
8. Latro.	Hincmarus.
Gondulfus.	Hedenulfus.
Ebreundus.	Dido.
5 Itichertus.	30 Radulfus.
Guinaldus.	Ysaac.
Attila.	Nivonius.
Wilfaudus.	Lividonus.
Peregrinus.	Iohannes.
10 Gifardus.	35 Adelelmus.
Serulfus.	Rorico.
Maldegarius.	Adalbero.
Sigoaldus.	Gebuinus.
Bertifridus.	Leotbericus.
15 Madelvinus.	40 Elinandus.
Genebaudus.	Ingelramnus.
Bernico.	Vualdricus.
Gaufridus.	Hugo.
Wanilo.	Bartholomeus.
20 item Wanilo.	45 Gaiterus Premonstratensis ecclesiae abbas.
Eijlo.	
Ranfridus.	magister Gauterus de Mauritania sancti Martini conversus.
Sigebodus.	
Ostroldus.	item Gauterus Romæ consecratus.
25 Simeon.	

(1) Flodoard, *H. R.*, IV, 6.
(2) *Ibid.*, 3, 6.
(3) *Paris*. 6042, f° 121 v°.

Ce catalogue, comme on peut le voir ci-dessous, est assez bien vérifié pour la partie correspondant au VI⁰ siècle, au VII⁰, au VIII⁰ et au IX⁰. Il l'est aussi depuis le milieu du X⁰ siècle. Mais pour la première moitié de ce siècle il y a des différences énormes. La chronique de Flodoard nous renseigne ici très exactement; il est donc aisé de se rendre compte des imperfections de ce catalogue.

CATALOGUE.	FLODOARD.
Radulfus.	Rodulfus.
Ysaac.	»
Nivonius.	»
Lividonus.	»
Iohannes.	»
Adeleimus.	Adelelmus.
»	Gozpertus.
»	Ingramnus.
»	Rodulfus.
Rorico.	Rorico.

Il y a eu, à cet endroit de la liste, des erreurs ou des inadvertances fort graves. Du reste, elle se termine par une remarquable bévue : on distingue entre Gautier de Mortagne et Gautier consacré à Rome; ces deux Gautier n'en font qu'un.

Malgré ces défauts, je prends le catalogue pour cadre de la série suivante, qui se termine avant le moment où se constatent les grosses erreurs.

1. — *Gennobaudis.* — Le premier évêque, institué par s. Remi. C'est le héros d'une légende singulière, rapportée par Flodoard (1). En 549, il se fit représenter au concile d'Orléans. — Fête le 5 septembre.

2. — *Latro.* — Fils du précédent, d'après la légende.

3. — *Gondulfus.*

4 — *Ebreundus.*

(1) *Hist. Rem.*, I, 14.

5. — *Rigobertus.* — Assista, en 614, au concile de Paris (*ex civitate Lugdono Glavato*).

6. — *Chainoaldus.* — Un des plus intimes disciples de s. Colomban, dans la vie duquel il est plusieurs fois mentionné. En 627, il assista au concile de Clichy; en 632 il signa la charte de s. Eloi pour Solignac. — Fête le 6 septembre.

7. — *Attelanus.* — D'après Flodoard, il aurait été le frère de l'évêque de Reims Leudegisile (1). La vie de sainte Salaberge (2) raconte qu'il accueillit à Laon la fondatrice du célèbre monastère de Saint-Jean; il est mentionné dans une charte de Sigebert III (648) (3) pour les monastères de Stavelot et de Malmédy et sa signature figure au bas de deux autres chartes pour Montier-en-Der (662/3 et 663/4) (4) et d'une donation de s. Amand (664/5) (5).

8. — *Vulfadus.*

9. — *Peregrinus.*

10. — *Gifardus.*

11. — *Serulfus.*

12. — *Madelgarius.* — Mentionné dans la vie de sainte Anstrude, pour un fait qui eut lieu au temps de Pépin d'Héristal (687-714) (6).

13. — *Sigoaldus.*

14. — *Bertifridus.*

15. — *Madelvinus.*

16. — *Genobaudus II.* — Figure au nombre des destinataires d'une lettre du pape Zacharie, en date du 1ᵉʳ mai 748 (7). En 762 (8) il souscrivit au privilège pour Prüm et à la convention d'Attigny (9).

(1) *Hist. Rem.*, II, 6.
(2) *Acta SS. sept.*, t. VI, p. 525; M. G. *Scr. merov.*, t. V, p. 58.
(3) Pardessus, n° 313; Pertz, n° 22.
(4) Pardessus, n° 387; Pertz, n° 31; Pardessus, n° 389.
(5) Pardessus, n° 350.
(6) Mabillon, *Acta SS.*, t. II, p. 980, c. 17.
(7) J., 2287.
(8) Böhmer-M., 93.
(9) M. G. *Concilia*, t. II, p. 73.

17. — *Bernico.*

18. — *Gaufridus* (1).

19. — *Wanilo.*

20. — *Wanilo II* (2).

21. — *E[g]ilo.*

22. — *Ranfridus.*

23. — *Sigebodus.*

24. — *Ostroaldus.* — Prit part, en 814, au concile de Noyon (3). D'après le chroniqueur Odilo, de Saint-Médard de Soissons, il passait pour avoir fait opposition au culte de s. Sébastien, installé à Saint-Médard en 826 (4).

25. — *Symeon.* — On le trouve en 835 à la translation des reliques de s. Quentin (5), en 845, au concile de Beauvais. Il signa, en 846, au privilège pour Corbie.

26. — *Pardulus.* — Apparaît, pour la première fois, au concile de Kiersy, en 849. Mentionné depuis en divers documents, notamment dans ceux de l'affaire Gotteschalk, jusqu'au concile de Bonneuil, août 856 (6).

28. — *Hincmarus.* — Il figure déjà, le 21 mars 858, à une assemblée de Kiersy (7). C'est le neveu d'Hincmar de Reims, avec lequel, ainsi qu'avec le roi Charles le Chauve, il eut des démêlés célèbres. Déposé en 871 au concile de Douzy, il fut ensuite incarcéré et on lui creva les yeux. Le pape Hadrien II interdit de lui donner un successeur, mais en 876 (8) Jean VIII ratifia la sentence de Douzy.

29. — *Hedenulfus.* — Alors fut élu Hedenulf, le 28 mars 876; nous avons encore son décret d'élection et les lettres de consécration que lui délivra son métropolitain Hincmar,

(1) Un évêque *Gerfridus,* de siège inconnu, prit part, en 798 et 799, à la consécration des basiliques de Saint-Riquier. C'est peut-être celui-ci.

(2) Le *G. C.* déplace ce Wanilo pour une raison bien futile.

(3) Flodoard, *H. R.,* II, 18.

(4) *Trans. S. Sebastiani,* c. 37 (*P. L.,* t. CXXXII, p. 605).

(5) *Acta SS. oct.,* t. XIII, p. 811.

(6) *M. G. Leg.,* t. I, p. 447.

(7) *M. G. Leg.,* t. I, p. 438.

(8) J., 3034, en date du 5 janvier.

assisté de ses suffragants (1). En 878, au concile de Troyes, le pape Jean VIII le maintint en fonctions, tout en rendant à son prédécesseur aveugle le droit de célébrer la messe et d'être entretenu aux frais de l'église de Laon. Hedenulf est mentionné plusieurs fois, avant et après le concile, dans la correspondance d'Hincmar (2).

30. — *Dido.* — On a une charte de lui du 12 mai 886 (3) pour Saint-Vincent de Laon. Il assista, en 892, au concile de Reims tenu contre Baudouin, comte de Flandre (4). Pendant l'été 895 il fut assiégé par Zwentibold et Charles le Simple dans sa ville épiscopale (5). Souvent mentionné dans les documents du temps, notamment dans la correspondance de Foulques de Reims. Il mourut le 14 décembre 895 (6).

31. — *Rodulfus.* — L'archevêque Foulques écrivit au roi Eudes à propos de son élection (7), qui dut avoir lieu dans les premiers mois de 896, car au mois d'août de cette année, le pape Étienne VI (8) demandait qu'on le lui envoyât pour un concile. Il mourut en 921 (9).

APPENDICE

DE QUELQUES LÉGENDES RELATIVES AUX ORIGINES CHRÉTIENNES DANS LA PROVINCE DE REIMS

La province de Reims possédait, aux temps mérovingiens, plusieurs sanctuaires de martyrs. Grégoire de Tours en mentionne trois : celui des ss. Timothée et Apollinaire,

(1) Hincmar, ep. 51, 52.

(2) Ep. 48; Flodoard, *H. Rem.,* III, 23. Cf. Schrörs, *Hinkmar,* p. 548 et s.

(3) Mabillon, *De re dipl.,* p. 573.

(4) Flodoard, *l. c.,* IV, 6, 7.

(5) *Ann. Vedast.*

(6) Favre, *Eudes,* p. 184, n. 2.

(7) Flodoard, IV, 6.

(8) J., 3512; cf. Flodoard, *l. c.* Il n'y a donc pas lieu d'insérer ici le *Rodulfardus* du *G. C.*

(9) Annales de Flodoard.

à Reims (1); celui de saint Quentin, *apud Virmandinsium oppidum* (2); celui des ss. Crépin et Crépinien, à Soissons (3).

Timothée et Apollinaire sont pour lui des saints indigènes, martyrisés à Reims même (4). C'est tout ce qu'il en sait, ou du moins tout ce qu'il en dit. Il n'a pas eu l'occasion de parler des saints de Soissons autrement qu'en indiquant le vocable de leur basilique. De saint Quentin seul, ou plutôt de ses reliques, il dit quelque chose, à savoir que le corps du saint fut trouvé au fond de la rivière par une femme pieuse (*religiosa*) et aveugle qui recouvra aussitôt la vue.

Le martyrologe hiéronymien, dès sa première rédaction auxerroise (fin du VI° siècle), nous présente les fêtes suivantes :

X kal. sept. Remus civitate, Timothei, Apollinaris (5).
VIII kal. nov. In Gallia, civitate Sessionis, Crispini et Crispiniau (Crispiani E).
XVIII kal. iul. *In territorio* (6) Sessionis civitate, passio ss. Valeri et Rufini *martyrum* (7).
III id. decemb. In Gallia Ambianis, Victorici et Fusciani martyrum.

Saint Quentin figure, il est vrai, dans tous les manuscrits, au 31 octobre; mais, dans le plus ancien, celui d'Epternach, il a été marqué de seconde main; dans les autres

(1) *Gl. mart.*, 54.
(2) *Gl. mart.*, 72.
(3) *Hist. Fr.*, V, 34; IX, 9.
(4) « Apud Remensium urbem consummato martyrio caelestia regna meruerunt. » *Gl. mart.*, 54. Leur légende, dans Flodoard, est sans valeur. Cependant Flodoard connaît, peut-être par quelque inscription, le nom du fondateur de leur basilique, *Eusebius vir spectabilis*. Leur fête tombait le 23 septembre, le lendemain du jour où à Rome on célébrait l'anniversaire d'un martyr local, s. Timothée. Je crains fort que ce ne soit le même et que le s. Apollinaire rémois ne soit, lui aussi, identique à un homonyme italien, s. Apollinaire de Ravenne.
(5) Dans le ms. de Berne, ce texte a été gratté et remplacé par une mention du martyr Timothée.
(6) B seul a ces deux mots.
(7) Les mots soulignés manquent au manuscrit d'Epternach.

il se présente à des places différentes, et il est clair que, même dans la deuxième recension, vers le milieu du VII° siècle, il n'avait encore aucune place.

La vie de s. Eloi (1) relate diverses « inventions » de corps saints opérées par cet évêque, celle de saint Quentin, *haud procul ab urbe Vermendense*, celle de saint Piaton (2) à Seclin, dans le diocèse de Tournai, celle des ss. Crépin et Crépinien à Soissons, enfin celle de s. Lucien à Beauvais. Il est possible que ces renseignements remontent à la rédaction primitive de la vie, c'est-à-dire du VII° siècle (3). En tout cas, le texte qui nous les a transmis semble être dans la dépendance littéraire des passions dont il me reste à parler.

Ces passions forment un groupe assez caractérisé. Toutes, elles présentent leurs héros comme les premiers évangelisateurs du pays; toutes, elles les font persécuter, sous le règne de Maximien, par un même préfet, Rictiovarus (4), personnage inconnu d'ailleurs et très évidemment imaginaire. Dans la trame du récit et même dans le détail de la rédaction, elles décèlent une parenté littéraire incontestable. Enfin on en rencontre deux, justement les moins anciennes d'apparence, dans un manuscrit de la fin du VIII° siècle (5), ce qui fournit déjà une limite inférieure pour leur date.

Ces passions sont celles de s. Quentin, des ss. Rufin et Valère, Crépin et Crépinien, Fuscien et Victoric.

Au temps où la persécution de Maximien sévissait à Rome, deux chrétiens, Lucien et Quentin, celui-ci fils d'un sénateur Zénon, quittent la capitale pour aller prêcher l'Evangile en Gaule. Quentin s'établit à Amiens,

(1) II, 6, 7, *M. G. SS. meroc.*, t. IV, pp. 697-700 (éd. Krusch).
(2) La passion de s. Piaton (*Acta SS. oct.*, t. I, p. 72) est bien postérieure à celles dont il va être question ici. Il va de soi qu'elle s'en inspire.
(3) La rédaction courante, remaniée, est, d'après M. Krusch (*ibid.*, p. 656), antérieure à la vie de s. Lambert, laquelle est encore du VIII° siècle. On ne saurait dire avec certitude si les « inventions » appartiennent au texte primitif ou au remaniement.
(4) *Rectiofarus* est l'orthographe du ms. de Corbie (Paris. 12598).
(5) *Parisinus* 12598, provenant de Corbie.

Lucien à Beauvais. Ils opèrent beaucoup de guérisons miraculeuses et pratiquent de grandes austérités.

La persécution s'étend à la Gaule. Un certain Rictiovarus se fait envoyer en ce pays comme préfet. Il arrive par Bâle, où il fait noyer beaucoup de chrétiens. Sa tournée l'amène à Amiens. Quentin lui est signalé par la voix publique. Il le fait arrêter et, soit par menaces, soit par tortures, soit par promesses, il essaie de le ramener au paganisme. Enfermé en prison, le saint y est visité, la nuit, par un ange qui le met en liberté et lui permet ainsi de prêcher aux gens d'Amiens et d'en convertir six cents. Enfin Rictiovarus le fait conduire à *Augusta Veromanduorum*, où le supplice a lieu. On enfonce dans le corps du martyr deux grands clous (*tarincas*) rougis au feu, qui le percent depuis le cou jusqu'aux pieds, et dix autres, petits, sous les ongles. Enfin on lui tranche la tête, et son corps est jeté à la Somme avec une masse de plomb. Il y reste environ cinquante-cinq ans.

Au bout de ce temps, une grande dame romaine appelée Eusebia, aveugle depuis neuf ans, reçoit un avis céleste en suite duquel elle se transporte à *Augusta Veromanduorum*, fait retirer de l'eau les restes du martyr et se dispose à les emporter à Vermand (*in Viromandis civitatem*). Mais le saint ne veut pas dépasser Augusta. Il devient si pesant! qu'on est obligé de s'arrêter. On lui élève un tombeau à l'endroit désigné, et, sur ce tombeau, Eusebia bâtit une chapelle (*cellula*), à la suite de quoi elle recouvre la vue. Puis elle s'en retourne à Rome, emportant comme souvenir les clous (*tarincas*) de saint Quentin. Le martyre avait eu lieu le 31 octobre, la sépulture le 25 juin.

Rufin et Valère sont des garde-magasins dans un « palais impérial » (1) sur les bords de la Vesle. On est encore au

(1) La localité que le biographe désigne ainsi me parait être Braine, sur la Vesle, longtemps identifiée avec la célèbre villa mérovingienne de *Brennacus*, et qui était, en tout cas, au VII° siècle, un important domaine (Cf. Longnon, *Géogr.*, p. 395 et suiv.). La suite du texte semble bien indi-

temps de Dioclétien et Maximien, et aussi du préfet Rictiovarus, lequel arrive de Rome par Worms et fait quelques victimes à Reims. Au lieu où les saints résidaient, il entend parler d'eux et les recherche. Ils se réfugient dans une caverne où on les découvre. Tortures, promesses, emprisonnement, visite nocturne d'un ange, tout se passe comme pour s. Quentin, sauf que l'ange, au lieu de mettre les détenus en liberté, leur apporte des couronnes. Le lendemain le préfet les fait décapiter, à sept milles du « palais impérial », sur la voie publique et sur les bords de la Vesle (1).

Plus tard, quand on voulut les transporter à Reims, leurs corps devinrent si pesants qu'on fut obligé de s'arrêter et de les déposer au lieu où on les vénéra longtemps.

Que ce récit dépende de la passion de s. Quentin, c'est, je crois, chose assez claire. Le narrateur connaît s. Quentin ; il dit que Rictiovarus, ayant entendu parler de ce saint, avait hâte de se rendre à *Augusta Veromanduorum* pour le mettre à mort, « comme le prouva l'événement ». Ceci suppose connu non seulement le culte, mais l'histoire même du martyr de Vermandois. Du reste, beaucoup de détails se reproduisent d'une passion à l'autre. Au moment de leur emprisonnement, les martyrs de l'un et de l'autre pays récitent le même psaume : *Eripe me Domine ab homine malo*. Ils sont visités par un ange ; le préfet cherche à les séduire par des promesses d'argent et d'honneurs ; ils lui répondent par un refus et des insultes. Leur résistance est mise, par le magistrat, sur le compte de leur pouvoir magique ; il déclare qu'il faut les supprimer, sous peine de voir tout le monde abandonner les dieux. Noter aussi l'épisode commun de la translation interrompue par le même miracle (2).

quer que le « palais impérial » se trouvait en aval de Basoche, à une dizaine de kilomètres (par la route) de ce dernier endroit.

(1) Le lieu précis n'est pas marqué dans la passion ; la tradition le détermine à Basoche, sur la Vesle, entre Braine et Fismes.

(2) À une lieue au-dessus de Basoche, toujours sur la Vesle, se trouve la localité de Fismes, à la limite (*Fines*) des cités de Soissons et de Reims,

Rufin et Valère sont des saints de campagne ; Crépin et Crépinien nous sont présentés, dans leur passion, comme les évangélisateurs de la ville de Soissons. Ce sont deux nobles romains, comme Quentin, Lucien, Valère et Eugène (1). Ils sont venus s'installer à Soissons où ils exercent le métier de cordonnier et fabriquent des chaussures pour les pauvres. Leurs vertus provoquent des conversions. Maximien en est irrité et envoie contre eux Rictiovarus. Celui-ci, après un premier interrogatoire, les conduit à Maximien, devant lequel se continue le conflit ordinaire entre les juges et les martyrs. Les épisodes miraculeux sont plus fréquents ici que dans les passions précédentes. Rictiovarus fait jeter les saints dans de la poix bouillante, et, comme ils en sortent intacts, de désespoir il s'y précipite lui-même et périt en un moment. Maximien le venge sur les deux chrétiens, auxquels il fait trancher la tête sur les bords de l'Aisne. Deux vieillards recueillent les corps et les gardent quelque temps chez eux. Plus tard on les transporte avec pompe en un autre endroit, mais toujours près de la rivière, et on les dépose en deux tombeaux distincts : *et sepelierunt ea ibi in duobus, ut postea inquisita patuit veritate, sepulcris*. Enfin une grande église s'éleva sur cette sépulture (2).

mais ressortissant déjà à celle-ci. On y honorait une sainte Macra, dont le corps fut découvert par un certain Landulphe ; au temps de l'empereur Charles (Charlemagne ?), une basilique fut construite en son honneur par un *vir venerabilis* Danguife. C'est alors sans doute que l'on rédigea la passion (Boll., 6 janvier), laquelle s'inspire de celle de sainte Agathe et se réclame, comme tant d'autres documents de la région, du persécuteur Rictiovarus. Elle indique comme lieu du supplice une île, ou plutôt une presqu'île entre les deux rivières de Vesle et d'Ardre, qui ont à Fismes leur confluent. Le martyrologe hiéronymien ignore sainte Macra. — Rictiovarus intervient encore dans l'histoire d'un s. Jost, honoré le 18 octobre dans le diocèse de Beauvais. Il s'agit d'un enfant thaumaturge, venu pour affaires d'Auxerre à Amiens, qui est massacré à son retour, aux environs de Beauvais. La chose se passe sous Rictiovarus (v. 304) et sous l'évêque d'Auxerre, Amator (V⁰ siècle). Cette histoire absurde est antérieure à la fin du VIII⁰ siècle, car on en trouve le texte dans le manuscrit de Corbie.

(1) Celui-ci paraît substitué à Rufin.

(2) Aux environs de Pettau (*Poetovio*), dans le Norique (du IV⁰ siècle), on a trouvé un lampadaire en bronze formé de deux parties, dont chacune est

Les saints Fuscien et Victoric, dit leur passion, viennent en Gaule dans un groupe de douze envoyés ; leurs compagnons sont les ss. Denis, Piaton, Rufin, Valère, Crépin (1), Crépinien, Lucien, Marcel, Quentin, Rieul. Arrivés à Paris, ils se séparent : Fuscien et Victoric se rendent à Térouanne, Quentin à Amiens, Lucien à Beauvais, Rieul à Senlis, où il devient évêque. C'est le seul, avec s. Denis, pour lequel on mentionne une fonction hiérarchique. La persécution éclate : le préfet Rictiovarus, envoyé par Maximien, vient d'abord à Trèves, où commencent les exécutions. A son approche, Fuscien et Victoric, désireux de revoir Quentin, quittent leur mission de Morinie et se mettent en route pour Amiens, où ils ne trouvent plus celui qu'ils cherchaient. Ils prennent alors le chemin de Paris, sur lequel ils rencontrent un certain Gentien, païen, mais déjà disposé à embrasser la foi. Celui-ci leur apprend le martyre de s. Quentin et leur dit que l'ordre est donné de les arrêter eux-mêmes. Cependant il les reçoit chez lui. Survient Rictiovarus. Gentien veut défendre ses hôtes ; il est aussitôt exécuté. Le préfet ordonne que Fuscien et Victoric soient ramenés à Amiens. Avant d'y arriver, exaspéré par les propos des martyrs, Rictiovarus leur fait passer à travers le corps de grands clous rougis (*tarincas*). Ils sont ensuite décapités ; mais ils se relèvent et, portant leurs têtes dans leurs mains, ils s'en vont rejoindre leur ami Gentien, avec lequel ils reçoivent la sépulture le 11 décembre.

Ici encore il y a un récit d'« invention ». Trois cents ans après leur mort, les trois martyrs sont découverts par un prêtre, Lupicin, sous l'évêque Honorat et le roi de Paris Childebert. Si ce dernier nom ne désigne pas un roi méro-

ornée d'un monogramme du Christ, dans la forme usitée au IV⁰ siècle. Sur l'une d'elles on lit l'inscription : INTIMIVS MAXSIMILIANV₂₂ f(ra)]TRES CRISPINO POSVERVNT ; sur l'autre : VOTVM PVSINNIO POSVIT. Cet objet provient peut-être du sanctuaire soissonnais ; s'il en était ainsi, il fournirait au culte de s. Crépin une attestation antérieure à celle que donnent les documents cités ici.

(1) Crépin est omis dans le vieux ms. de Corbie.

vingien en général, ce qui lui arrive quelquefois, il faudrait songer à Childebert Ier (511-558). Le rédacteur est postérieur à ce roi, *qui* ILLO *in tempore Francorum gentem principali regimine* GUBERNABAT. Du reste, l'idée de grouper autour de s. Denis les saints de ces contrées suppose que le saint de Paris avait acquis un grand prestige, capable de faire concurrence, dans la province de Reims, à celui des saints métropolitains ; ceci paraît bien supposer que le monastère de s. Denis, fondé par Dagobert, était déjà florissant. Enfin les martyrs portent leur tête, lieu commun hagiographique, mais qui ne saurait remonter très haut. Cependant on ne doit pas descendre plus bas que le VIIIᵉ siècle ; ceci est interdit par l'âge du manuscrit de Corbie.

J'ai signalé plus haut la parenté entre la passion des ss. Rufin et Valère et celle de s. Quentin. Il est clair, d'autre part, que les passions des ss. Rufin et Valère, Crépin et Crépinien, Fuscien et Victoric, ont aussi beaucoup de traits communs. Comparons, par exemple, le début des interrogatoires :

Rufin et Valère.	*Crépin et Crépinien.*	*Fuscien et Victoric.*
Rufino et Valeri, quos deos colitis aut quam sacram religionem intenditis? Iovem aut Dianam? — Iovem moechum ... et Dianam meretricem non colimus nec adoramus.	Crispine et Crispiniane, cuius dei culturesculusque religionis vos veneratores fatemini? Utrum Iovem an Dianam, Apollinem colitis aut Mercurium vel Saturnum? — Iovem aut Apollinem nec colimus nec adoramus.	Fusciane et Victorice, quos deos colitis aut quem sacrorum cultum adoratis?

Tel que nous l'avons dans la vie de s. Eloi, le récit de l'invention de s. Quentin dépend certainement de la passion de ce saint. En effet, il suppose connu le rapport de Quentin à Lucien, tel que la passion le présente ; de même

le récit de la découverte des restes par Eusebia, enfin le détail des grands clous enfoncés dans le corps du martyr. D'autre part, où le passionnaire aurait-il pris l'idée de ces grands clous, si ce n'est dans le récit de l'invention ? Voilà donc chacun de nos deux textes à la fois antérieur et postérieur à l'autre.

On pourrait dire, pour sortir de là, que le passionnaire a connu l'invention de s. Quentin par une autre voie que la vie de s. Eloi, et que celle-ci n'a été écrite que lorsque la passion était déjà en circulation. Cette explication, toutefois, se heurte à un détail embarrassant. Dans la passion, ou du moins dans le supplément relatif à la sépulture, Eusebia emporte à Rome, comme souvenir, les clous de s. Quentin. Saint Eloi n'a donc pu les retrouver dans la tombe, au VIIᵉ siècle. Or son biographe, non seulement les lui fait retrouver, mais les lui fait garder à part lui, comme reliques. Il y a donc erreur quelque part.

Je suis porté à croire que l'erreur est à mettre au compte du passionnaire. Il n'est guère possible, en effet, de contester, sur ce point, le récit de l'invention : s. Eloi aura réellement trouvé un corps avec de grands clous. Que sont devenus ces clous ? Le biographe les fait emporter, à Noyon évidemment, par s. Eloi. Depuis lors il n'en est plus question. Le passionnaire, qui écrit à Saint-Quentin, à proximité des véritables reliques du martyr, s'intéresse peu à ces objets secondaires. Il les fait même emporter à Rome deux siècles avant le moment où, dans le pays, on en eut d'abord connaissance.

Car il ne faut pas s'imaginer que ces fameuses *taríncae* aient pu être connues avant la découverte de s. Eloi. Sauf le nom du saint et le lieu de son culte, la passion de s. Quentin est, d'un bout à l'autre, une œuvre d'imagination. En particulier, le détail des broches enfoncées dans le corps, de haut en bas, est tout ce qu'il y a de moins conforme au système pénal romain ; il n'a même pu être inventé que longtemps après la disparition de l'empire. On suit au contraire que, dans ces régions du nord de la Gaule, les sépultures ont souvent rendu des objets comme ceux qui furent trouvés au VII⁰ siècle dans les tombeaux de s. Quentin et de s. Piaton. C'est seulement après l'ouverture de ces tombeaux que l'on a pu arriver à l'idée bizarre du martyre par embrochement.

D'autre part, le récit de Grégoire de Tours, bien que très succinct, paraît relever d'un document écrit.

Tout bien pesé, je m'arrêterais au système suivant, lequel, bien entendu, ne prétend pas être autre chose qu'une solution hypothétique et provisoire. Il y a eu, dès le VI⁰ siècle, un court récit de *passion* ou d'*invention* relatif à saint Quentin. De cette pièce s'inspirèrent Grégoire de Tours et le biographe primitif de saint Eloi, c'est-à-dire saint Ouen de Rouen. L'œuvre de celui-ci fut connue de l'auteur de la *Passio Quintini*, et celle-ci, à son tour, fut mise à contribution pour la rédaction de la *Vita Eligii* que nous connaissons.

Dans la légende des ss. Fuscien et Victoric, comme dans celle de s. Quentin, les héros prêchent dans une cité et meurent dans une autre. Les saints de Soissons, ville et campagne, ne présentent pas cette particularité. Mais toutes les passions s'accordent sur l'origine romaine (1) des martyrs. Elles s'accordent aussi sur le magistrat persécuteur, Rictiovarus, lequel est envoyé par l'empereur Maximien et arrive, ce qui n'est guère naturel, par quelque ville de la région du Rhin : Bâle (Q), Worms (RV), Trèves (FV). Pour fléchir la constance des martyrs, les promesses alléchantes sont toujours jointes aux tortures ; il y a toujours un ange qui apparaît dans leur prison. Toujours aussi le supplice est suivi d'une première translation des corps saints, lesquels indiquent par une subite et énorme augmentation de poids le lieu où ils doivent être enterrés.

(1) Pour les ss. Rufin et Valère, cela n'est pas indiqué dans leur passion mais seulement dans celle des ss. Fuscien et Victoric.

Je ne voudrais pas dire que tout est de la même main. A côté des ressemblances il y a quelques différences de facture, surtout dans la passion des ss. Crépin et Crépinien, qui fait intervenir Maximien en personne et terminer par le suicide la carrière persécutrice de Rictiovarus. Les rédacteurs se seront inspirés les uns des autres.

Les passions des victimes de Rictiovarus ne sont pas les seules, en Seconde Belgique, qui intéressent les origines chrétiennes de ce pays. J'ai parlé plus haut des saints d'Amiens ; je veux dire un mot de s. Lucien de Beauvais. Sa passion, conservée, elle aussi, dans le vieux manuscrit de Corbie (1), est, par conséquent, du VIII⁰ siècle à tout le moins. Le saint est un prêtre venu de Rome en Gaule pour se consacrer à l'évangélisation des gens de Beauvais. Son œuvre est interrompue par la persécution. Des magistrats romains le font exécuter, avec deux compagnons, à près de quatre milles de la ville (2) ; on l'enterre ensuite, beaucoup plus près de celle-ci, à l'endroit où, au temps du biographe, s'élevait la basilique Saint-Lucien.

En soi, ce récit, sans grande prétention, n'a rien d'extraordinaire. Il n'en est pas de même de ses attaches chronologiques, lesquelles sont nettement contradictoires. Saint Lucien est envoyé de Rome par saint Pierre, au temps de Néron ; d'autre part, c'est l'empereur Julien qui le fait rechercher par ses fonctionnaires.

Cette chronologie était trop incorrecte pour ne pas provoquer des retouches. Dans une seconde recension (3) il n'est plus question de saint Pierre ni de Néron, mais seulement de Julien. Cependant comme on met s. Lucien en rapport avec s. Denis et s. Quentin et que celui-ci était réputé avoir été martyr sous Maximien, il y a encore un anachronisme assez grave. La première rédaction est am-

(1) C'est d'après ce manuscrit que je le résume.
(2) Le lieu traditionnel est Montmille, au-dessus de la rivière de Thérain, au nord-ouest de Beauvais.
(3) *Acta SS.* jan., t. I, p. 466 (*Beatorum martyrum sacra*, etc.).

plifiée dans celle-ci. Le martyr, après sa décollation, prend
sa tête dans ses mains et se rend ainsi au lieu de sa sépulture. Une troisième recension (1), attribuée à Odon, évêque
de Beauvais au temps de Charles le Chauve, fait évanouir
Julien et arrange les choses d'une façon bien plus satis-
faisante au point de vue chronologique. Saint Lucien y est
élevé du presbytérat à l'épiscopat. Ces remaniements postérieurs n'ont rien à voir avec la tradition.

Celle-ci, cela est remarquable, ne cherche nullement à
grouper le saint de Beauvais avec s. Quentin ni avec
s. Denis. Elle est donc indépendante des légendes rictio-
variennes de s. Quentin et des ss. Victoric et Fuscien.
Mais il est inutile de pousser plus loin ces observations.
Ce que j'ai dit de la tradition hagiographique de s. Lucien
suffit à montrer que son culte, comme martyr, est né et
s'est développé bien longtemps avant le moment où l'on
s'est décidé à en faire un évêque de Beauvais.

(1) Acta SS., l. c., p. 451 (Pretiosorum martyrum victorias).

CHAPITRE IV

LA PROVINCE DE MAYENCE

MAYENCE

Le catalogue épiscopal de Mayence nous est parvenu en
un grand nombre d'exemplaires. Dix de ces rédactions, antérieures au XIVe siècle, ont été publiées par M. Holder-
Egger (1). Quelques-unes (2) commencent à s. Boniface;
elles n'ont pas de peine à être d'accord avec la réalité historique. Les autres remontent plus haut. Voici la plus ancienne. Elle se trouve dans un manuscrit de Munich, du
XVe siècle (3), qui contient, avec une copie des Annales né-
crologiques de Fulda, une liste des rois de Germanie, puis
notre liste épiscopale, enfin divers noms d'évêques et
d'abbés qui vivaient encore au moment où fut copié, à
Fulda, le vieil exemplaire dont le nôtre n'est qu'une copie
bien postérieure. De ces documents chronologiques il résulte que le manuscrit de Fulda fut exécuté entre 919 et
923. Cette date tombe dans les limites du dernier évêque
marqué au catalogue de Mayence, Hériger, qui siégea de
913 à 924.

Aureus episcopus.
Maximus episcopus.

(1) M. G. SS., t. XIII, pp. 308-316.
(2) Les nos IV, V, VI (1re m.) de M. Holder-Egger.
(3) Ms. lat. 4012; olim Peutingeranus 41.

Sidonius episcopus.
Sigimundus episcopus.
5 Leudegasius episcopus.
Petilinus episcopus.
Lauwaldus episcopus.
Laboaldus episcopus.
Rigibertus episcopus.
10 Geroldus episcopus.
Gewillobus episcopus.
Bonifacius archiepiscopus.
Lul archiepiscopus.
Richolfus episcopus.
15 Haistolfus episcopus.
Otgarius episcopus.
Rabanus episcopus.
Carolus episcopus.
Liutbertus episcopus.
20 Sundaroldus episcopus.
Hatho archiepiscopus.
Herigerus archiepiscopus.

VARIANTES

4 Sigem. 2 — 5 Liutgasius 3 — 6 Pezelinus 2, Bezelinus 3 — 7 Lant-waldus 3 — 9 Rigob. 2, 3 — 11 Gewinliob 2, Gewilieb 3 — 12 Sanctus B. episcopus 2 — 13 Lullus 2, 3 — episcopus 2 — 14 Ribbolf 3 — 15 Haistolf 3 — 16 Otegarius 2, Otker 3 — 18 Karolus 2, 3 — 19 Lant-bertus 2, Liutbraht 3 — 20 Sundrolt — 21 Hatto 3 — episcopus 2 — 22 Heriger 2, 3 — episcopus 2.

Des onze prédécesseurs que cette liste donne à s. Boni-face, les trois derniers figurent dans la quatrième vie de ce saint (1), et cela dans le même ordre, ce qui n'a rien d'éton-nant, car cette quatrième vie est du XIᵉ siècle, postérieure par conséquent à notre catalogue. Cependant comme notre biographe et aussi Othlon, qui écrivit peu après lui, dépend, en ce qui regarde Gérold et Gewilip, de chants populaires antérieurs; comme Gewilip est attesté clairement dans une

_____
(1) Vita quarta Bonifatii auctore Moguntino, éd. Levison (SS. rerum Germ. ad usum scholarum), p. 90. M. Levison identifie le Raobardus de la Vita IVᵉ avec le Laboaldus du catalogue; c'est plutôt avec Rigobert qu'il faut l'identifier.

lettre du pape Zacharie (1), et que cette lettre, qui s'inspire de renseignements fournis au pape par s. Boniface, con-firme en gros les données de la légende, il y a lieu de tenir celle-ci en considération. On reconnaît aisément Laboaldus dans le Lupoaldus du concile de 627; Leudegarius (Lesio) se rencontre en 612 dans la chronique de Frédégaire; Sipi-mundus est très probablement identique à un évêque men-tionné en 589 par Grégoire de Tours; Sidonius, célébré par Fortunat, est aussi du VIᵉ siècle, mais moins avancé. En somme, la moitié environ des noms de cette liste sont do-cumentés et leur classification chronologique concorde avec celle du catalogue. Il n'y a donc pas lieu de mépriser ce document, encore qu'on ne soit pas fondé à s'y fier entiè-rement.

La liste de Fulda se reproduit dans les autres rédactions, sauf, comme je l'ai dit, celles qui ne commencent qu'à Bo-niface; mais elle y est toujours pourvue d'une rallonge de quatre noms au moins. Voici comment elle débute dans un fragment du XIIᵉ siècle, qui paraît provenir de l'abbaye de Scheftlar, au diocèse de Freising (2), et représente une copie plus ancienne, de l'année 1031.

Nomina (3) episcoporum Mogontiensis ecclesie ab initio constitucionis episcopatus usque ad annum incarnationis Domini MXXXI.

Suffronius episcopus.
Bathodus episcopus.
Ruthardus episcopus.
Marinus episcopus.

Cette rallonge est inquiétante. Les noms Bathodus et Ruthardus ne conviennent guère à la date, relativement an-cienne, à laquelle il faudrait les placer. Marinus pourrait s'identifier avec le Martinus du faux concile de Cologne;

_____
(1) J., 2274; M. G. Ep., t. III, pp. 324, 325.
(2) Sur ce fragment, voy. ci-dessous, p. 164.
(3) C'est la liste II de Holder-Egger. — Même début, sauf le titre, dans les listes III et VII.

mais comme il peut lui avoir été emprunté, on ne saurait affirmer que son insertion ici représente une tradition indépendante de ce document.

Au XIIᵉ siècle, on rencontre un nouveau complément. Il nous est attesté par deux manuscrits de Saint-Pierre d'Erfurt, dont le plus ancien a été exécuté vers 1137 (1).

Hi sunt pontifices Mogontine sedis antequam archiepiscopatus erat :

Crescens.
Marinus.
Suffronius.
Podardus.
Rutharius.

Ainsi débutent, dans le recueil de M. Holder-Egger, les catalogues VI (2ᵉ m.), VIII et IX, sauf que, dans le catalogue VIII, *Suffronius* vient après *Bodadus* (sic). Les catalogues VIII et IX sont du XIIIᵉ siècle.

Le *Crescens* dont s'enrichissait ainsi le catalogue n'est autre que le disciple de s. Paul, revendiqué depuis longtemps par l'église de Vienne. C'est du moins ce que marque expressément le catalogue VIII.

On n'était pas au bout; mais il n'y a pas lieu de suivre ici les progrès de la liste mayençaise. Il me suffit de noter que les onze prédécesseurs que la plus ancienne liste attribue à s. Boniface sont portés, dans la *Gallia christiana*, au chiffre respectable de quarante et un. Revenons à cette ancienne liste. Si elle offre plus de garanties que les documents postérieurs, elle n'est pourtant pas absolument sûre. L'évêque Martin, mentionné dans le document de 346, n'y figure pas; avant Sidoine, qui est du milieu du VIᵉ siècle, il n'y a que deux noms, ce qui est insuffisant. On pourrait voir ici une trace de l'interruption de l'évêché à la suite des désastres que les barbares infligèrent à la ville de Mayence.

(1) Maintenant à la bibliothèque de Gotha; édité, pour cette partie, dans les M. G. SS., t. III, p. 35, note (cf. Böhmer, *Fontes*, t. III, p. 139); l'autre fait partie de la collection Pommersfeld, n° 2675.

Mais comment expliquer que des deux évêques de Mayence (*Momotiacus*) mentionnés par Grégoire de Tours, Thaumaste et Sigmund, celui-ci seul ait été admis?

En somme, il faut reconnaître que ce catalogue est incomplet.

1. — *Martinus*. — Dans la liste des adhérents au faux concile de Cologne (346) figure *Martinus Moguntiacensium*.

2. — *Aureus*. — D'après une tradition consignée dans le martyrologe de Raban, cet évêque et sa sœur auraient été tués par les Huns, dans l'église de Mayence (1). Cette tradition concorde assez bien avec deux faits rapportés l'un par Ammien Marcellin, à l'année 368, l'autre par s. Jérôme, à l'année 407 (2). Dans un cas comme dans l'autre, la population, réunie à l'église, y est massacrée par les barbares. L'évêque n'est pas mentionné expressément, mais comment douter de sa présence? Cependant il est difficile de choisir entre les deux invasions de 368 et de 407 et rien n'empêche que le nom d'Aureus ne se rattache à quelque autre catastrophe du même genre, arrivée soit en 451, soit à une autre date.

3. — *Sidonius*. — Après *Aureus*, le catalogue marque un *Maximus*, sur lequel il ne subsiste aucun autre document. Vient ensuite *Sidonius*, qui siégeait à Mayence au temps du roi Theodebert (534-547). Fortunat (3) relève beaucoup ses constructions d'églises et ses travaux pour améliorer le cours du Rhin. Il semble bien le présenter comme le premier évêque qui soit revenu siéger à Mayence, après une longue interruption (4).

4. — *Thaumastus*. — Si je ne me suis pas trompé ci-dessous en identifiant avec Mayence le *Momotiacus* de Gré-

(1) Raban, Martyrologe, au 16 mai.
(2) Ammien, XXVII, 10; Jérôme, ep. 123, 16.
(3) Carm., II, 11, 12; IX, 9.
(4) IX, 9 : « Reddita, ne doleas, felix Magantia, casus, antistes rediit qui tibi ferret opem. »

goire de Tours, il faudra placer ici cet évêque dont l'historien des Francs parle dans son *De gloria confessorum*, c. 52. Éloigné de sa ville épiscopale en des circonstances que Grégoire déclare ignorer, il alla s'établir à Poitiers, où il mourut en grand renom de sainteté. Les catalogues de Mayence l'omettent.

5. — *Sigimundus.* — En revanche ils marquent, après Sidonius, un *Sigimundus.* Un évêque de ce nom et de la région rhénane (1) invita, en 589, le roi Childebert II à passer les fêtes de Pâques dans sa ville (*urbem*) épiscopale de *Momociacus.* Je ne vois pas pourquoi on n'identifierait pas *Momociacus* avec *Moguntiacus.* La rencontre avec le catalogue est un fait très important (2).

6. — *Leudegarius.* — Un évêque de Mayence appelé *Lesio* fit grand accueil, en 612, à Thierry II, vainqueur de son frère Théodebert II (3). C'est sans doute lui qui est désigné, sans être nommé, dans la vie de s. Colomban (4), à propos d'un fait un peu antérieur au précédent. *Lesio* est communément identifié à *Leudegarius.*

7. — *Lupoaldus.* — Le catalogue marque ici *Petilinus* et *Lanwaldus*, autrement inconnus. Quant à Lupoald, qui vient après, on trouve sa signature, en 627, au concile de Clichy (5).

8. — *Rigobertus.* — Indiqué dans la Passion de s. Boniface (6), sous le nom de *Reobardus*, comme prédécesseur du suivant ; nommé *Regbertus* dans une inscription d'antiquité

(1) Longnon, *Géogr. de la Gaule,* p. 621.
(2) Il est vrai que, dans un autre endroit (*Hist. Fr.,* II, 9), Grégoire écrit correctement *Moguntiacum*; mais ici il ne fait que transcrire un auteur du Vᵉ siècle. C'est l'orthographe d'un autre. Elle ne saurait empêcher de croire que *Momoeiacus* fût celle dont il usait lui-même.
(3) Frédégaire, IV, 38.
(4) Jonas, *Vita Columb.,* I, 27.
(5) Omis dans le texte isolé, il ne figure que dans l'énumération de Flodoard.
(6) *Acta SS. iun.,* t. II, p. 465; *M. G. SS.,* t. II, p. 354. Ed. Levison, *M. G. ad us. sch.,* p. 90.

bien douteuse, qui se rapporterait aux dernières années du VIIᵉ siècle (1).

9. — *Geroldus.* — D'après un vieux poème (2), Gérold, père de son successeur, aurait été tué, sous Carloman, frère de Pépin, dans un combat entre Francs et Saxons, sur les bords du Weser, puis vengé peu après par son fils. — Il y a lieu, sans doute, de rectifier la chronologie de ces événements en rapportant au moins la mort de Gérold au temps de Charles-Martel.

10. — *Gewiliobus.* — Outre la légende dont il vient d'être question, cet évêque nous est connu par un document contemporain, une lettre du pape Zacharie à s. Boniface (3), de laquelle il résulte que Gewilip (*Geolobus*), faux évêque maintenant dépossédé (4), se disposait à faire le voyage de Rome. On a déduit de là qu'il avait été déposé solennellement dans le concile franc de l'année 745 (5). Il est sûr, en tout cas, qu'il cessa ses fonctions épiscopales.

11. — *Bonifatius.* — Après l'échec des négociations pour la fondation d'un archevêché austrasien à Cologne, s. Boniface s'installa à Mayence, le siège étant devenu vacant par l'élimination de Gewilip (6). Cette disposition fut prise en 746 (7). Le 5 juin 755, Boniface fut assassiné, en Frise, par les païens.

12. — *Lullus.* — Déjà chorévêque, Lul fut présenté au

(1) *Forschungen zur deutschen Geschichte,* t. XXV, p. 578. Kraus ne l'a point admise dans son recueil des inscriptions chrétiennes du pays rhénan.
(2) Cette composition poétique a été utilisée par Othloh (1062) dans sa vie de s. Boniface, I, 37 (*P. L.,* t. LXXXIV, p. 652), et par l'auteur de la Passion de s. Boniface, *l. c.* Sur la valeur de la tradition, voy. Hahn, *Jahrb. des fr. Reichs,* 741-752, p. 204; Hauck, *K. G. Deutschlands,* t. I, p. 395. Je ne suis pas bien convaincu que Gerold soit visé dans une lettre du pape Zacharie (J., 2274; M. G. Ep., t. III, p. 324).
(3) J., 2274, du 31 octobre 745.
(4) Qui *antea false episcopi honore fungebatur.*
(5) Hauck, *t. c.,* p. 544. C'est aussi le système d'Othloh; la Passion de s. Boniface affirme exactement le contraire : *sine synodali disceptatione sedem et parochiam a quibus acceperat redonavit.*
(6) J., 2286.
(7) *Ann. Laur. min.*

roi Pépin par s. Boniface en 753 ou 754, pour être son coadjuteur et son successeur (1). Il lui succéda en effet. On
le trouve en 762 à l'assemblée épiscopale d'Attigny, en
769 au concile de Rome. En 781 environ, il fut promu à la
dignité d'archevêque et reçut le pallium (2). Très souvent
mentionné dans les documents du temps, il mourut le
16 octobre 786 (3).

13. — *Riculfus.* — Correspondant d'Alcuin (4) et des
clercs lettrés de l'entourage de Charlemagne, Riculf fut
consacré à Fritzlar, le 4 mars 787 (5). Il est souvent mentionné dans les documents du temps, jusqu'à l'année 813,
où il mourut le 9 août (6), peu après le concile qui s'était
tenu dans sa ville épiscopale.

14. — *Heistolfus.* — Il siégeait déjà en 814, car cette
année là il conféra l'ordination presbytérale à Raban (7).
Souvent mentionné depuis lors, surtout à propos de Fulda,
il mourut le 28 janvier 826 (8).

15. — *Auicarius.* — Mentionné pour la première fois
vers la fin de 828, dans les instructions édictées par l'empereur Louis pour les conciles de l'année suivante (9). Il
mourut le 21 avril 847 (10).

16. — *Hrabanus.* — Ordonné le 26 juin 847, mourut le
4 février 856.

17. — *Karolus.* — Frère de Pépin II d'Aquitaine, ordonné le 12 mars 856, il mourut le 4 juin 863.

(1) *Bonif.*, ep. 93, 107, éd. Dümmler.
(2) Sur ceci, J., 2411. Les documents royaux donnent à Lui le titre
d'évêque jusqu'au 8 mars 780, celui d'archevêque depuis le 4 juillet 782.
Cf. Hauck, *K. G. Deutschlands*, t. II, p. 205.
(3) Voy. surtout sa correspondance, à la suite de celle de s. Boniface, et
sa vie par Lambert de Hersfeld.
(4) Alcuin, ep. 4, 9, 12, 137, 211; carm. 5; Theodulfe, carm. 27.
(5) Marianus Scottus, *M. G. SS.*, t. V, p. 548.
(6) *Ann. Laur. min.*, Sangall., Jaffé, *Mon. Mogunt.*, pp. 721, 726.
(7) *Ann. Laur. min.*
(8) Note marginale au ms. n° 1 des Annales de Fulda; Nécrologes.
(9) Böhmer-M., 827.
(10) Cette date et celles des trois évêques suivants sont données par les
Annales de Fulda.

18. — *Liutbertus.* — Ordonné le 30 novembre 863, mourut en 889, le 17 février.

19. — *Sunderoldus (Sunzo).* — Mentionné pour la première fois dans une charte d'Arnulf, du 13 juin 889 (1). Il
périt, le 25 juin 891, près de la Meuse, dans un combat
contre les Normands.

20. — *Haddo.* — Antérieurement abbé de Reichenau ; il
fut substitué sans retard au précédent et vécut jusqu'au
15 mai 913.

WORMS

1. — *Victor.* — Parmi les signatures du faux concile de
Cologne (346) figure celle de *Victor Vangionum* [*episcopus*].

2. — *Berhtulfus.* — Siégea en 614 au concile de Paris :
Ex civitate Vuarnacio Berhtulfus.

3. — *Amandus.* — Mentionné dans un faux diplôme (2)
comme siégeant au temps du roi Dagobert. Ce diplôme
ayant été produit en 764 à Pépin le Bref (v. ci-dessous),
il n'est guère possible qu'on y ait tout fabriqué, jusqu'au
nom de l'évêque.

4. — *Rupertus.* — Il quitta, l'an 2 de Childebert III (696)(3),
son siège de Worms pour se consacrer à l'éducation
religieuse des Bavarois, chez lesquels il fonda le monastère
de Salzbourg. — Fête, le 27 mars.

5. — *Erembertus.* — Reçut en 764, de Pépin le Bref, un
diplôme (4) d'immunité pour son église ; assista, en 769,
au concile de Rome ; mentionné en 770 dans une donation
de Fulda (5) ; il mourut en 793 (6).

(1) Böhmer-M., 1768.
(2) Pardessus, n° 242; Pertz, n° 21 (spur.).
(3) Cette date est fournie par les diverses vies du saint (Boll., *Bibliotheca
hagiogr. latina*, t. II, p. 1072).
(4) Böhmer-M., n° 97.
(5) Dronke, *Cod. diplom. Fuld.*, n° 31.
(6) *Annal. Xanten.* — Un *Erembertus* figure sur la liste des abbés de
Wissembourg (*M. G. SS.*, t. XIII, p. 320; cf. Zeuss, *Trad. Wizemb.*, n° 42
et suiv.) comme *abbas et episcopus Magontinus*. C'est probablement le
même personnage.

6. — *Bernhardus*. — Evêque de Worms et abbé de Wissembourg. Il fit partie en 799, du groupe d'évêques francs envoyés à Rome pour enquêter sur l'attentat contre le pape Léon III (1). En 806, une lettre de son archevêque Riculf lui est adressée (2). Il fut encore envoyé à Rome en 809 avec Adalhard de Corbie, pour l'affaire du *Filioque*, et, en 811, à Fulda pour apaiser des discordes entre les moines et leur abbé. En 813, il prit part au concile de Mayence. En 820, on le trouve auprès de l'empereur Louis, à Kiersy-sur-Oise (3). Vers la fin de l'année 825, étant tombé grièvement malade, il écrivit à Eginhard pour lui recommander Folkwik, qu'il désirait avoir pour successeur. Il mourut le 21 mars 826 (4).

7. — *Folcwicus*. — Obtint, le 31 octobre 826, un diplôme de Louis le Pieux (5). Il assista, en 829, au concile de Mayence (6). Les documents de Wissembourg, dont il était abbé, comme son prédécesseur, le marquent jusqu'au 17 novembre 830. Sa signature figure au bas du privilège d'Aldric de Sens pour s. Remy (833).

8. — *Samuel*. — D'abord disciple d'Alcuin à Tours, puis moine à Fulda, avec Raban, qui le relève fort en ses poésies (7) il devint d'abord abbé de Lorsch, puis évêque de Worms. Il assista, en août 840, à l'assemblée d'Ingelheim qui rétablit Ebbon de Reims, en 847 au concile de Mayence; il avait reçu, le 11 janvier de cette année, comme abbé de Lorsch, un diplôme de Louis le Germanique (8). Il mourut le 6 février 856.

9. — *Gunzo*. — On le trouve, le 16 mai 868, au concile

(1) *L. P.*, t. II, p. 6. Le nom du siège n'est pas indiqué; mais il est difficile que ce soit un autre.
(2) *M. G. Formulae*, p. 559.
(3) Zeuss, *Trad. Wiz.*, n° 69.
(4) Eginhard, ép. 2, 3.
(5) Böhm.-M., n° 808.
(6) *M. G. Conc.*, t. II², p. 604.
(7) Raban, carm. 25-31; cf. Alcuin, ep. 88.
(8) Böhmer-M., n° 1347.

tenu à Worms en présence le Louis le Germanique. Il mourut en 872.

10. — *Adalhelmus*. — Il assista, le 18 mai 874, à l'assemblée d'Ingelheim (1). A l'été 888, il prit part au concile de Mayence.

11. — *Theotelaus*. — Il assista, en 895, au concile de Tribur; en mai 897, on le trouve dans l'entourage de l'empereur Arnulf, qui tint un plaid dans sa ville épiscopale. Il en obtint cette année jusqu'à quatre diplômes (2). Son fils, Louis l'Enfant, lui en accorda deux autres (3), en 904 et en 906. Il mourut en 914, le 1er septembre, d'après les Annales de Worms (4), qui lui attribuent une description de sa ville épiscopale.

SPIRE

Un feuillet de manuscrit, actuellement conservé à la bibliothèque de Munich (5), contient un certain nombre de catalogues épiscopaux. Les uns ont été écrits sur le recto, au XIᵉ siècle, plus précisément entre 1078 et 1088; ce sont ceux de Salzbourg, Freising, Spire et Augsbourg. Les autres se lisent sur le verso : leur transcription se place entre 1182 et 1185; ce sont ceux de Mayence, Metz, Eichstädt, Bamberg et Ratisbonne. Ce recueil paraît avoir été formé à l'abbaye de Scheftlar, dans le diocèse de Freising. Le feuillet qui le contient a été un peu endommagé à la reliure, mais ce qui manque peut être aisément suppléé par un autre manuscrit de Scheftlar (*Monacensis* 17.072), où tous ces catalogues ont été copiés entre 1186 et 1190.

C'est le seul document qui nous reste sur la liste épiscopale de Spire. Elle s'y arrête à l'évêque Huozemin (1075-1090). Voici ce texte, d'après l'édition de M. Holder-Egger (6).

(1) Böhmer-M., n° 1462.
(2) Böhmer-M., nᵒˢ 1979, 1983, 1984, 1985.
(3) *Ibid.*, nᵒˢ 1965, 1982, 1985.
(4) *M. G. SS.*, t. XVII, p. 37.
(5) *Fragm. lat.*, f. 2.
(6) *M. G. SS.*, t. XIII, p. 219.

Anatharius episcopus.
Tragapoto episcopus.
Basinus episcopus.
Taito episcopus.
5 Principius episcopus.
David episcopus.
Sigiwin episcopus.
Ato episcopus.
Freido episcopus.
10 Benedictus episcopus.
Hettinus episcopus.
Gebehardus episcopus.
Goteclanchus episcopus.
Einhardus episcopus.
15 Bernhardus episcopus.

Amalricus episcopus.
Reginbaldus episcopus.
Godefridus episcopus.
Otkerus episcopus.
20 Balderieus episcopus.
Ruoppertus episcopus.
Waltherus episcopus.
Regingerus episcopus.
Reginbaldus episcopus.
25 Sigboto episcopus (1).
Arnoldus episcopus.
Kunradus episcopus.
Einhardus episcopus.
Heinricus episcopus.
30 Huozeminnus episcopus.

Ce catalogue est incomplet et en désordre pour la première partie. Il y manque les évêques Jessé (IVᵉ s.), Hildéric (VIIᵉ s.), Liudo (?) (VIIIᵉ s.). Les noms *Principius*, *Tragapoto (Dragobodus)*, *David*, *Basinus*, s'y présentent dans dans un ordre très différent du véritable. C'est seulement à partir du nᵒ 9, *Freido*, contemporain de Charlemagne, que la série s'établit et se poursuit exactement.

1. — *Iesses.* — Parmi les signatures du faux concile de Cologne figure celle de *Iesses Nemetum (episcopus)*.

2. — *Hildericus.* — Assista, en 614, au concile de Paris: *Ex civitate Spira Hildericus episcopus.*

3. — *Principius.* — Mentionné dans une charte de Sigebert III (634-656) (2).

4. — *Dragobodus.* — Siégeait déjà sous Childéric II (663-675), qui lui délivra une charte d'immunité (3). Il signa, sous le même roi, la charte de fondation de Saint-Dié (4).

(1) Les six derniers noms ne sont plus attestés que par la copie ms. 17072; ils ont été coupés dans le feuillet original.
(2) Pardessus, *Add.*, nᵒ 3; Pertz, nᵒ 21.
(3) Pardessus, *Add.*, nᵒ 4; Pertz, nᵒ 28.
(4) Pardessus, nᵒ 360.

Il fonda lui-même le monastère de Wissembourg, dont, en 700, il avait en mains le gouvernement (1).

5. — *Liudo.* — L'un des destinataires d'une lettre (2) adressée vers 737 (?) par le pape Grégoire III, aux évêques de Bavière et d'Alémannie, pour leur présenter son légat Boniface. C'est seulement par conjecture que l'on attribue à ce Liudo le siège de Spire.

6. — *David.* — Evêque de Spire et abbé de Wissembourg. Mentionné dans les chartes de ce monastère depuis le 16 mai 744 (3) jusqu'au 30 mai 752. Figure au nombre des évêques francs auxquels le pape Zacharie écrivit (4) en 748.

7. — *Basinus.* — L'un des signataires de la donation de Pépin et Bertrude au monastère de Prüm (5) (13 août 762). Alcuin le mentionne dans un de ses poèmes (6), écrit en 780.

8. — *Fraido* ou *Fleido.* — Mentionné dans un diplôme d'immunité délivré par Charlemagne à l'église de Spire, le 25 juillet 782 (7). Il était aussi (8) abbé de Klingenmünster.

9. — *Benedictus.* — Assista, en 829, au concile de Mayence (9).

10. — *Hettinus.*

11. — *Gebehardus.* — Il prit part au concile de Mayence, en 847. On le trouve en 860 (1ᵉʳ juin) à l'assemblée de Coblentz ; en 863, Louis le Germanique l'envoya auprès de Charles le Chauve (10). Il figura, le 18 mai 874, à l'assemblée d'Ingelheim (11). En 877 il fit le voyage de Rome (12). Obit, le 20 novembre (13).

(1) Pardessus, *Add.*, nᵒ 12.
(2) J., 2247.
(3) Pardessus, *Add.*, nᵒˢ 76, 84.
(4) J., 2287.
(5) Böhmer-M., nᵒ 93.
(6) Carm. 4.
(7) Böhmer-M., nᵒ 245.
(8) Libell. Confrat. s. Galli, etc. (*M. G. Scr.*), p. 216.
(9) M. G. Concilia, t. IIᵃ, p. 604.
(10) Annales d'Hincmar.
(11) Nécrologe de Spire, publié par Böhmer, *Fontes rerum Germ.*, t. IV p. 321.
(12) Böhmer-M., nᵒ 1462.
(13) M. G. Formulae, p. 418.

12. — *Godethank*. — Assista, en 888, au concile de Mayence, en mai 890, à celui de Forchheim, et en 895, à celui de Tribur.

STRASBOURG

Le catalogue épiscopal de Strasbourg a dû être constitué de bonne heure. Il nous est parvenu sous forme métrique, en une rédaction arrêtée à l'évêque Ratold, contemporain des fils de Louis le Pieux. La voici :

Alfa nitet dignus pater huius sedis *Amandus*,
Iustus iustitiae post additur assecla summae.
hinc *Maximinus* baculatur in ordine tritus,
est *Valentinus* pastori tum benedictus,
5 *Solarius* tandem cathedram possedit eandem,
laus *Arbogasti* iam crevit in arce regendi.
flores florigeram coepit *Florentius* haram,
commeruit talem sic *Ansoaldus* honorem,
tantis praesulibus sociatur iure *Biulfus*,
10 magnorum *Magnus* dominatur germine natus,
cura laos subito post haec subiungitur *Aldo*,
utile iam templis complevit in hoc *Garoinus*.
tam stolare iugam coepit *Landperius* ad usum,
ex gladio baculum dux fert *Rotharius* istum,
15 praesul sic aula cluit hinc *Rodobaldus* in ista,
Magneberius item successit sedibus isdem,
post quem *Lobiolus* tenet arcem pontificatus,
non dispar meritis *Gundaldus* iungitur illis,
clarus in ingenio subit exin nomine *Gando*,
20 culmen *Wilgernus* regit aula comiter huius,
bis *Wandalfridum* sociat deitas venerandum,
praefuit hinc populo meritis vivacibus *Heddo*,
dogmate praeclarus post extitit *Agiduulfus*,
non virtutis egens tenuit *Remigius* has res,
25 *Reccho* dehinc sedem possedit pontificalem,
cui fit successor *Uto* virtutis amator,
haic *Erlehardi* probitas non cessit honori,
illustris hoc post hos decorabat *Adalloc*,
instituit populum *Bernolf* bene providus istum,
30 alter in hoc numero fuit inde trigesimus *Uto*,
diversis opibus loca compserat ista *Ratoldus*.

Ce texte nous a été conservé en plusieurs manuscrits,

dont le meilleur et le plus ancien fut offert à la cathédrale de Strasbourg par un certain *Gundolach peccator*. Il se conserve au séminaire protestant de Strasbourg ; c'est un commentaire de s. Grégoire sur Ezéchiel ; le catalogue y a été transcrit à la fin.

Les autres manuscrits semblent dériver de celui-là. On les trouvera indiqués dans l'édition de M. Holder-Egger[1] qui donne aussi leurs variantes : elles sont dépourvues d'intérêt.

Dans ce manuscrit, on trouve[2] après le catalogue métrique, le nom *Grimoldus*, isolé, puis une série d'épitaphes en vers ou en prose, composées par l'évêque Erchenbald (965-991), pour ses prédécesseurs, depuis et y compris Ratold, et pour lui-même. On ne voit pas ce que vient faire le nom de Grimold, entre les deux séries, et plus spécialement, entre les deux mentions de Ratold. C'est peut-être l'auteur du petit poème. Quoi qu'il en soit, cette disposition du texte a influé sur les transcriptions postérieures du catalogue. Déjà dans le manuscrit de Gundolach, le texte métrique est précédé d'une simple liste de noms, prolongée jusqu'à Widerold, successeur d'Erchenbald ; on y trouve la suite *Ratoldus*, *Grimoldus*, *Ratoldus*. La même série figure dans le manuscrit d'Ellenhard, à S. Paul de Carinthie, avec une continuation jusqu'à l'année 1273[3].

Elle se rencontrait aussi dans un manuscrit de Saverne, brûlé en 1779, d'où Grandidier avait tiré les *Annales Argentinenses*[4] et qui s'arrêtait à l'évêque Gebeard (1131-1140). Mais ici l'ordre des noms est bouleversé.

De ces trois listes, la première, qui fait corps avec le catalogue métrique et ses compléments, est naturellement d'accord avec ces textes, pour ce qui regarde l'orthographe des noms propres. Voici les menues variantes :

(1) *M. G. SS.*, t. XIII, p. 321.
(2) Böhmer, *Fontes rerum Germ.*, t. III, p. 2.
(3) Böhmer, *l. c.*, p. 5; *M. G. SS.*, t. XIII, p. 322; t. XVII, p. 118.
(4) *Histoire d'Alsace*, t. II, p. 68; *M. G. SS.*, t. XVII, p. 87; t. XIII, p. 322.

13, *Landebertus*; 18, *Gundoaldus*; 25, *Remegius*; 27, 31, *Outo*; 29, *Adalloch*; 30, *Bernoldus*. Au delà du catalogue métrique, la série se poursuit ainsi :

32 Grimoldus.
　Ratoldus.
　Reginhardus.
35 Baldramnus.
　Otpertus.
　Gozfridus.
　Richwinus.
　Ruodbardus.
40 Outo.
　Erchenbaldus.
　Wideroldus.

Le titre est simplement : *Nomina Argentinensium episcoporum*. A ces noms aucun qualificatif n'est joint, sauf pour le premier : *Sanctus Amandus*.

Voici maintenant les deux autres catalogues, celui des Annales (n° 2) et celui d'Ellenhard (n° 3).

Hic INCIPIUNT OMNIA NOMINA EPISCOPORUM ARGENTINENSIUM.

2	3
S. Amandus primus episcopus.	S. Amandus primus.
S. Iustus secundus.	S. Iustus secundus episcopus.
S. Maximinus tercius,	Maximinus tercius.
et sic per ordinem usque	et sic per ordinem usque
ad finem.	ad finem.
S. Valentinus.	Valentinus.
5 S. Solarius.	5 Solarius.
Biulfus.	S. Arbogastus.
Magnus.	S. Florentius.
Garoynus.	Aansaldus.
Landebertus.	Duulfus.
10 Ruodibaldus.	10 Magnus.
Magenbertus.	Aldus.
Lobiolus.	Garoynus.
Gundoaldus.	Landebertus.
Gando.	Ruotharius.
15 Udo.	15 Ruodibaldus.
Aldus.	Magenbertus.
Ruotharius.	Lobiolus.

	8 Argobastus.	Gundoaldus.
	S. Florentius.	Gando.
	20 Ansaldus.	20 Udo.
	Vingernus.	Vingernus.
	Wandalfridus.	Wandalfridus.
	Audilolfus.	Eddo.
	Eddo.	Audilolfus.
	25 Remigius.	25 Remigius fundator ecclesie in
		Eschowe anno Domini DCCCIII,
		temporibus Karoli Magni.
	Rachio.	Rachio.
	Udo.	Udo.
	Erlehardus.	Erlehardus.
	Adallochus.	Adallochus.
	30 Bernoldus.	30 Bernoldus.
		Uto.
		Badoldus.
		Grymoldus.
	Radoldus.	Radoldus.
	Reginhardus.	35 Reginhardus.
	Waltramnus.	Waltramnus.
	Otbertus.	Orbertus.
	35 Gozfridus.	Gorfridus.
	Richwinus.	Richwinus.
	Ruthardus.	40 Ruthardus.
	Uto.	Uto.
	Erchenbaldus.	Enthenhardus. Baldus.
	40 Vinderoldus.	Vinderoldus.
	Wernharius.	Wernharius.
	Wilhelmus.	45 Wilhelmus.
	Hezil.	Hezil.
	Wernherus.	Wernherus.
	45 Theobaldus.	Theobaldus.
	Otto.	Otto.
	Baldewinus.	50 Baldewinus.
	Cuno.	Cuno.
	Bruno.	Bruno. Iste fuit circa
		annum MCXXX.
	50 Geberhardus.	Gebebhardus.

Ces deux listes sont identiques depuis Ratold et Reginhard (34, 35); dans la partie antérieure, il y a beaucoup de divergences. Que l'ordre d'Ellenhard soit le meilleur, c'est ce qui résulte de sa conformité avec le catalogue métrique et aussi des vérifications chronologiques directes, autant qu'elles sont possibles. Il y a donc lieu d'admettre que, partout où il y a désaccord, c'est que la liste des Annales est fautive. Ainsi, les n°° 6-8, Arbogast, Florentius, Ansoald sont transportés beaucoup plus loin (18-20); il en est de même d'Aldus (n° 11), de Ruotharius (n° 14). Il n'y a qu'un seul Ratold (n° 34) et Grimold fait défaut, ce qui semble justifié par ce que j'ai dit plus haut. Mais cette correction relative n'est qu'apparente; elle résulte de ce qu'une lacune s'est produite à cet endroit, emportant les noms litigieux de Grimold et de Ratold, mais avec eux celui de Uto II attesté par le catalogue métrique. Il n'y a donc pas là un trait favorable au catalogue des Annales; celui-ci doit être compté pour rien. La vérité chronologique est représentée par le catalogue métrique d'abord; puis, à partir du point où il s'arrête, par les deux catalogues n°° 1 et 3.

Le catalogue de Ratold paraît être un fort bon document. Il est vérifié presque nom par nom pour le IX° siècle et pour le VIII°. Au VII°, les évêques Ansoald et Rothaire s'y présentent dans l'ordre voulu. Pour la période antérieure, le contrôle fait à peu près défaut; cependant l'évêque Arbogast, quoi qu'il en soit de sa date, est attesté et le premier évêque, Amand, figure dans le document de 346.

Entre celui-ci et Ansoald, c'est-à-dire pour une période d'environ 250 ans, il n'y a que six noms sur la liste, ce qui est insuffisant. Il ne faut cependant pas déclarer, sans autre examen, que la liste est incomplète : l'évêché a fort bien pu disparaître quelque temps, au V° siècle, par suite des invasions. En somme, je ne me crois autorisé ni à écarter les noms marqués dans ce document, ni à en intervertir l'ordre.

1. — *Amandus.* — Un évêque gallo-romain de ce nom signa le décret d'absolution de s. Athanase; dans le faux concile de Cologne (346) il est présenté comme évêque de Strasbourg : *Amandus Argentinensium.*

---

2. — *Iustus.*

3. — *Maximinus.*

4. — *Valentinus.*

5. — *Solarius.*

6. — *Arbogastes.* — On a trouvé à Strasbourg des briques estampillées ainsi : ARBOASTIS EPS FICET (*Arboastis episcopus fecit*) (1).

7. — *Florentius.*

8. — *Ansoaldus.* — Assista, en 614, au concile de Paris : *Ex civitate Stratoburgo Ansoaldus episcopus.*

9. — *Biulfus.*

10. — *Magnus.*

11. — *Aldo.*

12. — *Garoinus.*

13. — *Landpertus.*

14. — *Rotharius.* — Le catalogue métrique le présente comme un ancien duc. Il est mentionné comme évêque dans un diplôme (2) de Childéric II (663-675) pour le monastère de Gregorienthal. La date du document doit être assez rapprochée du commencement du règne de Childéric (3).

15. — *Rodobaldus.*

16. — *Magnebertus.*

17. — *Lobiolus.*

18. — *Gundoaldus.*

19. — *Gando.*

20. — *Widegernus.* — Délivra, en 728, un privilège au monastère de Murbach (4). Mentionné dans une charte de son successeur Heddo, comme fondateur d'Ettenheim (5).

21. — *Wandalfridus* (6).

(1) Leblaut, t. I, n° 350; Kraus, n° 16.
(2) Pardessus, n° 342; Pertz, n° 26.
(3) On y nomme le duc Boniface, qui est de ce temps-là (Vita s. Germani, c. 10 (M. G. Scr. merov., t. V, p. 37). Cf. Pfister, Le duché mérovingien d'Alsace et la légende de sainte Odile, p. 13.
(4) Pardessus, n° 543.
(5) Document cité p. 172, n. 5.
(6) Dans son diplôme pour Ettenheim, après avoir rappelé la fondation du monastère par son prédécesseur Wiegerinus (Widegernus), Heddo

22. — *Heddo*. — Un des principaux disciples de s. Pirmin. C'est un des destinataires (*Addae*) de la lettre (1) par laquelle le pape Grégoire III recommanda, vers 737, s. Boniface à l'épiscopat alaman et bavarois. En 742, il assista (*Eddanus*) au premier concile réuni par Carloman ; c'est un des évêques (*Heddo Strasburgnensi*) à qui Zacharie adressa sa lettre du 1er mai 748 (2). Il semble avoir pris part à la fondation du monastère d'Altaich, en Bavière (3). On a do lui des chartes en faveur des monastères d'Arnulfsau (749) (4) et d'Ettenheim (5) (762, 13 mars). Il prit part, en 762, à l'assemblée d'Attigny. Mentionné dans les diplômes de Charlemagne, le 7 mars 773 et en décembre 775 (6).

23. — *Aglidulfus* (7).

24. — *Remigius*. — Fonda, en 778, le monastère d'Eschau (8).

25. — *Rachio*. — La date de son avénemeut (783) nous est fournie par une note d'un célèbre manuscrit de la collection *Hispana*, exécuté sous ses ordres (9).

26. — *Uto*. — Abbé d'Ettenheim en même temps qu'évêque de Strasbourg (10).

27. — *Erlehardus*.

28. — *Adalloch*. — Il obtint un diplôme de Louis le

ajoute : *et nos postea invenimus ipsum monasteriolum antecessorum nostrorum negligentia desolatum*. Ceci doit viser Wandalfrid ; le pluriel aura été employé pour ne pas le désigner d'une manière trop précise.

(1) J., 2247.
(2) J., 2287.
(3) *Hermann Contr. ad ann.*, 731. Cf. Hauck, *K. G. Deutschlands*, t. I, pp. 337, 493.
(4) Pardessus, n° 596.
(5) Migne, *P. L.*, t. XCVI, p. 1547.
(6) Böhmer-M, n°s 150, 195.
(7) Je doute que l'on soit fondé à l'identifier avec *Hslidulfus* marqué, sans aucun titre, parmi le personnel d'Ettenheim, après *domnus Eddo episcopus* dans le *liber confr. Aug.*, 188, 10.
(8) *G. C.*, t. V, p. 473 *instr.*; *M. G. SS.*, t. XV, p. 995.
(9) Maassen, *Quellen*, t. I, p. 667. Rachio fit exécuter le manuscrit dans la cinquième année de son épiscopat, l'an 19 de Charlemagne, en 788 ; ce dernier chiffre doit être diminué d'une unité, car l'an 19 de Charlemagne correspond à 787 et non à 788.
(10) *Liber confr. Aug.*, 187, 1. *Uto episcopus vel abba*.

Pieux, daté du 28 août 816 (1). Deux autres chartes du même empereur le mentionnent en 820 (2).

29. — *Bernoldus*. — Saxon d'origine, élevé à Reichenau. Comme évêque de Strasbourg, il se rencontre, en 823, dans une charte de Louis le Pieux du 12 juin (3). Le 6 juin 831, il reçut du même empereur une charte de privilège (4). C'était un homme de confiance. On lui donna (v. 825) à garder Ermold le Noir, compromis dans les affaires de Pépin d'Aquitaine ; il le traita bien et Ermold s'en souvint dans ses vers (5). Il fut aussi envoyé à Coire pour régler un litige local (6) et à Rome pour demander l'érection de Hambourg en archevêché (7). Eu 833, l'empereur Louis le chargea d'une mission auprès de ses fils révoltés (8) ; Walafrid Strabon lui composa une épitaphe (9).

30. — *Uto* (10).

31. — *Ratoldus*. — Il parait pour la première fois, en août 840, à l'assemblée d'Ingelheim ; mais il n'avait pas encore été consacré ; aussi se qualifie-t-il *presbyter*, *vocatus episcopus*. Reçut de Louis le Germanique, le 30 mars 856, un diplôme d'immunité (11). Assista, en 859 et 860, aux conciles de Savonnières et de Thusey. Mêlé, les années suivantes, à l'affaire du divorce de son souverain Lothaire II, il fut envoyé par lui, en 864, auprès du pape Nicolas ; l'année suivante, il assista à la remise de Theutberge à son mari par les mains du légat Arsène (12). Le 12 juin 873,

(1) Böhmer-M., n° 607.
(2) *Ibid.*, n°s 692, 700.
(3) *Ibid.*, n° 748.
(4) *Ibid.*, n° 861.
(5) *In laud. Pipp.*, I, 145.
(6) Charte de Louis, du 25 juillet 831 (?), Böhmer-M., 864.
(7) J., 2574.
(8) *Vita Ludovici*, 45.
(9) *Carm.* 87. Une lettre de Wolfeo, évêque de Constance, lui est adressée (Migne, *P. L.*, t. CXXIX, p. 1389 ; *M. G. Formulae*, p. 561).
(10) Le *G. C.* n'en parle pas.
(11) Böhmer-M., n° 1375.
(12) Hincmar, *Ann.*, 864, 865. Concile d'Aix-la-Chapelle de 862 (29 avril). Lettre d'excuses adressée au pape par Ratold (Baronius, ad ann., 864, 8).

Louis le Germanique lui délivra deux nouveaux diplômes (1). — Obit, le 20 novembre (2).

32. — *Reginhardus.* — Mourut au mois de mai, probablement en 888 (3).

33. — *Baltramnus.* — Siégea, en juin 888, au concile de
Mayence ; en 889, le 13 juin, Arnulf lui donna l'abbaye
d'Ebersheim (4) ; une autre charte du même prince lui fut
délivrée le 22 avril 891 (5). En 895, il assista au concile de
Tribur ; un privilège d'immunité lui fut accordé par Louis
l'Enfant, le 15 mai 904 (6). Il mourut le 12 avril 906 après
un épiscopat de dix-huit ans (7).

(1) Böhmer-M., nᵒˢ 1453, 1454.
(2) Nécrologe de Remiremont, *Neues Archiv*, t. XIX, p. 70.
(3) Parisot, *Le royaume de Lorraine*, p. 489, note 1.
(4) Böhmer-M., nᵒ 1768.
(5) *Ibid.*, nᵒ 1809.
(6) Böhmer-M., nᵒ 1966.
(7) Réginon, *Chron.*, a. 906.

CHAPITRE V

LA PROVINCE DE COLOGNE

COLOGNE

Le plus ancien texte du catalogue épiscopal de Cologne
a été copié, vers la fin du Xᵉ siècle, à la fin d'un manuscrit (1) des lettres de s. Grégoire le Grand, provenant de
l'abbaye de Werden. De première main, la série va jusqu'à l'archevêque Warin (976-984). Elle a été prolongée
plus tard, par diverses mains, jusqu'à la fin du XVIIIᵉ siècle. Depuis Kunibert, le nom de l'évêque est généralement
accompagné de celui du roi sous lequel se place son épiscopat ou, tout au moins, son avènement.

Un autre exemplaire de ce même catalogue, où la série
se prolonge, de première main, jusqu'à Herman II (1036-
1056) se conserve dans un manuscrit du Vatican (*Urbinas* 290),
qui provient du monastère de Brunwilar. De celui-ci dérive
un troisième catalogue, très arrangé, qui figure dans un recueil de documents divers formé par Thierry de Deutz, vers
1164.

Deux autres textes, où l'on ne trouve plus que les noms,
sans qualifications ni synchronismes, se rencontrent dans
le manuscrit de Gand (2) du *Liber Floridus* et en tête d'un
passionnaire de l'abbaye de Gladbach, maintenant égaré.

(1) Maintenant à Berlin, *Theol.* 322.
(2) Gandav. 16.

Dans le premier, la série s'arrêtait à Hermann II (1036-1056), dans le second, à Hermann III (1089-1099).

Je donne ici le texte du manuscrit de Werden, première main, c'est-à-dire jusqu'à Warin, avec les variantes des autres (1, 2, 4 de Holder-Egger = a, b, d), moins toutefois celui de Thierry de Tuy, que je crois pouvoir négliger.

NOMINA EPISCOPORUM COLONIENSIS ECCLESIAE.

Maternus episcopus.
S. Severinus episcopus.
Evergisilus episcopus.
Solatius episcopus.
5 Sunnovous episcopus.
Remedius episcopus.
Kuniberhtus episcopus, sub Sigiberhto rege.
Botadus episcopus.
Stephanus episcopus, sub Theoderico.
10 Aldwinus episcopus, sub Theoderico.
Giso episcopus, sub Clodoveo et Hildiberhto.
Anno episcopus, sub Dagoberhto.
Faramundus episcopus.
Agilolfus episcopus, sub Hilderico.
15 Reginfridus episcopus, sub Theoderico.
Hildiger episcopus, sub Pippino.
Berehthelmus episcopus, sub Pippino et Karolo.
Ricolfus episcopus, sub Karolo magno imperatore.
Hildibaldus episcopus, sub Karolo et Hludowico.
20 Hadebaldus episcopus, sub Hluduwico filio Karoli.
Guntharius episcopus, sub Hlotbario filio Hluduwici.
Willibertus episcopus, sub Hluduwico altero eius filio.
Eufratas hereticus, sub Arnolfo.
Herimannus episcopus, sub Arnolfo et Luduwico filio, postea sub Kuonrado.
25 Wigfridus episcopus, sub Heinrico et filio Ottone.
Bruno episcopus, sub Ottone augusto suo germano.
Folomarus episcopus, sub Ottone eodem.
Gero episcopus, sub iuniore Ottone.
Werinus episcopus, sub eodem Ottone et filio Ottone.

VARIANTES.

Hec sunt nomina b — archiepiscoporum a — sanctae Col. d — Coloniae a, Coloniensium b.
2 Sanctus *om.* a b d — 4 Solavus b, *om.* a — 7 Cunibertus a, Chunibertus b d — Sigiberto d — 8 Betadus a — 9 Thiedrico rege d —

10 Alduinus a b - sub Theoderico *om.* d — 11 Gyso a b — Clodovicho et Hildeberto d — 12 Anno *om.* a — 13 Pheremundus b — 14 Hilderico rege d — 15 Itaginfridus a — Thiedrico rege d — 16 Hildegerus a b d — 17 Berthelmus a d. Berehelinus b — 18 Ricolfus a, Richolfus b, Racholfus d — magno imp. *om.* d — 19 Hildeboldus a, Hildibaldus b — Ludowicho d — 20 Hattaboldus a, Hathebaldus b, Hathabaldus d — Ludowicho d — filio Kar. *om.* d — 21 Gontarius a d, Guntharus b — episcopus etc. *om.* d — 22 Willibertus a d, Willebertus b — Ludovicho d, *qui cetera om.* — 23 Eufratas *etc. om.* a b d — 24 Hermannus b — Sub-Kunrado] sub Zendebaldo d — 25 Wigifridas a, Wicfridus b — et filio Ottone] rege d — 26 augusto suo] ipsius d — 27 Follomarus a — eodem *om.* d — Sub Ottone secundo d — 28 Warinus a b d — eodem *om.* d — et filio Ottone *om.* d.

Il y a lieu de considérer ce catalogue comme notablement antérieur à la date où il s'arrête : la ligne *Eufratas hereticus sub Arnolfo* fournit à cet égard une indication intéressante. Elle présente un tel anachronisme que personne n'aurait eu l'idée de l'insérer telle quelle à un point quelconque de la série. Sa présence ici ne s'explique que de la façon suivante. Le catalogue étant arrêté à Willibert, quelque lecteur du faux concile de Cologne ou de la vie de s. Maximin aura écrit après le catalogue *Euphratas hereticus*. Plus tard, sans prendre soin d'effacer ces deux mots (1), on aura continué la liste des évêques. Enfin est survenu un chronologiste, qui, préoccupé de continuer les synchronismes suivant le type de la première partie de la liste, aura commencé par Hermann, qui siégea, en effet, sous Arnulf, Louis l'Enfant et Conrad, mais n'aura pas voulu laisser Euphratas sans synchronisme, et, le prenant pour le prédécesseur d'Hermann, lui aura donné, à lui aussi, Arnulf pour contemporain.

Avec cette observation concorde le fait, déjà relevé par M. Holder-Egger, que, dans le catalogue de Brunwilar, les synchronismes, jusqu'à Willibert inclusivement, reproduisent exactement ceux du manuscrit de Werden, tandis qu'aussitôt après, et cela depuis Hermann, ils offrent avec

(1) Un accident semblable est arrivé au catalogue de Strasbourg; voir ci-dessus, p. 167.

eux de notables divergences. Le compilateur de Brunwilar a trouvé une série prolongée au delà de Willibert,
mais sans synchronismes, comme je viens de l'expliquer.

Ainsi, le catalogue remonte au déclin du IX° siècle.
Avant d'être transcrit dans le manuscrit de Werden, c'est-
à-dire entre l'épiscopat de Willibert et celui de Warin, il
subit un déplacement de lignes entre Agilolf (l. 14) et Regimbert (l. 15). Ces deux évêques se sont succédé dans
l'ordre inverse; c'est Regimbert qui a siégé le premier. Et
tel est bien l'ordre dans lequel le catalogue les présentait à
l'origine, car il marque Agilolf sous Childéric III (742-752)
et Regimbert sous Thierry IV (720-737).

Sauf ce déplacement accidentel, très facile à corriger, le
catalogue est dans l'ordre chronologique. Toutefois, il est
clair que, pour la première partie, il est assez incomplet.
L'évêque Materne est du commencement du IV° siècle,
Séverin de la fin. Entre les deux se place Euphratas,
que les rédacteurs du catalogue ne paraissent avoir connu
que par les documents apocryphes de sa prétendue condamnation. Ils l'auraient admis auparavant qu'ils se seraient
empressés de l'effacer. On conçoit donc son absence. Il
n'en est pas de même pour Carentinus, contemporain de
Fortunat, omis aussi. D'ailleurs, Evergisèle seul, pour représenter à la fois le V° siècle et le VI°, c'est évidemment
trop peu. Il est bien probable que plusieurs noms manquent après Séverin.

1. — *Maternus.* — Envoyé à Rome en 313 par l'empereur
Constantin, pour juger la querelle de l'église de Carthage;
assista, l'année suivante, au concile d'Arles.

2. — *Euphratas.* — Envoyé en Orient, avec Vincent,
évêque de Capoue, à la suite du concile de Sardique, il se
trouvait à Antioche en 344, au moment des fêtes pascales
et faillit y être victime d'un abominable guet-apens organisé par le parti arianisant (1).

(1) Athanase, *Hist. avian.*, 20; Théodoret, *H. E.*, II, 6-8. — Sur la légende

3. — *Severinus.* — D'après un récit de Grégoire de
Tours (1), l'évêque de Cologne Séverin entendit les
chœurs des anges qui portaient au ciel l'âme de s. Martin.
Ceci suppose qu'il siégeait en 397 (2).

Peu après cet évêque ou même de son temps, Cologne
cessa d'appartenir à l'empire pour devenir le chef-lieu
d'un royaume franc. Il est possible que l'église ait été
désorganisée et la succession épiscopale interrompue.

4. — *Carentinus.* — N'est connu que par Fortunat (3) qui
célèbre son zèle à restaurer et à agrandir les églises. C'est
lui le fondateur de la *basilica aurea* (Saint-Géréon).

5. — *Ebergiselus.* — Un des évêques envoyés en 590 par
le roi Childebert II pour ramener l'ordre dans le monastère de Poitiers (4). C'est probablement de lui, et à cette
occasion, que Grégoire de Tours apprit diverses choses
merveilleuses sur les sanctuaires de Cologne et de Birten (5).

6. — *Solacius.* — Signa, en 614, au concile de Paris,
parmi les métropolitains (6).

7. — *Sunnoveus.*

8. — *Remedius.*

9. — *Honoberhtus.* — S. Chunibert. Signa, en 627, au
concile de Clichy, vers la fin de la liste. Il succéda à
s. Arnulf de Metz (v. 630) comme conseiller principal du
jeune roi Dagobert, qui, en 634, le nomma, avec Anse-
gisel, fils d'Arnulf, tuteur du jeune roi Sigebert III. Il fut
toujours très lié à Pépin l'Ancien et à son fils Grimoald (7).
Mentionné dans les diplômes de Sigebert III pour Cou-

de la déposition d'Euphratas et sur le faux concile de Cologne, voy. t. I°,
p. 351.

(1) *Virt. b. Martini*, I, 4.
(2) Sur la vie de s. Seurin, voy. Quentin dans les *Mélanges Couture*
p. 23 (1902), et Levison, *Die Entwicklung der Legende Severins von Köln*,
dans le *Bonner Jahrbücher*, fasc. 118, p. 34 (1909).
(3) *Carm.*, III, 14; cf. Greg. Tur., *Gl. mart.*, 61.
(4) Greg. Tur., *H. Fr.*, X, 15, 16.
(5) *Gl. mart.*, 61, 62.
(6) Omis par la plus ancienne liste.
(7) Frédégaire, IV, 58, 75, 85, 86. Les derniers événements à propos desquels il est nommé dans cette chronique sont de l'année 641.

gnon (1), Stavelot et Malmédy. C'est sous son épiscopat que fut fondée à Utrecht la première église chrétienne (2). Il est mentionné dans une charte de Bonn, du 3 septembre 643 (3).

10. — *Botadus.*

11. — *Stephanus.*

12. — *Alduinus.*

13. — *Gyso.*

14. — *Anno.*

15. — *Faramundus.*

16. — *Raginfridus.* — Après un bien long intervalle, l'évêque de Cologne reparaît dans les documents. Raginfrid assista, le 21 avril 742, au concile réuni par Carloman (4). Le siège devait être vacant au printemps de 745, alors que l'on décida, au concile national, d'installer à Cologne le siège de l'archevêché austrasien (5).

17. — *Agilolfus.* — Abbé de Stavelot. Nommé, avec le titre d'évêque de Cologne, dans l'intitulé d'une lettre du pape Zacharie, du 1ᵉʳ mai 748 (6).

18. — *Hildegarius.* — Il suivit, en 753, l'expédition de Pépin contre les Saxons; mais il fut massacré par ceux-ci, dans le *castrum quod dicitur Juberg* (7).

19. — *Berethelmus.* — Signa au diplôme de fondation du monastère de Prüm, 13 août 762 (8).

20. — *Ricvulfus.* — Mentionné dans un poème d'Alcuin (9), écrit peu après 780.

21. — *Hildibaldus.* — Le premier document qui le mentionne est une charte de Bonn, de l'an 20ᵉ de Charlema-

(1) Pardessus, nᵒˢ 309, 313.
(2) Bonif., ep. 109.
(3) *Neues Archiv*, t. XIII, p. 157, où l'on indique à tort l'année 648.
(4) *M. G. Ep.*, t. III, p. 310.
(5) J., 2274.
(6) J., 2287. Le catalogue le place avant Raginfrid.
(7) *Ann. Lauriss. maj.*
(8) Böhmer-M., nᵒ 93.
(9) IV, 18 (*M. G. Poetae Carol.*, t. I, p. 221; cf. p. 75).

gne (1); il fut question de lui au concile de Francfort, en 794, comme remplissant depuis quelque temps auprès de Charlemagne les fonctions d'archichapelain, exercées avant lui par Angilram de Metz († 791). Il était en Saxe auprès du roi lorsque le pape Léon III, chassé par les Romains, vint l'y trouver, en 799. Il fut envoyé au-devant du pape et l'accompagna, vers la fin de l'année, quand il rentra à Rome. Beaucoup d'écrits et de documents du temps (2) mentionnent ce haut personnage. Je note en particulier qu'il signa au testament de Charlemagne (811), qu'il assista, en 813, au concile de Mayence et qu'il administra, l'année suivante, les derniers sacrements à l'empereur mourant. Il conserva ses fonctions sous Louis le Pieux. Nous le voyons, en octobre 816, chargé de recevoir le pape Etienne IV à son arrivée à Reims. Il mourut le 3 septembre 818 (3).

22. — *Hadebaldus.* — Mentionné en 825 dans la liste des *missi dominici* (4); la même année, il fut mêlé à l'affaire de la translation de s. Hubert (5). Il accueillit, en 826, s. Anskar en route pour sa première mission en pays danois (6); il fut, en 829, un des présidents du concile de Mayence. Les chartes de Bonn le mentionnent de 830 à 840-841 (7). Comme il n'assista pas à l'assemblée épiscopale d'Ingelheim, 24 juin 840, on peut supposer qu'il était malade.

Après Hadebald se place une longue vacance du siège de Cologne. Lothaire le donna à un neveu de l'évêque défunt, nommé Liutbert, dont nous avons une charte du 3 janvier 842 avec le titre *electus episcopus ad Coloniae*

(1) *Neues Archiv*, t. XIII, p. 156, nᵒ 14.
(2) Chartes de Bonn, *ibid.*, nᵒˢ 32 (795), 26 (799), 30 (801), 12 (804).
(3) Simson, *Jahrb.*, t. II, p. 232.
(4) *M. G. Cap.*, II, p. 308.
(5) *Acta SS. nov.*, t. II, p. 818.
(6) *Vita Ansharii*, c. 8.
(7) *Neues Archiv*, t. XIII, pp. 155 et suiv., nᵒˢ 24 (sans date), 33 (830), 27 (832), 23 (840-841). Cette dernière est de l'an I de Lothaire, lequel commence au 20 juin 840.

urbis sedem (1). La même année, un annaliste de Cologne enregistre un autre évêque : *Hilduinus accepit episcopatum Coloniae* (2). Celui-ci est mentionné comme archevêque dans plusieurs chartes, de 843 et de 848 (3), on lui donne aussi le titre d'archichapelain et de notaire du palais. Comme les archevêques ses prédécesseurs sur le siège de Cologne, il était en même temps prévôt du chapitre de Bonn. Cependant les deux chartes pour Saint-Denis (4) le qualifient avec plus de précision *electus archiepiscopus*, ce qui suppose que sa consécration épiscopale n'avait pas eu lieu (5).

Cette situation s'explique par les discordes du temps. M. Parisot (6) conjecture avec raison que Liutbert, d'abord désigné pour succéder à son oncle, aura déplu à Lothaire, peut-être en se compromettant avec Louis le Germanique, lorsque celui-ci vint, en 842, passer les fêtes de Pâques auprès de Cologne. Si son ordination avait été différée jusque là, c'est que, ses suffragants de la rive droite se trouvant tous sous l'influence de Louis le Germanique, ceux de la rive gauche, Liège et Utrecht, n'étaient pas en nombre. D'autre part, Liutbert maintenant ses prétentions après la désignation de Hilduin (7), Lothaire aura jugé prudent de différer l'ordination de celui-ci. En 849, Liutbert fut pourvu par Louis le Germanique de l'évêché de Münster. Hilduin renonça apparemment aussi à l'archevêché de Cologne, qui fut donné à son neveu Gunther.

(1) *Neues Archiv, loc. cit.*, nᵒ 16.
(2) M. G. SS., t. I, p. 97.
(3) Böhmer-M., nᵒˢ 1075 (21 oct. 843); 1098 (3 janv. 848); *Neues Archiv*, (15 mai 848).
(4) Böhmer-M., nᵒˢ 1075 et 1098.
(5) Cet Hilduin est identifié par M. F. Lot (*Le Moyen âge*, 1903, pp. 266 et suiv.; cf. 1904, p. 338) avec le célèbre abbé de Saint-Denis.
(6) *Le royaume de Lorraine*, pp. 74ᵗ et suiv.
(7) Hilduin, abbé de Saint-Denis, ayant pris le parti de Lothaire contre Charles le Chauve, ne put conserver son abbaye après la bataille de Fontanet ; il était naturel qu'il passât chez Lothaire et qu'il y fût avantagé.

23. — *Guntherus*. — Consacré le 20 avril 850 (1). Il est mentionné dans deux chartes de Bonn, du 1ᵉʳ juillet 854 (2). Il s'opposa à la fondation de l'archevêché de Brême (3). Il assista en 859 au concile de Savonnières ; après quoi il s'engagea dans l'affaire du divorce de Lothaire II, où il joua un rôle célèbre. Frappé, en octobre 863, d'une sentence de déposition, il n'en tint aucun compte et, le jeudi-saint de l'année suivante, il officia dans sa cathédrale. A la suite de cette manifestation, Lothaire II donna l'administration de l'évêché (4) à Hugues l'Abbé, son cousin, puis, en 866, à Hilduin, frère de Gunther, sans renoncer à rétablir celui-ci, qui reste conservait à Cologne la réalité du pouvoir épiscopal (5). Gunther fut admis à la communion laïque par le pape Adrien II, au Mont Cassin, le 1ᵉʳ juillet 869.

24. — *Willibertus*. — La mort de Lothaire II (8 août 869) enleva à Gunther toute chance d'être rétabli. Charles le Chauve envahit la Lorraine, qu'il dut bientôt partager avec Louis le Germanique. Avant le traité de Mersen, qui attribua Cologne à ce dernier prince, les deux prétendants nommèrent chacun un titulaire de ce siège important. Hilduin (6), candidat de Charles le Chauve, fut choisi à Aix-la-Chapelle dans les premiers jours de 870. En même temps Louis le Germanique faisait élire et consacrer à Deutz, puis introniser à Cologne, un prêtre de cette église, appelé Willibert.

Ce choix ne fut pas approuvé à Rome, où l'on soutenait les

(1) M. G. SS., t. I, p. 97.
(2) L. c., nᵒˢ 15 et 29.
(3) *Vita Anskarii*, c. 23; *Ann. Fuld.*, 857.
(4) L'administration de l'évêché ; il n'est nullement dit, dans le texte d'Hincmar, que les fonctions liturgiques, interdites à Gunther, aient été confiées à Hilduin, et, par suite, on ne saurait déduire de là que Hilduin ait été dès lors revêtu du sacerdoce ou du caractère épiscopal.
(5) Hincm., *Ann.*, 866; cf. Böhmer-M., nᵒ 1273.
(6) Cet Hilduin n'était pas encore prêtre au moment où Charles le Chauve le choisit (Réginon, a. 869). Cette circonstance n'empêche nullement de l'identifier avec celui dont il a été question ci-dessus ; voy. la note 4.

droits d'un autre prétendant politique, l'empereur Louis II (1).
Aussi le pallium ne fut accordé que tardivement (2), en
874 seulement, et cela malgré les instances de Gunther
lui-même (3). Willibert présida en 870 et 873, des assemblées
épiscopales à Cologne. Les chartes de Bonn le mentionnent
en 875, 876, 885 (4). En 876 Louis le Germanique l'envoya
au concile de Ponthion, en ambassade auprès de Charles le
Chauve ; il s'y présenta le 4 juillet. Trois mois après, il se
rencontrait de nouveau avec ce prince, à Cologne même,
peu de jours avant la bataille d'Andernach. Il fut invité, en
878, au concile de Troyes (5), mais il n'y assista pas. En 885
on le trouve en Batavie, mêlé au guet-apens dans lequel
périt le chef normand Godfrid (6). Eu 887 (1er octobre) il
présida le concile en concile provincial ; en juin 888 il assista à celui de Mayence, en 889 (6 juillet) à l'assemblée de
Francfort. Il mourut le 11 septembre de cette année.

25. — *Herimannus*. — Il reçut le pallium en mai 890 (7).
Ce même mois il assistait à l'assemblée de Forchheim. Il
est souvent mentionné dans les documents du temps,
jusqu'à sa mort, qui arriva le 11 avril 924 (8).

TONGRES (MAESTRICHT, LIÈGE)

Hériger (9), moine de Lobbes, rédigea, vers l'an 980, les

(1) On devait aussi tenir compte de l'opposition de Charles le Chauve
(Delalande, *Conc. Gallia*, Suppl., p. 768) et aussi de ce fait que Gunther
avait reçu du pape Hadrien la promesse que son affaire serait examinée
à nouveau.
(2) J., 2930, 2937, 2965, 2968.
(3) Lettre de Gunther au pape Hadrien II. Floss, *Papstwahlen*, p. 69.
(4) *Neues Archiv*, l. c., nos 4, 7, 3.
(5) J., 3174.
(6) Réginon, *Chron*.
(7) J., 3457.
(8) Parisot, *Le royaume de Lorraine*, p. 666.
(9) Hériger, éd. R. Kœpke, dans le t. VII des *M. G.*, p. 161 ; cf. Migne,
P. L., t. CXXXIX, p. 999 ; Anselme, *M. G.*, t. c., p. 228 ; Migne, l. c., p. 1067.
Sur ces auteurs, voy. Balau, *Étude critique sur les sources de l'histoire
du pays de Liège*, t. LXI (1903) des *Mémoires des savants étrangers publiés
par l'Acad. royale de Belgique*, pp. 123, 162.

Gestes des évêques du diocèse dont Liège était dès lors le
chef-lieu, depuis les premières origines jusqu'à s. Remacle
inclusivement, c'est-à-dire jusqu'à une date un peu postérieure au milieu du VIIe siècle. Son œuvre fut reprise vers
1053 par Anselme, doyen de Saint-Hubert, et conduite jusqu'à la fin de l'épiscopat de Wazon. D'autres remaniements et continuations (1) se produisirent par la suite, mais
nous n'avons pas à nous en occuper ici.

Ni Hériger, ni Anselme n'ont eu grand souci de la pro-
portion. Ils ont tellement développé, l'un la vie de s. Remacle, l'autre celle de Wazon, que les prédécesseurs ne
semblent figurer que comme comparses, dans une sorte
d'introduction chronologique. Hériger, qui n'avait pas
grand'chose à dire sur les évêques antérieurs à s. Remacle,
s'est rattrapé sur l'histoire générale, familière à son
érudition, car il était fort instruit. Quant aux traditions locales, il disposait des légendes de s. Materne et de s. Servais, des vies de s. Amand et de s. Remacle, de quelques
renseignements sur les sépultures et les principales églises,
enfin d'un catalogue épiscopal.

Ce catalogue présentait, avant s. Remacle, une série de
26 noms, sur lesquels 17 n'avaient, pour notre historiogra-
phe, aucune autre attestation. Nous ne sommes pas beaucoup plus avancés que lui, si ce n'est que nous percevons
certaines raisons de mettre en doute l'existence de quelques-uns de ces personnages inconnus.

1°. *Maternus*, par lequel s'ouvre le catalogue, est présenté
par la légende, la seule expression connue de la tradition,
comme identique au troisième évêque de Trèves, et comme
ayant exercé le ministère apostolique dans la région, encore
indivise, de Trèves, Cologne et Tongres. On a vu plus
haut que cette indivision est vraisemblable en elle-même et
que son point d'attache chronologique est fourni par l'his-

(1) Le premier ouvrage à citer, en ce genre, est celui de Gilles d'Orval
(1247-51), *Gesta episcoporum Leodiensium*, publié dans le t. XXV des
M. G. SS.

toire de Materne lui-même, lequel portait, en 313 et 314, le titre d'évêque de Cologne, cette cité ayant déjà un évêque distinct de celui de Trèves. Dès lors, Materne, évêque spécial de Tongres ou évêque de Cologne et de Tongres, est un contemporain de Constantin. Comme, d'autre part, s. Servais était déjà en fonctions en 346, il faudrait, si le catalogue était sûr, admettre entre les deux, c'est-à-dire dans un intervalle de trente-deux ans au plus, une succession de huit épiscopats. C'est une bien grosse invraisemblance.

2°. Grégoire de Tours (1) a bien l'air de présenter s. Monulfe comme le premier évêque qui se soit installé à Maestricht. Il devrait donc être antérieur à Domitien, lequel, en 535, se qualifie d'évêque *ecclesiae Tungrorum quod et Traiecto*. Cette qualification suppose que Maestricht était déjà, en 535, résidence épiscopale. Or, le catalogue place Monulfe après Domitien. Deux rangs avant celui-ci, il marque un *Falco*, inconnu de lui, mais que nous pouvons identifier et qu'il faut, selon toute apparence, placer, lui aussi, après Monulfe.

3°. Au concile de Paris, en 614, nous trouvons un évêque de Maestricht appelé *Bettulfus*. Ce nom ne figure pas au catalogue.

Il y a donc lieu de se défier de ce document, pour la partie ancienne et invérifiable (2).

A partir de s. Amand, et même de son prédécesseur Jean l'Agneau, la vérification devient possible : elle témoigne en faveur de la liste.

En dehors de la chronique épiscopale d'Hériger et d'Anselme, la liste liégeoise s'est conservée en deux manus-

(1) *Gl. conf.*, 72.
(2) M. l'abbé Balau, *l. c.*, pp. 17, 18, est d'avis que les n°ˢ 5, 7, 8, 15, sont ceux de s. Séverin de Cologne, s. Martin de Tours, s. Maximin de Trèves et s. Sulpice de Bourges; le n° 14, *Resignatus*, serait identique à *Designatus*, qui le précède immédiatement (voy. cependant la variante *Renatus*); enfin le n° 19 serait identique à s. Eucher d'Orléans (voy. t. II, p. 458), contemporain de Charles-Martel.

crits, le n° 166 de la bibliothèque de Valenciennes (XI° siècle), et le n° 4208 de la bibliothèque nationale, fonds latin. Dans celui-ci, il avait été copié d'abord sur le f° 56 r°, puis sur le v° du même feuillet. Il a été effacé sur le r°, dont l'écriture est ainsi en grande partie illisible. Le manuscrit de Valenciennes s'arrête à Reinard (1025-1038); il nous représente donc la tradition du catalogue à une date intermédiaire entre Hériger et Anselme; l'autre a, de première main, Theodwin (1048-1075), successeur de Wazon.

NOMINA EPISCOPORUM TUNGRENSIS, TRAIECTENSIS ET LEODICENSIS ECCLESIAE.

Maternus.	Landbertus.
Navitus.	30 Hugbertus.
Marcellus.	Florebertus.
Metropolus.	Fulcaricus.
5 Severinus.	Agilfridus.
Florentinus.	Gerbaldus.
Martinus.	35 Waltcaudus.
Maximinus.	Erardus.
Valentinus.	Hartgarius.
10 Servatius.	Franco.
Agricolus.	Stephanus.
Uralanus.	40 Richarius.
Designatus.	Hugo.
Renatus.	Favebertus.
15 Sulpicius.	Ratherius interpositus.
Quirillus.	Baldricus.
Eucherius.	45 Evracrus.
Falco.	Notgerus.
Eucharius.	Baldricus.
20 Domitianus.	Walbodo.
Monulfus.	Durandus.
Gundulfus.	50 Rainardus.
Perpetuus.	Nithardus.
Evergisus.	Wazo.
25 Iohannes.	Theodewinus.
Amandus.	*Heinricus.*
Remaclus.	55 *Otbertus.*
Theodardus.	

VARIANTES.

Sigles : H = Hériger, A = Anselme, V = ms. de Valenciennes, P = ms. de Paris, v° ; P¹ = r° du même, quand la lecture est possible.

Titre commun à V et à P; Episcopi Leodicenses P* — 6 Florentius P — 12 Ursinus V — 14 Benatus P* — 17 Eucherus H, Edivius P — 19 Eugarius V — 24 Ebergisus H, Ebregisus P — 26 sanctus om. P — 29 Lantbertus P, Lambertus P* A — 30 Hubertus P, Hupertus A — 31 om. P — 32 Fulgarieus A, Falcrious P, Fulcharius P* — 33 Egilfridus P — 35 Walcandus A, Walcoidus P — 36 Eirardus A, Herardus P — 37 Barcarius A, Hartharius P — 40 Ritharius P* — 41 Hogo V 42 Farabertus A, Pharabertus P — 43 interpositus om. P — 45 Ereracrus A — 46 Nokerus A, Nogerus P* — 48 Walpodo A, Wolbodo P — 50 Reginhardus A, Reinardus P.

A la fin de la translation de s. Servais, Jocundus (v. 1080) ajouta un catalogue épiscopal en vers d'abord, en prose ensuite, jusqu'à s. Hubert seulement. Ce sont les mêmes noms que ci-dessus, nᵒˢ 1-30. Cependant il a cru devoir insérer, avant s. Lambert, *Faremundus*, évêque intrus, qui occupa le siège pendant l'exil de Lambert. Le nom de l'évêque *Renatus* (nᵒ 14) est déformé en *Resignatus*. Jocundus divise sa liste en deux parties, suivant que les évêques ont siégé à Tongres ou à Maestricht. Selon lui, c'est s. Servais qui aurait opéré le changement : aussi le place-t-il dans les deux séries.

1. — *Servatius*. — Adhéra, vers 346, aux décisions du concile de Sardique en faveur de s. Athanase. En 350, il fut député par l'usurpateur Magnence avec un autre évêque appelé Maxime et deux fonctionnaires, à Constance, empereur d'Orient, et passa par Alexandrie, où il vit Athanase (1). En 359 il assista au concile de Rimini, où, après avoir été un des chefs de la résistance aux volontés de la cour, il finit, comme les autres, par se laisser duper (2). — Il était enterré près du pont de Maestricht. Grégoire de Tours, qui l'appelle *Aravatius*, le fait mourir peu avant l'invasion hunnique (3), et raconte à son sujet une légende

(1) Athanase, *Apol. ad Constantium*, 9; cf. *Apol. contra Arianos*, 50. Dans ces deux ouvrages, s. Athanase écrit son nom Σερβάτιος.
(2) Sulpice Sévère, *Chron.*, II, 44: ici le nom est écrit *sarvatio*.
(3) *H. Fr.*, II, 5; *Gl. conf.*, 71 s. Sur l'identité, à mon avis, incontestable,

inadmissible. Les biographies postérieures sont encore plus invraisemblables. Toutefois l'une d'elles paraît bien avoir conservé quelques vers de l'épitaphe gravée au temps de Monulfe sur le tombeau du saint (1).

2. — *Monulfus*. — Grégoire de Tours (2) rapporte qu'il construisit à Maestricht la basilique Saint-Servais. Les termes par lesquels il introduisit cette histoire semblent indiquer que Monulfe a été le premier évêque en résidence à Maestricht : *Procedente tempore adveniens in hac urbe Monulfus episcopus...*

3. — *Falco*. — Destinataire d'une lettre très vive de s. Remi de Reims (3), qui lui reprocha d'avoir inauguré son épiscopat en s'annexant la paroisse de Mouzon (*Mosomagensis ecclesia*). S. Remi n'indique pas le siège de Falco, mais ce ne peut être que Tongres-Maestricht. Je serais porté à croire que cette lettre est peu postérieure à la mort de Clovis (511). Ces usurpations se produisaient souvent lors des partages politiques, qui ne tenaient pas toujours compte de la délimitation des anciennes cités. Tongres était échue à Clotaire (4), Reims à Thierry; de là peut-être le conflit.

4. — *Domitianus*. — Siégea, en 535, au concile d'Auvergne comme *episcopus ecclesiae Tongrorum quod et Traiecto*. Hériger dit qu'il fut enterré à Huy.

5. — *Bettulfus*. — Signa au concile de Paris, en 614 : *Ex civitate Treiecto Bettulfus episcopus*. Le catalogue ne le mentionne pas (5).

de Servatius et d'Aravatius, voy. G. Kurth dans les *Anal. Boll.*, t. XVI (1897), p. 164.
(1) *Anal. Boll.*, t. I (1882), pp. 86, 99, 100; G. Kurth, *Nouvelles recherches sur s. Servais*, pp. 7 et suiv.
(2) *Gl. conf.*, 71 s. Leblant, nᵒ 335, a publié une inscription mentionnant ses reliques : † *Hye sunt pignora de coberturio domno Monulfo Treiectinae epo.*
(3) *M. G. Ep.*, t. III, p. 113.
(4) Cf. Longnon, *Géogr.*, pp. 101 et suiv., 387, 390.
(5) Entre Monulfe (21) et Jean (25), les catalogues marquent trois évêques, *Gundulfus*, *Perpetuus* et *Ebergisus*, dont Hériger indique les tombeaux

6. — *Iohannes.* — Sur celui-ci, Hériger peut dire quelque chose, en se fondant sur la tradition orale. C'était un
homme simple, appelé *Agnus*, qui s'occupait d'agriculture à
Tyhange, près de Huy, lorsqu'il fut élu évêque dans des
circonstances merveilleuses, au temps des rois Clotaire II
et Dagobert (623-629). Il compta s. Monon parmi ses disciples et fut enterré à Saint-Côme de Huy. Cette chronologie
n'a rien d'invraisemblable.

7. — *Amandus.* — Au cours de sa vie de missionnaire,
s. Amand occupa pendant trois ans (647-649) le siège de
Maestricht (1). Vers la fin de l'année 649, le pape Martin,
dans une lettre qu'il lui écrivait, combattait ses projets de
démission. Les exhortations des supérieurs ecclésiastiques
ont généralement peu d'influence sur de telles décisions.
C'est probablement alors que s. Amand aura quitté l'évêché
de Maestricht. Il mourut beaucoup plus tard, dans son monastère d'Elnone (Saint-Amand). Fête, le 6 février (2).

8. — *Remaclus (Rimagilus).* — Le fondateur des monastères jumeaux de Malmédy et de Stavelot, dans les Ar-
dennes. Il porte dans les chartes (3) relatives à ces établissements le titre *d'episcopus abba*; il avait donc reçu la
consécration épiscopale. Divers documents hagiographi-

respectivement à Saint-Servais de Maestricht, à Dinant et à Termogne
(*Trutmonia*, près de *Waremme*). Ces personnages ont sûrement existé;
mais est-il bien sûr qu'ils aient été évêques de Maestricht? Les gens de
Cologne, au X⁰ siècle, identifiaient l'*Ebergisus* de Termogne avec leur
évêque Ebrégésile, contemporain de Grégoire de Tours; si bien que l'archevêque Brunon le fit transporter, en 959, dans sa ville épiscopale.
Aucune objection de cette nature ne peut être soulevée contre la qualité
d'évêque de Maestricht attribuée à Gundulfe et à Perpetuus. Mais, comme
le catalogue n'est pas encore assez sûr à cet endroit pour qu'on puisse leur
assigner, avec quelque confiance, un rang déterminé, j'ai préféré les laisser
en dehors de la série.

(1) *Vita Amandi*, c. 18; J., 2059. Sur la vie de s. Amand, voy. Krusch,
M. G. Script. merov., t. V, pp. 402 et suiv.

(2) Ms. de Berne du martyrologe hiéronymien.

(3) Pardessus, n°⁰ 313, 316, 319, 357, 359 (Pertz, n°⁰ 22, 23, 27, 29), qui
s'échelonnent depuis 650 environ jusqu'à 670. Sur Remaclus, voy. sa vie
publiée dans le t. V des *M. G. Script. merov.* et la dissertation préliminaire
de Krusch, pp. 88 et suiv.

ques (1) du VIII⁰ siècle (fin) et du IX⁰ siècle, le présentent
comme ayant été évêque de Tongres. C'est aussi le système
du catalogue. La dernière charte où s. Remacle est nommé
(669 ou 670), mentionne aussi l'évêque de Maestricht
Théodard, que le catalogue place après lui. Cependant il
est possible que saint Remacle, comme saint Amand, ait
été quelque temps chargé d'administrer l'évêché voisin de
ses monastères.

9. — *Theodardus.* — Mentionné dans une charte de
Childéric II pour Stavelot et Malmédy, du 6 septembre 669
ou 670 (2). Il fut assassiné en Alsace, comme il se rendait
à la résidence royale. — Fête, le 10 septembre.

10. — *Lambertus.* — Issu d'une noble famille indigène,
il fut élevé au siège de Maestricht dans les dernières années
de Childéric II. Après la mort de ce prince (675) il figura
parmi les victimes d'Ebroïn et fut obligé de se retirer à
l'abbaye de Stavelot, où il passa sept ans. L'évêché de
Maestricht était alors gouverné par un prélat appelé Fara-
mond. Il fut chassé, sans doute sous l'influence de Pépin
d'Héristal : Lambert reprit son siège et se distingua par ses
travaux apostoliques dans la Toxandrie encore païenne. Il
fut assassiné à Liège par Dodo, *domesticus* de Pépin d'Héristal, lequel se vengea sur l'évêque du meurtre de deux de
ses parents, oppresseurs de l'église de Liège, massacrés
par les amis de Lambert (3). On ne sait au juste en quelle
année se passa cette tragédie (4).

(1) *Vita Trudonis* (784-791); *Vita Remacli* (IX⁰ s.), *M. G. Scr. merov.*, t. V,
p. 105.

(2) Pardessus, n° 359.

(3) C'est la version du biographe, lequel est digne de créance. Plus tard
on fit remonter la responsabilité du crime jusqu'à Pépin lui-même, irrité
des reproches que lui aurait fait Lambert, à propos de ses relations avec
Alpaïde. Il est possible que Lambert ait blâmé ce commerce illicite, mais
en ce qui regarde les circonstances et les causes de sa mort il n'y a pas
lieu de préférer le témoignage tardif d'Adon.

(4) Théodard, prédécesseur de Lambert, ne peut guère être mort avant
l'année 671 (10 sept.). Son successeur Hubert était en fonctions dès l'année 705 (13 mai). Le biographe de celui-ci attribue à s. Lambert 40 ans
d'épiscopat, ce qui est impossible. Il n'y a pas d'autres éléments, sauf les

11. — *Chuchobertus.* — Saint Hubert. On trouve sa signature au bas de deux diplômes de Pépin d'Héristal pour Echternach (1) du 13 mai 706. La 13ᵉ année de son épiscopat il transporta de Maestricht à Liège le corps de s. Lambert, son prédécesseur. Il mourut le 30 mai 727 (2). Sa vie a été écrite par un de ses clercs (3).

12. — *Florebertus.* — Anselme l'identifie, sans doute avec raison, avec le *Florebertus* marqué dans la vie de s. Hubert, comme étant son fils. Il ne savait pas plus que nous si la parenté était spirituelle ou naturelle. Il sait de plus qu'il reposait dans le même tombeau que Pierre et Audolecus, massacrés avec s. Lambert. Une « élévation » de reliques, présidée par lui est mentionnée au 1ᵉʳ décembre 735 dans les annales de Saint-Bavon (4).

13. — *Fulcricus.* — Son avénement est marqué dans les Annales de Lobbes (5) à l'année 737-8 et sa mort à l'année 769. L'un des destinataires d'une lettre (6) du pape Zacharie, datée du 1ᵉʳ mai 748. Il signa, en 757, au privilège pour Gorze, en 762 à la convention d'Attigny, et, le 13 août de cette année, à la charte de fondation de Prüm (7).

14. — *Agilfridus.* — Siégea de 769 à 787 (8).

15. — *Gerbaldus.* — Siégea de 787 à 810. Obiit, le 18 octobre, suivant Gilles d'Orval (9).

16. — *Waltcaudus.* — Siégea de 810 à 831. — Il signa, en 811, au testament de Charlemagne. En septembre 825

Annales Leodienses (M. G. SS, t. IV, p. 12), du XIᵉ siècle, où l'année 701 est expressément indiquée. Cf. *Acta SS. nov.*, t. I, pp. 707 et suiv.
(1) Böhmer-M., nᵒˢ 14, 15; Pardessus, nᵒˢ 467, 468.
(2) *Acta SS. nov.*, t. I, p. 771.
(3) *Ibid.*, p. 798.
(4) *M. G. Script.*, t. II, p. 187.
(5) M. G. SS, t. XIII, pp. 227, 228.
(6) J., 2287.
(7) Böhmer-M., nᵒ 93.
(8) *Ann. Lobb.*
(9) *M. G. SS*, t. XXV, p. 47. Les vers que Gilles donne ensuite :
    Catholico more Gerbaldus functus honore
    Ecclesia multa bona contulit, intus et extra,
semblent être d'une date bien postérieure.

il présida à la translation de s. Hubert, de Liège à Andagne (1). Jonas d'Orléans lui dédia sa vie de s. Hubert (2). Il assista, en 829, au concile de Mayence (*Waldgoz*). Mentionné dans une charte de Louis le Pieux du 19 avril 831 (3).

17. — *Erardus (Pirardus).* — Siégea de 831 à 842, d'après les Annales de Lobbes; mais cette dernière date est fautive; Gilles d'Orval donne l'année 840, qui concorde mieux avec la chronologie du successeur. On le trouve, en 835 au concile de Thionville. En 838, il signa un diplôme d'Aldric, évêque du Mans (4).

18. — *Hartgarius.* — Ancien abbé de Stavelot. Il assista, en août 840, à l'assemblée d'Ingelheim. Il est fort célébré dans les poésies de Sedulius Scottus, qui lui attribue une victoire sur les Normands. Il mourut le 30 juillet, probablement en 855 (5).

19. — *Franco.* — Mentionné pour la première fois en 859, dans les documents du concile de Savonnières et depuis dans beaucoup d'autres jusqu'à l'année 898, 8 octobre, où il lui fut délivré un diplôme par le roi Zwentibold. Il est célèbre par ses luttes contre les Normands. D'après les annales locales il aurait vécu jusqu'en 901; anniversaire, le 9 janvier (6).

UTRECHT

En fait de catalogues des évêques d'Utrecht, nous n'avons que des textes de basse époque. Le plus ancien, publié par M. Holder-Egger (7), provient d'un cartulaire d'Utrecht,

---

(1) *Acta SS. nov.*, t. I, p. 818. *Collection de chroniques belges*, t. VII, pp. 236 et suiv.
(2) *M. G. Ep.*, t. V, p. 347.
(3) Böhmer-M., nᵒ 859.
(4) *Gesta Aldrici*, éd. Charles et Froger, p. 154.
(5) C'est ce qui résulte du comput de Gilles d'Orval, ann. XV et du point de départ 840. Les Annales de Lobbes marquent l'avénement de Hartgar à 842, en quoi elles sont contredites par le fait qu'il assista à la réunion d'Ingelheim.
(6) Parisot, *Le royaume de Lorraine*, p. 564, note 6.
(7) *M. G. Scr.*, t. XIII, p. 295.

actuellement conservé aux archives de Hanovre (1) : je le reproduis, d'après M. Holder-Egger, tel qu'il fut écrit de première main, en négligeant les retouches et continuations.

S. Willibrordus episcopus.	25 Andreas episcopus.
S. Bonifatius episcopus.	Herbertus episcopus.
S. Gregorius episcopus.	Hermannus episcopus.
Albricus episcopus.	Godefridus episcopus.
5 Thiaterdus episcopus.	Baldwinus episcopus.
Ermackrus episcopus.	30 Arnoldus episcopus.
Ryxfridus episcopus.	Theodericus episcopus.
S. Fredericus episcopus.	Goeswinus episcopus.
Albricus episcopus.	Theodericus episcopus.
10 Lutgerus episcopus.	Otto de Gelre electus.
Hungerus episcopus.	35 Otto de Lippa episcopus.
Odelbaldus episcopus.	Wilbrandus episcopus.
Eylbondus episcopus.	Otto de Hollandia episcopus.
S. Radbodus episcopus.	Henricus de Vianna episcopus.
15 Baldricus episcopus.	Iohannes de Nassouwen electus.
Volcmarus episcopus.	40 Iohannes de Ziric episcopus.
Baldwinus episcopus.	Wilhelmus de Machlinia episcopus.
S. Ansfridus episcopus.	
Adelboldus episcopus.	Guido de Hannonia episcopus.
20 Bernoldus episcopus.	Fredericus de Ziric episcopus.
Wilhelmus episcopus.	Iacobus de Otshorne electus.
Conradus episcopus.	45 Iohannes de Diest episcopus.
Burgardus episcopus.	Nicolaus Capotis de Roma electus.
Godeboldus episcopus.	Iohannes de Arkel episcopus.

Le dernier évêque, Jean de Arkel, siégea de 1341 à 1364. Suidbert, l'un des compagnons de s. Willibrord, fut choisi par eux pour exercer les fonctions épiscopales dans la mission frisonne et consacré en Angleterre par s. Wilfrid d'York, vers la fin de 692 ou le commencement de l'année suivante. De retour en Frise, il n'y fit qu'un court séjour et s'en alla évangéliser les Saxons. Il mourut en 713. Il n'est guère possible de le considérer comme un évêque d'Utrecht.

(1) Cap. XII, 90, f° 1 v°.

---

1. — *Willibrordus.* — Consacré le 21 novembre 695, dans l'église Sainte-Cécile, à Rome, par le pape Serge Ier (1), sous le nom de Clément. Ses travaux apostoliques nous sont connus par Bède et par Alcuin, son biographe. Dans l'intention de Pépin d'Héristal, son protecteur, il devait être archevêque de Frise et l'on songeait sans doute à lui donner, un jour venant, des suffragants (2). En attendant, son siège fut installé à Utrecht, où il fonda une église dédiée au Sauveur et releva, sous le vocable de s. Martin, l'église (3) construite au temps de l'archevêque Cunibert de Cologne. Mais Utrecht, située sur la frontière des Frisons indépendants, n'était pas un lieu très sûr. Willibrord fonda, dans le diocèse de Trèves, le monastère d'Echternach, où il résida le plus souvent, et où il mourut le 7 novembre 739.

Le siège d'Utrecht demeura vacant jusqu'à la mort de Charles Martel (741). Alors son fils Carloman chargea s. Boniface d'y installer un évêque, ce qu'il fit. C'était probablement un chorévêque, peut-être Eoban (4). Tant que vécut Boniface, la situation demeura peu claire. L'évêque de Cologne réclamait Utrecht en se fondant sur la donation de Dagobert; Boniface y était l'autorité supérieure, en vertu de ses pouvoirs de légat et de la commission spéciale de

(1) L. P., t. I, pp. 376, 382 ; Bède, *Chron.*, a. 698; *Hist. Eccl.*, V, 11. Boniface, ep. 109 (Dümmler).

(2) Le célèbre ms. de Tite-Live que possède la Bibliothèque de Vienne (*Vindob. lat.*, 15) porte un nom de propriétaire : ISTE CODEX EST THEUTBERTI EPI DORDSTAT, qui a donné lieu à beaucoup de conjectures. Dorostat (Wijk bij Duurstede, sur le Lech, au S.-E. d'Utrecht) a sûrement fait partie, dès les premiers temps, du ressort épiscopal d'Utrecht. Il est difficile d'identifier ce Theutbert avec le Thiatard du catalogue. Le mieux est d'adopter le système proposé par M. Levison (*Neues Archiv*, t. XXXIII, p. 516) et de considérer Theutbert comme un évêque suffragant institué par s. Willibrord, et Dorostat comme un siège éphémère dont les difficultés du temps ne permirent pas le maintien.

(3) Ce fut plus tard la cathédrale d'Utrecht; actuellement c'est la principale église calviniste de cette ville.

(4) Willibald, vie de s. Boniface, c. 8 : *Quem* (Eoban) *ad subveniendum suae senilis aetatis debilitati Fresonis infuncto sibi episcopo in urbe quae vocatur Trehet subrogavit.* Ce texte n'indique pas s'il s'agit d'un temps antérieur à l'année 754.

Carloman; il y avait encore le chorévêque, enfin les moines de Saint-Martin avec leur abbé Grégoire. Le 5 juin 755, Boniface et Eoban furent massacrés près d'Utrecht. Grégoire prit la direction de la mission (1) et la garda jusqu'à sa mort (25 août 780) (2).

2. — *Albericus*. — Neveu de Grégoire; celui-ci ayant été frappé de paralysie quelques années avant sa mort, Albéric lui succéda à la tête du monastère et reçut, en cette qualité, un diplôme de Charlemagne (3). Les biographes de s. Grégoire, de s. Liudger et de s. Willehad le mentionnent quelquefois. Il mourut en 784 (4).

3. — *Thiaterdus*.

4. — *Hermackrus*. — Ces deux noms ne sont connus que par le catalogue (5).

5. — *Hrikfredus*. — Reçut de Louis le Pieux une charte de privilège, datée du 18 mars 815 (6).

6. — *Fredericus*. — Assista, en 829, au concile de Mayence (7). Mentionné dans une charte du 26 décembre 833 (8), et dans la vie de s. Odulf (9). Suivant sa légende, il serait mort assassiné. Fête le 18 juillet.

7. — *Albricus*. — Reçut, le 23 mars 838, une charte du comte Roger (10).

(1) Il est qualifié d'évêque dans un diplôme de Charlemagne (Böhmer-M., nº 179, du 1ᵉʳ mars 769). Cependant son biographe nous assure qu'il refusa toujours l'ordination épiscopale.
(2) L'année n'est pas tout à fait sûre; cf. Hauck, t. II, p. 345, note 1.
(3) Böhmer-M., 206 [211], du 10 juin 777.
(4) Ann. Lauresh.
(5) On identifie souvent le premier avec le *Thiatbertus* du manuscrit de Tite-Live; cf. p. 195, note 2. Le P. van Hoof a pourtant relevé la différence des noms et le fait que Dorostat n'est pas identique à Utrecht. Cf. le Thiatbraht, moine d'Utrecht, mentionné dans la vie de son neveu s. Liudger, cc. 5, 15.
(6) Böhmer-M., nº 558.
(7) M. G. Ep., t. V, p. 530.
(8) M. G. SS., t. II, p. 218, note.
(9) Acta SS. jun., t. II, p. 592; M. G. SS., t. XV, p. 337. La passion de s. Frédéric lui-même (Acta SS. jul., t. IV, p. 460; M. G. SS., t. XV, p. 344) n'a aucune valeur.
(10) Sloet, *Oorkondenboek der Graafschappen Gelre en Zutfen*, t. I, p. 36, n. 33 (cité par Parisot, *Le royaume de Lorraine*, p. 129, n. 4).

8. — *Hegihardus*. — Reçut, le 21 mars 845, un diplôme de l'empereur Lothaire (1).

9. — *Luigerus*. — Mentionné dans une charte datée d'une manière incohérente, du 12 août 845, 848 ou 850 (2).

10. — *Hungerus*. — Mentionné dans la vie de s. Odulf (3). Obtint un diplôme de Louis le Germanique, en date du 18 mai 854 (4). Mentionné dans une charte de Lothaire II, en 858 (5). Assista, en 859, au concile de Savonnières, et, en 863, à celui de Metz (6).

11. — *Athilboldus*. — Il prit part, le 7 janvier 870, au sacre de Willibert comme archevêque de Cologne; en 873 et en 887, à deux conciles de Cologne; en 895, à celui de Tribur. Il reçut, le 24 juin 896, un diplôme de Zwentibold (7). Sa mort est marquée à l'année 899 dans la chronique de Réginon.

12. — *Ratbodus* (8). — Succéda, en 899, à Athilbod, encore du vivant du roi Arnulf, lequel mourut le 8 décembre 899. Ratbod a laissé quelques écrits (9). Il mourut le 29 novembre 917 (10). On a la vie de ce saint évêque (11).

(1) Böhmer-M., nº 1085; peut-être la charte est-elle de 846 (Parisot, *l. c.*). Le catalogue omet cet évêque.
(2) Parisot, *l. c.*
(3) M. G. SS., t. XV, p. 358.
(4) Böhmer-M., nº 1367.
(5) Böhmer-M., nº 1248.
(6) Ann. Fuld.
(7) Böhmer-M., nº 1913; le nº suivant, 1914, qui mentionne le même évêque (*Egilboldus*), paraît être de la même date.
(8) Avant Radbod, le catalogue place un *Egilboldus*, qui paraît être identique au précédent, avec une autre orthographe. Cf. M. G. Scr., t. XV¹, p. 570, note 1.
(9) P. L., t. CXXXII, p. 547.
(10) Année marquée dans le nécrologe de Fulda (M. G. Scr., t. XIII, p. 191).
(11) Éditée, après Surius et Mabillon (Acta SS. O. S. B., t. VII, p. 76), par M. Holder-Egger, M. G. Scr., t. XV¹, p. 569.

CHAPITRE VI

LA PROVINCE DE BESANÇON

BESANÇON

La première tentative, à ce qu'il paraît, de recueillir les souvenirs relatifs aux anciens évêques de Besançon, se manifeste sous l'épiscopat de s. Hugues de Salins (1031-1067), prélat dont le gouvernement fait époque dans l'histoire de cette église. C'est à lui que se terminent divers catalogues épiscopaux que l'on transcrivit de son temps sur les livres liturgiques.

Le premier (A) se lit encore sur un rituel conservé à la bibliothèque vaticane, fonds Borgia (1), M. VI, 27, au verso du premier feuillet. Le voici :

NOMINA ARCHIEPISCOPORUM SANCTAE BISONTICENSIS ÆCCLESIAE.

S. Linus.	S. Leontius.
S. Maximinus.	S. Celidonius.
S. Paulinus.	Inportunus
S. Eusebius.	speudo (sic) episcopus
5 S. Hylarius.	receptus sed
S. Panchratius.	turpiter eiectus
S. Justus.	15 Gelmeisilus
S. Anianus.	S. Antidius et m.
S. Fronimus.	S. Nicetius.
10 S. Desideratus.	S. Prothadius.
S. Germanus.	S. Donatus.

(1) Naguère à la Propagande.

---

20 S. Migetius.	35 Berengarius.
S. Ternatius.	Ayminus invasor vocatus pseudo-
S. Gervasius.	episcopus non receptus.
S. Claudius.	Conterius vocatus episcopus
S. Felix.	morte praeventus.
25 S. Tetradius.	Girfredus.
Abbo.	Wido.
Wandelbertus.	40 Wichardus.
Euroldus.	Leutaldus.
Arveus.	Hector.
30 S. Gedeon.	Bertaldus pseudoepiscopus non
Bernuinus bonus.	receptus.
Amalwinus.	Waltherius.
Hardericus.	45 HVGO.
Theodoricus.	

Ceci est la première rédaction. On ne tarda pas à y introduire quelques modifications. Wilthem, au commencement du XVIIᵉ siècle et Chifflet, un peu plus tard (1), copièrent ce catalogue dans un missel manuscrit à couverture d'argent, que possédait alors la cathédrale Saint-Etienne. Dunod, au siècle suivant, l'y vit aussi, ainsi que dans un autre manuscrit, à la collégiale de la Madeleine. Trois noms y avaient été ajoutés : s. Ferreolus, au deuxième rang, après saint Lin, s. Silvester, après Anianus (n° 8), enfin Aruleus avant Arveus, écrit ici Erveus (n° 29). Le premier a été suggéré par la légende des ss. Ferréol et Ferjeux (2), le second est un évêque certain, mais bien postérieur à la date que lui assignerait sa place au catalogue (3). Quant à Aruleus, c'est, à ce qu'il semble, un doublet de Erveus, qui vient aussitôt après sur la liste. Autres menues variantes : au titre, episcoporum au lieu de archiepiscoporum ; — le sigle de sanctus est omis partout dans la copie de Chifflet, à partir de Leontius (n° 12) dans celle de Wilthem ; — l. 16 et martyr, omis ; — l. 33 Arduicus ; — l. 34 Theodericus ; — l. 37 Gont. ou Gunt. ; — morte praeventus, om.

(1) Publié par lui, Acta SS. iun., t. I, p. 690.
(2) T. I, pp. 51 et suiv.
(3) La copie de Wilthem ne mentionne pas Silvestre.

D'autres manuscrits, qui existent encore, nous ont conservé une série où saint Ferréol ne figure pas, mais où l'on trouve Silvestre et *Aruleus* ou *Arnulphus*. Outre ces accroissements, on y constate diverses suppressions opérées d'après l'idée que l'on se formait de la légitimité ou de la moralité de certains évêques. Le système était expliqué en tête du catalogue, dans deux missels manuscrits de la cathédrale Saint-Étienne. Ces missels n'existent plus, mais le catalogue y fut copié (B), au XVIIᵉ siècle, par Wilthem et Chifflet, et au siècle suivant, par Dunod (1). Un assez grand nombre de notes historiques étaient jointes à la liste des noms.

En voici le texte, d'après l'édition (2) qu'en a donnée M. Holder-Egger :

NOMINA EPISCOPORUM VESONTIONENSIS ECCLESIE, EXCEPTIS ILLIS QUOS REPROBA VITA VEL INTROITUS DE CATALOGO RADI FECIT, SICUT CHELMEGISELUM, TETRADIUM, FELICEM, HAVMINUM ET QUOSDAM ALIOS.

I. Linus........ — Hic primus edificavit Bisontinam ecclesiam sancti Stephani, que usque ad Hylarium permansit.

II. Maximinus... — Iste sexto ab urbe miliario vitam cremiticam duxit, ubi et requiescit.

III. Paulinus..... — Iste fuit discipulus beati Maximini. Post cuius obitum in eadem eremo sub persecutione Maximiani latuit, et requiescit in ecclesia sancti Stephani ante altare.

IIII. Eusebius..... — Iste fuit discipulus Melchiadis pape; duobus annis episcopatum retinuit.

V. Hylarius...... — Huius tempore reedificata est ecclesia s. Stephani ab Helena regina matre Constantini, cum qualia alia ecclesia adhuc fuerit Bisontii.

VI. Pancratius.... — Hic fuit contemporaneus Iulii pape, a quo etiam episcopus est ordinatus.

(1) Wilthem, *Cod. Bruxell.*, 7848; Chifflet, *Acta SS. iun.*, t. I, p. 669; Dunod, *Histoire de Besançon*, t. I, préf., p. III.
(2) Holder-Egger, nᵒ III.

VII. Iustus........ — Hic tempore Iuliani apostate multam legitur habuisse familiaritatem cum Eusebio martyre, Vercellensi episcopo.

VIII. Anianus...... — Hic tempore Valentiniani et Valentis edificavit ecclesiam sanctorum Ferreoli et Ferrucii martyrum, miliario ac semis ab urbe distantem.

VIIII. Sylvester..... — Hic edificavit ecclesiam sancti Mauritii.

X. Fronimius.

XI. Desideratus. .. — Iste apud villam Ledonis sanctissimam vitam finivit ubi et requiescit.

XII. Germanus..... — Pro ipso maximum miraculum operatus est Dominus apud sanctum Vitum.

XIII. Leontius.

XIIII. Celidonius.... — Huius tempore exstitit adventus brachii sancti Stephani ad urbem Bisontinam.

XV. Antidius...... — Iste decimo ab urbe miliario (ubi sepultus fuit) capitalem suscepit sententiam sub Croco Vandalorum rege.

XVI. Nicetius...... — Hic fuit contemporaneus et familiaris beati papae Gregorii.

XVII. Protadius.

XVIII. Donatus....... — Per istum recepit ecclesia villas Domblingum et Arslatum. Aedificavit autem ecclesiam sancti Pauli, in qua etiam in Domino requievit, et Iussanum monasterium cum matre sua Flavia que ibi sepulta est.

XVIIII. Migetius.
XX. Ternatius.
XXI. Gervasius.
XXII. Claudius.
XXIII. Abbo......... — Hic magne abstinentie fuit, pro qua episcopatum obtinuit.

XXIIII. Guandalbertus.
XXV. Evrordus.
XXVI. Aruleus.
XXVII. Erveus.
XXVIII. Gedeon.
XXVIIII. Bernuinus... — Hic edificavit ecclesiam sancti Iohannis evangeliste.

XXX. Amalwinus.
XXXI. Arduicus...... — Iste acquisivit ecclesie sancti Stephani ad luminaria concinnanda salarium Le-

	donis de manu Clotharii, nepotis Karoli regis ; abbatiam vero de Brigilla et teloneum Bisuntii obtinuit ab rege Karolo.
XXXII. Theodoricus...	Per hunc restituit Zuentebolchus rex ecclesie sancti Stephani villam Paulliaci.
XXXIII. Berengarius. ..	Iste fuit nepos Theodorici, cui successit in archiepiscopatu, raptus et intronisatus communi electione ante altare Sancti Stephani cuius erat canonicus; sed propter Hayminum hereticum excecatus, vicarium habuit in officio pontificali Stephanum Belicensem episcopum.
XXXIIII. Girfredus.	
XXXV. Guido.	
XXXVI. Wichardus.	
XXXVII. Leotoldus.	
XXXVIII. Hector.	
XXXVIIII. Galtherius....	Hic iterum cepit reedificare ecclesiam sancti Stephani ad modum Romane ecclesie sancti Petri.
XL. Hugo.........	Iste consummavit sed multo retractam.

Un troisième type (C) du catalogue bisontin nous est représenté par un missel copié par Wilthem à Saint-Paul de Besançon et publié d'après cette copie, par M. Holder-Egger (1). Avec ce type concorde un texte actuellement bien effacé, qui se voit (je n'ose pas dire qui se lit) dans le sacramentaire de l'archevêque Huguee, conservé à la Bibliothèque Nationale (2). On l'y avait transcrit en marge du canon de la messe. Je donne ici le texte de Saint-Paul :

NOMINA EPISCOPORUM SANCTE CRISOPOLITANE ECCLESIE

S. Linus.
S. Maximius.
S. Paulinus.
S. Eusebius.
5 S. Hylarius.
S. Pancarius.
S. Iustus.

(1) M. G. Scr., t. XIII, p. 371.
(2) Paris. 10.500, f. 58. Une copie, par Chifflet, se conserve au f. 44 de la collection Baluze; elle m'a été signalée par M. L. Auvray.

S. Anianus.
S. Sylvester.
10 S. Frominius.
S. Desideratus.
S. Germanus martyr.
S. Leontius.
S. Celidonius.
15 S. Antidius. In ecclesia S. Pauli requiescit.
S. Nycetius.
S. Donatus. In ecclesia S. Pauli.
S. Migetius. In ecclesia S. Pauli.
S. Tervatius. In ecclesia S. Pauli.
20 S. Gervasius.
S. Protadius.
Abbo.
Wandalbertus.
Euroldus.
25 Arnulphus.
Erveus.
S. Gedeon.
Bernuinus bonus.
Amalwinus.
30 Arduicus.
Theodoricus.
Berengarius.
Girfredus.
Wido.
35 Wichardus.
Leutholdus.
Hector.
Hugo. In ecclesia S. Pauli requiescit.
Dux Wandalenus, pater S. Donati, in ecclesia S. Pauli requiescit.

Dans le sacramentaire on ne trouve ni le titre, ni les indications relatives aux personnages enterrés à Saint-Paul. Un autre différence notable, c'est que, entre les deux derniers noms, *Hector* et *Hugo*, il s'en trouve un autre, *Walterius*. Ainsi, dans la liste du sacramentaire, Hugo est le 39e évêque, tandis que dans la liste primitive il occupe le 45e rang, dans celle de Saint-Étienne le 40e et dans celle de Saint-Paul, le 38e. Comme toutes ces listes se terminent par son nom, il faut admettre qu'à Besançon, au milieu du

XI° siècle, tout comme à Vienne, vers le même temps (1),
le catalogue épiscopal n'était pas encore bien fixé. C'est, en
tout cas, la liste du sacramentaire qui faisait foi à la mort
de l'archevêque Hugues, car son épitaphe (2) que l'on voyait
autrefois à Saint-Paul, lui assigne le 39° rang.

> Lux clero, populo dux, pax miseris, via iusto,
> fulsit, disposuit, consuluit, patuit
> Nonus trigesimus praesul Bisuntinus Hugo,
> cum restent iulii quinque dies obiit.

Je vais maintenant examiner les divergences de ces
diverses rédactions. Elles proviennent pour la plupart,
comme je l'ai dit, d'appréciations sur la légitimité de certains évêques.

En remontant le cours de la liste, nous voyons d'abord
que tous les textes, sauf celui du manuscrit de Saint-Paul,
s'accordent à insérer, avant Hugues, un évêque Gauthier
(*Waltherus*) que l'on sait, en effet, par divers documents,
avoir occupé le siège de Besançon en 1016, 1026 et dans
les années intermédiaires. Hugues, son successeur, paraît
l'avoir considéré comme légitime ; il est au moins présenté,
sans réflexion, comme son prédécesseur, dans une lettre
de Léon IX sur les affaires de l'église de Besançon (3). Son
omission paraît donc être le résultat d'un accident.

Il n'en est pas de même de celle de Berthald, *pseudoepiscopus, non receptus*, dit le premier catalogue, le seul qui le
mentionne. A la mort de l'archevêque Hector, vers 1010,
son remplacement avait donné lieu à un conflit entre le
puissant comte de Bourgogne, Othe-Guillaume, et le roi
Rodolphe III, soutenu par l'empereur Henri II. Le roi
avait nommé Berthald, un de ses familiers ; le comte pro-
tégeait Gautier, l'élu du chapitre (4). Ils furent ordonnés

(1) T. I, p. 171.
(2) G. c., t. XV, p. 36.
(3) J., 4188.
(4) J., 4188 ; cf. Thietmar, VII, 20.

l'un et l'autre, mais Berthald ne parvint pas à se faire reconnaître et installer à Besançon. Il se retira à Strasbourg
et Gautier demeura en possession de l'évêché. En 1049,
alors que celui-ci était remplacé, depuis dix-huit ans, par
Hugo, Berthald essaya de faire valoir ses droits devant le
pape Léon IX, lequel se prononça contre lui, dans un synode
tenu à Mayence, le 19 octobre 1049 (1).

Quelques rangs plus haut, les catalogues B et C s'accordent à éliminer deux évêques dont les noms, dans A, sont
suivis de notes propres à expliquer cette différence : *Ayminus invasor, vocatus pseudoepiscopus, non receptus, Conterius, vocatus episcopus, morte praeventus*. Le titre du catalogue B déclare expressément que l'omission d'Ayminus
est voulue.

Cet évêque, si mal noté chez lui, paraît avoir été en bons
termes avec le pape Jean X, qui le chargea (v. 914) d'une
mission près des évêques de la province de Narbonne, et
même avec l'épiscopat de sa région, au milieu duquel il
figure, en 915, dans un concile tenu à Chalon-sur-Saône.
Mais la note que le catalogue B joint au nom de Bérenger
donne une impression différente. Suivant cette note, Bérenger, successeur de Théodoric, régulièrement installé,
eut les yeux crevés *propter Hayminum hereticum* et dut se
faire suppléer par l'évêque de Belley. Il est évident que le
siège de Besançon fut alors violemment disputé par
deux partis. Je soupçonne qu'il s'agit ici de partis politiques et de l'opposition que le roi de Lorraine Zwentibold
rencontrait de la part du roi de Provence, Louis, successeur de Boson. En ce temps-là Rome était déchirée, elle
aussi, par les querelles relatives aux ordinations du pape
Formose. Bérenger aura été reconnu par les Formosiens,
Ayminus par leurs adversaires. Ceci expliquerait la couleur
religieuse que le mot *haereticus* donne à la compétition
bisontine.

(1) J. 4188.

La situation de Conterius est meilleure. D'après ce qu'on en dit, il paraît avoir été élu ou nommé, mais avoir été empêché par la mort de recevoir la consécration épiscopale.

Les catalogues sont d'accord sur les six prédécesseurs de Bérenger. Avant *Arveus* ou *Erveus*, contemporain de Pépin le Bref, les textes BC marquent un *Aruleus (Arnulphus* C) qui ne figure pas dans A. Je ne saurais mieux expliquer cette divergence qu'en considérant *Aruleus* comme une simple variante de *Arveus*. Celui-ci, nous le savons, vivait au temps de Pépin le Bref et son nom est écrit de diverses façons dans les documents où il figure. L'accord reparaît pour les trois noms précédents, *Abbo, Wandelbertus, Euroldus.*

Au-dessus, il n'en est plus de même. L'accord ne se produit plus que par groupes successifs. *Donatus, Migetius, Ternatius, Gervasius* se rencontrent partout dans le même ordre ; mais, entre ce groupe et celui qui commence à Abbon, nous trouvons les divergences suivantes :

A	B	C
Claudius.	Claudius.	Protadius
Felix.		
Tetradius.		

Félix et Tetradius, on le voit par le catalogue B, étaient réputés mauvais évêques. Le chroniqueur de Saint-Paul (1) raconte sur eux des choses que le rédacteur du catalogue savait certainement et qui ont déterminé l'omission de leurs noms dans tous les catalogues, A seul excepté.

Protadius est à son rang chronologique dans les catalogues A et B. Je ne sais pour quelle raison le catalogue C l'a déplacé et substitué à Claude, que les autres mettent après Gervais. On aura peut-être estimé que ce Claude, que l'on prenait pour un abbé de Condat, n'avait pas droit

(1) *Paris*, 16982.

de figurer au catalogue épiscopal. Mais ceci n'expliquerait pas pourquoi il a déplacé Protade.

En remontant plus haut, nous ne constatons plus que la double omission d'*Importunus* et *Gelmeisius*, éliminés comme illégitimes ou mauvais, et la différence à propos de Silvestre, omis par A, introduit par BC à une place qui n'est sûrement pas la sienne.

Tous ces catalogues se terminent au même archevêque Hugues (1031-1067) ; ils doivent être à peu près contemporains. Je pense qu'ils représentent diverses combinaisons, expérimentées sous cet archevêque. La rédaction B se présente, par son titre, comme un remaniement de A ; il en est de même, évidemment, de la troisième avec laquelle elle est étroitement apparentée. A sera donc le premier essai ; les autres des recensions retouchées et complétées.

Voyons maintenant quel est le rapport entre ces listes et la réalité chronologique. A partir de l'archevêque Bernuinus, qui signa, en 811, au testament de Charlemagne, la liste est vérifiée par des documents connus. Au-dessus la chose est moins claire. Gédéon, prédécesseur de Bernouin, est mentionné dans une charte de Lothaire II, du 1ᵉʳ février 869, comme un *ancien* évêque de Besançon (1). Il doit évidemment avoir siégé avant Bernouin. *Arveus*, qui vient avant lui, est un contemporain de Pépin le Bref. Ces deux évêques sont probablement dans l'ordre. Il est possible qu'il en soit de même des cinq autres, *Felix, Tetradius, Abbo, Wandelbertus, Euroldus*. Il semble bien qu'il se soit conservé à Besançon quelques souvenirs écrits sur le temps de Charles Martel et de Pépin, et que ce soit de ces traditions qu'on s'est autorisé pour condamner la mémoire de Félix et de Tetradius.

Si maintenant nous prenons la liste par le commencement, il faut constater d'abord qu'elle s'ouvre par huit noms d'une notoriété inquiétante (2) et que, pour le

(1) Böhmer-M., n° 1288.
(2) Cependant le Pancrace qui figure au sixième rang pourrait bien

VIe siècle, au moins, elle n'est nullement conforme à la réalité. Les documents, en effet, nous donnent, pour cette période, la série *Amantius, Claudius, Urbicus, Tetradius, Silvester*, qui devrait se retrouver dans nos listes avant *Protadius* et *Donatus*, et qui ne s'y trouve pas.

Si l'hagiographie locale était représentée par des documents anciens, on pourrait en tirer quelque lumière. Malheureusement tout ce qu'il y a de vies d'anciens évêques est postérieur à la liste et s'inspire d'elle.

Les litanies locales nous offrent, parmi les martyrs, s. Antide et s. Germain, deux noms qui figurent aussi dans notre liste. Il est probable que le saint Germain des litanies n'est autre que l'abbé de Granval, massacré en 677. Dans les mêmes documents on trouve aussi les ss. Aignan, Nizier, Donat, Désiré, Protade. Rien ne prouve que les deux premiers ne soient pas les saints fort connus d'Orléans et de Lyon. Donat et Protade sont sûrement des évêques de Besançon. Quant à Désiré, rien ne l'indique en dehors du catalogue; c'était, en tout cas, un saint du pays, fort honoré à Lons-le-Saulnier.

Les notes ajoutées au catalogue B sont dues à un clerc de Saint-Étienne. L'auteur témoigne à divers endroits de son intérêt pour cette église. Suivant lui, elle fut fondée par le premier évêque, Lin, et le troisième, Paulin, y eut son tombeau; sous le cinquième, qui vivait au temps de Constantin, elle fut reconstruite par la reine Hélène. Il n'y avait alors aucune autre église à Besançon. Sous Chélidoine, Besançon reçut une relique insigne de s. Étienne. Au IXe siècle, acquisition, pour cette église, des salines de Lons; restitution d'une villa. L'évêque Béranger, chanoine de Saint-Étienne, est intronisé dans cette basilique. Celle-ci est reconstruite sous les archevê-

s'identifier avec le Pancharius du document de 346. Le catalogue de Saint-Paul n'avait pas écrit *Panchratius* ou *Pancratius*, mais *Pancarius*, à en juger au moins par la copie de Wiltheim, qui ne nous donne pas toute garantie.

ques Gautier et Hugues. La rivalité de Saint-Étienne et de Saint-Jean, qui fit plus tard tant de tapage, paraît avoir conduit notre auteur à bien préciser les dates de fondation de l'une et de l'autre. Celle de Saint-Étienne, comme je viens de le dire, est censée remonter aux origines mêmes de l'église bisontine; Saint-Jean n'apparaît qu'au temps de Charlemagne; c'est l'évêque Bernouin qui en fut le fondateur.

Quels indices ces notes nous fournissent-elles sur la tradition locale, en ce qui regarde les noms et l'ordre des anciens évêques?

Constatons d'abord que, depuis l'évêque Bernouin, et même depuis Donat, ces notes ont bonne apparence et sont même, de temps en temps, confirmées par les documents. La situation est moins rassurante pour la partie antérieure, de Lin à Nizier.

L'auteur, outre sa préoccupation de l'église Saint-Étienne, trahit une certaine tendance à rattacher la succession bisontine au catalogue des papes. Eusèbe, le quatrième évêque, est disciple du pape Melchiade (311-314); Pancrace, le sixième, fut ordonné par le pape Jules (337-352); Nizier, le seizième, est contemporain de s. Grégoire le Grand (590-604). N'oublions pas que l'archevêque Hugues de Salins avait été consacré par Brunon de Toul, lequel, devenu Léon IX, demeura toujours avec lui dans les rapports les plus étroits.

À ces préoccupations d'histoire générale peuvent se rattacher les indications données pour Just et Aignan; le premier siégea sous Julien, l'autre sous Valentinien et Valens; Just était ami de s. Eusèbe de Verceil.

Mais, en dehors de ces synchronismes, il y a, çà et là, quelques traits beaucoup moins artificiels, où se révèlent des traditions de culte. Le souvenir du deuxième évêque et celui du troisième, Maximin et Paulin, sont localisés à six milles de Besançon; l'auteur sait que Maximin est enterré à cet endroit, tandis que Paulin repose à Saint-

Etienne, en ville. Le saint de Lons, Désiré, est dit y avoir terminé sa vie ; on y marque sa sépulture. De s. Germain on connaît un grand miracle opéré à Saint-Witt, localité au sud-ouest de Besançon. S. Antide fut décapité à dix milles de la ville épiscopale, par Crocus, roi des Vandales.

Autre chose, cependant, sont les traditions de culte, comme martyr ou comme confesseur, autre chose le droit à figurer sur la liste épiscopale. Il est arrivé souvent que celle-ci, ne pouvant être reconstituée jusqu'à l'origine, on y a placé, avant les évêques bien certains, les noms de divers saints honorés dans le diocèse, qu'ils y eussent ou non exercé le ministère épiscopal. Dans l'incertitude où nous laissent les documents bisontins, le mieux est, je crois, de considérer comme suspecte toute la partie de la liste qui va de Lin à Nizier, et qui correspondrait, suivant son auteur, à l'intervalle écoulé depuis les origines de l'église bisontine jusqu'à la fin du VIᵉ siècle. Pour toute cette période, la liste ne nous offre qu'un nom attesté d'ailleurs, celui de *Chelidonius*, du Vᵉ siècle ; en revanche elle omet, comme il a été dit plus haut, toute la série des évêques du VIᵉ siècle.

Son autorité est-elle, en revanche, indéclinable, en ce qui regarde le VIIᵉ et le VIIIᵉ siècle, c'est-à-dire la série qui va de Protade à Gédéon ? Je ne crois pas pouvoir l'affirmer. Protade et Donat sont en ordre. Mais Nizier devrait venir après eux et non avant. Claude est bien douteux, à la place qu'on lui assigne ici. Un évêque Adon, attesté par un document de 869, ne figure dans aucun de nos textes. Je crois en somme qu'il y a, pour cette partie, un progrès dans l'exactitude, mais la perfection n'est pas encore atteinte.

Il demeure d'ailleurs bien entendu que les noms qui n'ont d'autre attestation que les listes peuvent cependant avoir été tous, au moins quelques-uns, ceux d'anciens évêques de Besançon.

La qualité de saint est attribuée dans le catalogue A à

tous les prédécesseurs de l'évêque Abbon, sauf deux, *Importunus* et *Gelmeisilus*. La note jointe au nom du premier explique l'exception en ce qui le regarde. Ces deux noms ont été supprimés dans le catalogue C, de même que ceux de Félix et de Tetradius, qualifiés saints par A, mais sur lesquels couraient des histoires inconciliables avec cette situation ; l'intitulé du catalogue B en témoigne très clairement. J'ai déjà dit que C omet s. Claude ; en revanche il ajoute Silvestre avec C, et le qualifie saint, comme le sont tous les évêques au milieu desquels il l'a inséré.

Je n'ai pas à apprécier ici la valeur liturgique de ces qualifications. La correction introduite, et cela dans des livres officiels de l'archevêque Hugues, relativement à Félix et à Tetradius, est propre à inspirer quelque défiance. Un ancien calendrier de l'église de Besançon mentionne les fêtes suivantes :

SS. Aignan et Silvestre, 5 juin (translation);

S. Silvestre, 10 mai ;

S. Désiré, 27 juillet ;

S. Antide, 17 juin ;

S. Nizier, 8 février ;

S. Protade, 10 février ;

S. Donat, 7 août.

Il est assez extraordinaire que l'anniversaire de s. Donat de Besançon tombe précisément le même jour que celui de s. Donat d'Arezzo. Plus tard ce système de synchronismes fut étendu : on fêta s. Maximin le même jour (29 mai) que s. Maximin de Trèves.

On partit aussi de la liste pour composer les biographies d'un certain nombre d'évêques ; mais ces développements postérieurs ne sauraient nous occuper ici.

Avant de prendre congé de cette liste épiscopale, il convient de faire observer que l'auteur des annotations ne trahit aucune prétention à des origines apostoliques. Il ne

fait pas de Lin un contemporain de s. Pierre. Avant le
IV⁰ siècle il ne connaît que deux ou trois évêques, tandis
qu'il en assigne au moins cinq au IV⁰ siècle, et peut-être
beaucoup plus (1). Ainsi, au XI⁰ siècle encore, on semble
avoir admis, à Besançon, que le siège épiscopal ne remontait qu'au déclin du III⁰ siècle.

1 — *Pancharius.* — Parmi les signataires du faux concile de Cologne (346) figure *Pancharius Vesontiensium* (2).

2. — *Chelidonius.* — Siégeait vers l'année 444, probablement depuis peu (3). Déposé par un concile tenu à l'instigation de s. Hilaire d'Arles, puis rétabli par l'autorité du
pape Léon (4).

3. — *Amantius.* — Dans la vie de saint Lautein (5), fondateur des monastères de S. Lautein et de Mesnay (Jura),
on lit qu'il fut ordonné prêtre, vingt ans avant sa mort, par
l'évêque Amantius. Le siège de celui-ci n'est pas indiqué,
mais il est à croire qu'il s'agit de l'évêque local, celui de
Besançon. Lautein mourut l'une des années 507, 512, 518,
529, 535. Ainsi la date de son ordination tombera, au plus
tôt, en 487, au plus tard en 515. Les listes l'omettent.

4. — *Claudius.* — Signa, en 517, au concile d'Epaone,
et un peu plus tard, au concile de Lyon (6).

(1) En mettant s. Antide en rapport avec l'invasion vandale de 407, il
semble rejeter tous ses prédécesseurs dans le IV⁰ siècle; cela ferait onze
noms. Inutile de relever le caractère artificiel de cette chronologie. Les
deux évêques Silvestre et Chélidoine sont sûrement postérieurs à 407.

(2) Ce nom ne se retrouve pas dans la liste de saint Athanase (t. I, p. 365),
à moins qu'il ne faille le reconnaître sous la forme grecque Παχῆτος.

(3) Sur son histoire, voy. t. I, pp. 117 et suiv. — Vies de s. Hilaire d'Arles
(Boll., 5 mai) et de s. Romain de Condat, c. 5; M. G. SS. rer. merov., t. III,
p. 134; Jaffé, 407.

(4) Le catalogue insère après Chelidonius *Importunus, pseudoepiscopus
receptus sed turpiter electus* : il semble le présenter comme le successeur
dont s. Hilaire d'Arles fit pourvoir Chélidoine, mais qui dut lui céder la
place quand il revint de Rome.

(5) Acta SS. nov., t. I, p. 786. Cf. *Bulletin critique*, t. IX, p. 242.

(6) Le catalogue, par la place qu'il lui attribue, semble l'identifier avec
s. Claude, abbé de Condat au VII⁰ ou au VIII⁰ siècle, douzième sur la liste.
De cette liste, nous avons deux rédactions, l'une en prose, l'autre en vers;

5. — *Urbicus.* — Signa, en 549, au concile d'Orléans.
Inconnu aux listes épiscopales.

6. — *Tetradius.* — Députa, en 570, au concile de Lyon
un prêtre appelé Césaire. C'est probablement lui qui assista
en 552, au concile de Paris.

7. — *Silvester.* — Il assista, en 573, au concile de Paris,
et, en 581 et 585, à ceux de Mâcon. Son épitaphe, dont un
fragment (1) s'est retrouvé, lui attribue 22 ans d'épiscopat;
il aura donc atteint au moins l'an 592, au plus l'année 595.
Voici ce fragment :

```
. . . . . . . . . . . . . . . . . .
. . . . . . SILVESTER
      EPISCOP
QVI VIXIT IN PAC⁢
ANN · XXXXVIII · et
MANSIT IN EPISC
ANN · XXII · FL . . . .
. . . . . . . . . . . . . . . . . .
```

8. — *Protagius.* — Dans le catalogue des signatures appo-
sées au bas du concile parisien de 614, on trouve deux fois
l'évêque de Besançon : la première fois parmi les métropolitains : *Ex civitate Besuntione Proardus episcopus*, la
seconde fois parmi les suffragants : *Ex civitate Besuntione
Protagius episcopus.* Ce doit être le même personnage, relevé
deux fois par le compilateur du catalogue. Il s'identifie aisément avec le *Prothadius* ou *Protadius* de la liste épiscopale.
— Jonas, dans sa vie de s. Colomban, garde un singulier
silence sur les relations du saint avec l'évêché de Besançon. On peut craindre qu'elles n'aient été peu cordiales.

9. — *Donatus.* — Signa, en 627, au concile de Clichy, en
637 au privilège de Rebais, en 650, au concile de Chalon-sur-Saône. Jonas raconte que sa naissance fut obtenue

la première qualifie Claude d'*archiepiscopus et abbas*, l'autre ne parle pas
de sa qualité épiscopale.

(1) Leblant, n° 680; pl. n° 550.

par les prières de saint Colomban, à qui ses parents, le duc Waldelen et sa femme Flavia s'étaient adressés. Il vivait encore au moment où Jonas écrivait. C'est lui qui fonda à Besançon le monastère de Saint-Paul, appelé d'abord *Palatium*. Sa mère, de son côté, y fonda un monastère de femmes, appelé *monasterium Iussanum* ou Sainte-Marie (1). C'est pour ces religieuses qu'il écrivit sa *Regula ad virgines* (2). Son épiscopat se prolongea au moins jusqu'à l'année 658, car il est encore mentionné au bas d'une charte du mois de février au I de Clotaire III.

10. — *Nicetius*. — Adson, dans sa vie de s. Waldebert, abbé de Luxeuil, écrite entre 968 et 992 sur des documents antérieurs, parle de l'intimité qui régnait entre le saint abbé de Luxeuil et l'évêque Nizier, homme de grande vertu (3). Bien qu'il n'indique pas le siège de celui-ci, on admet que c'était l'évêque diocésain, celui de Besançon. Waldebert étant venu à mourir, ce fut l'évêque Nizier qui lui donna la sépulture, le 2 mai 670 (4). Le catalogue, qui place Nizier avant Protade et Donat, indique ici un *Migetius*. C'est peut-être une cacographie pour *Nicetius*, qui figurerait ainsi deux fois. — Fête, le 8 février.

11. — *Terniscus*. — Mentionné sans indication de siège, mais comme métropolitain (*matropolus*) dans une charte de Thierry III, de 679 ou 680 (5). C'est sans doute le Ternatius du catalogue (6).

12. — *Heriveus*. — Signa, en 757, au privilège de Gorze

(1) Jonas, *Vita Columb.*, I, 14.
(2) Migne, *P. L.*, t. LXXXVII, p. 273.
(3) *M. G. Script.*, t. XV², p. 1175.
(4) Sur cette date, voy. Julien Havet, *Œuvres*, t. I, p. 89.
(5) *M. G. Dipl.*, I, 44; cf. *Conoflis*, p. 222.
(6) Ici on devrait se placer le *Claudius* des listes A et C, s'il était vrai qu'il fût identique au douzième abbé de Condat. Mais il est difficile de se fier, sur ce point, au catalogue abbatial. Quant au catalogue épiscopal, il ne connaît qu'un seul Claude, lequel même fait défaut dans deux textes de la troisième rédaction, celui de S. Paul et le sacramentaire d'Hugues. C'est, je crois, le Claude du VIᵉ siècle, placé trop bas. Cependant la possibilité de deux Claude doit être maintenue jusqu'à plus ample informé.

(*Herineus*) (1), délivré à Compiègne; en 762, au concile d'Attigny (*Harifeus*).

13. — *Gedeon*.

14. — *Ado*. — Deux évêques de Besançon, Gédéon et Adon ou Adam sont mentionnés dans une charte de Lothaire II, du 1ᵉʳ février 869, comme ayant possédé certaines terres enlevées par la suite à l'église de Besançon et que le roi lui fait restituer (2).

15. — *Bernuinus*. — Signa, en 811, au testament de Charlemagne. Il est mentionné, en 825, dans les instructions des *missi dominici* (3) et, en 828, dans les convocations aux conciles indiqués pour l'année suivante, auxquels il prit part (4).

16. — *Amalwinus*. — Souscrivit une charte impériale du 7 septembre 838 (5); assista, le 24 juin 840, au concile d'Ingelheim.

17. — *Arduicus*. — Il paraît avoir été élu en 843, car cette année-là il signa (automne) au concile de Germigny, comme *vocatus archiepiscopus*. Depuis lors, il est souvent mentionné dans les documents du temps. Il reçut, le 1ᵉʳ février 869, un diplôme de Lothaire II (6) et vécut assez pour voir sa ville épiscopale passer aux mains de Charles le Chauve (traité de Mersen, 8 août 870), dont il éprouva aussi les libéralités (7).

18. — *Theodoricus*. — Signa au privilège de Tournus, en 875. L'année suivante, il reçut Charles le Chauve à son retour de Rome; il assista ensuite aux conciles de Ponthion et de Troyes, en 876 et 878 (8). A ce dernier il se plaignit de l'insubordination de ses suffragants. Le 15 octobre 879,

(1) Böhmer-M., n° 83 a.
(2) Böhmer-M., n° 1288 (2ᵉ éd., 1924).
(3) Böhmer-M., nᵒˢ 445, 775, 827.
(4) *M. G. Ep.*, t. V, p. 529.
(5) Böhmer-M., n° 951. Sur l'authenticité de cette pièce, voy. J. Havet, *Œuvres*, t. I, pp. 299 et suiv.
(6) Böhmer-M., n° 1288 (1324).
(7) Voy. la note du catalogue.
(8) *Cf. J.*, 3169, et ci dessous, p. 222.

il prit part à l'assemblée de Mantaille, où fut acclamé l'usurpateur Boson. Cela lui valut des ennuis de la part de Charles le Gros et de ses partisans (1). Après la mort de ce prince (888), la ville de Besançon fut comprise dans le royaume de Bourgogne transjurane et Thierry devint archichancelier du nouveau roi Rodolphe (2). Le catalogue B lui fait recevoir une charte du roi Zwentibold, ce qui suppose qu'il vit l'année 895.

Sur les désordres et compétitions qui se produisirent après sa mort, v. ci-dessus, p. 205.

BELLEY (3)

Le P. Chifflet avait trouvé dans les manuscrits de la cathédrale de Besançon un catalogue des évêques de Belley en trois exemplaires. Il le communiqua à Guichenon, qui écrivait alors son *Histoire de Bresse et de Bugey*, et l'y inséra (4). Dans les deux premiers exemplaires, que Chifflet disait être du XI° siècle, la série s'arrêtait à Gaucerannus, qui siégea de 1053 à 1090 environ ; le deuxième contenait le nom de son successeur Ponce, mais ajouté de seconde main ; le troisième se prolongeait jusqu'au XIII° siècle. Les manuscrits de Chifflet ont disparu. Voici le texte de Guichenon :

NOMINA EPISCOPORUM SANCTAE BELICENSIS ECCLESIAE.

Audax.	Felix.
Tarniscus.	Aquilinus.
Migetius.	10 Florentius.
Vincentius.	Ypodimius.
5 Euroldus.	Praemattius.
Claudius.	Berterius.
Ypolitus.	Ansemundus.

(1) J., 3315, 3316, 3317.
(2) Document du 10 juin 888. Bruel, *Recueil des chartes de l'abbaye de Cluny*, t. I, p. 39.
(3) Sur les origines de l'église de Belley, v. ci-dessus, p. 22-24.
(4) Deuxième partie, continuation, p. 36.

15 Gundoaldus.	Adabaldus.
Agislus.	Elisiardus.
Eulogius.	Isaac.
Adeonpertus.	Hieronymus.
Emunbertus.	30 Henricus.
20 Rotgerius.	Desiderius.
Rifredus.	Odo.
Stephanus I.	Ersulfus.
Stephanus II.	Aymo.
Ringuinus.	35 Gauzerannus.
25 Sigoldus.	

VARIANTES. — 2 Tarniscus C — 5 Eurordus B — 15 Gondoaldus C — 26 Adalbadus BC — 30 Hericus C, *om.* B — 34 *om.* B.

Depuis le n° 29, *Hieronymus*, consacré en 932, la liste ne soulève aucune difficulté. Au-dessus, on la trouve fautive en deux endroits. Hippolyte (n° 7) est placé bien avant son rang. Attesté en 762, cet évêque se trouve précéder sur la liste *Felix, Aquilinus, Florentinus* et *Ansemundus* qui ont vécu bien avant lui, du VI° siècle au VIII°. D'autre part, l'archevêque de Besançon Béranger, au commencement du X° siècle, eut pour coadjuteur un évêque de Belley appelé Etienne et celui-ci paraît bien devoir s'identifier avec le *Stephanus I* ou le *Stephanus II* de notre liste (n°s 22 et 23), où ils figurent trois ou quatre rangs avant *Adabaldus*. Or celui-ci est déjà signalé en 886. Voilà deux erreurs inquiétantes. Rien ne prouve qu'il n'y en ait pas d'autres dans les parties de la liste pour lesquelles les vérifications font défaut. En ce qui regarde le commencement, j'ai bien peur que *Tarniscus* et *Migetius*, qui se rencontrent dans la liste de Besançon, ne lui aient été empruntés par le catalogue de Belley.

Dans l'énumération ci-dessus ne sont compris que les évêques pour lesquels on a des attestations indépendantes du catalogue ; il est d'ailleurs bien entendu que la plupart des noms inscrits dans ce document et qui ne figurent pas ailleurs, doivent être considérés comme ceux d'évêques réels de Belley.

1. — *Vincentius.* — Un évêque de ce nom assista, en 552, au concile de Paris. C'est probablement le même qui signa, en 570, au concile de Lyon, comme *episcopus ecclesiae Bolisensis.*

2. — *Felix.* — Signa (*Belesensis*) en 585, au concile de Mâcon ; il figure, en 589, parmi les signataires d'une lettre relative aux religieuses de Poitiers (1).

3. — *Aquilinus.* — Signa, en 614, au concile de Paris : *ex civitate Belisio Aquilenus episcopus.*

4. — *Florentinus.* — Signa (*Beliesensis*), en 650, au concile de Chalon-sur-Saône.

5. — *Ansemundus.* — D'après un manuscrit de l'église de Belley, cité par Guichenon (2), il aurait consacré, le 5 avril 722, les autels de la cathédrale.

6. — *Hippolytus.* — Parmi les signataires de la convention d'Attigny (762), figure *Yppolitus episcopus de monasterio Eogendi* (3). Dans le catalogue des abbés de s. Oyand (4), arrêté à l'année 1146, on trouve *Ypolitus episcopus Belicensis* (5) *et abbas.* On voit par ce catalogue que les chartes de s. Oyand le mentionnaient déjà comme évêque et abbé en l'an IV de Pépin, c'est-à-dire en 755, et qu'il était encore en fonctions en l'an IV de Charlemagne, c'est-à-dire en 772 (6).

7. — *Adalbaldus.* — Prit part, en 887, à un concile de Chalon-sur-Saône, dont il subsiste deux chartes (7). On a encore (8) le texte du serment qu'il prêta, avant sa consé-

(1) Greg. Tur., *H. Fr.,* IX, 41.
(2) *Op. cit.,* contin. de la 2ᵉ p., p. 20.
(3) *M. G. Concilia,* t. II, p. 73.
(4) *M. G. SS.,* t. XIII, p. 744.
(5) Le mot *Belicensis,* comme les autres indications relevées sur les chartes, est de seconde main.
(6) Le *Roigerius* du catalogue est identifié, dans le *G. C.,* avec *Hartgarius,* qui siégea, en 840, à l'assemblée d'Ingelheim tenue pour le rétablissement d'Ebbon de Reims. Mais cet Hartgar est évidemment l'évêque de Liège.
(7) Mansi, t. XVIII, pp. 50, 51. Cf. *Neues Archiv,* t. III, p. 198.
(8) *G. C.,* t. XV, p. 608.

cration, à l'archevêque de Besançon. En 899, il prit part à celle de l'archevêque de Vienne, Ragenfred (1).

CIVITAS HELVETIORUM (AVENCHES, WINDISCH, LAUSANNE) (2).

1. — *Bubulcus.* — Assista, en 517, au concile burgonde d'Epaone, et signa *episcopus civitatis Vindoninsis.*

2. — *Grammatius.* — Signa, en 535, au concile austrasien d'Auvergne, comme *episcopus ecclesiae Aventicae* ; aux conciles d'Orléans, en 541, comme *episcopus civitatis Vindonensium,* en 549, comme *episcopus ecclesiae Vindunnensis.*

3. — *Marius.* — Auteur d'une continuation de la Chronique de Prosper (3), qui, arrêtée d'abord à l'année 567, fut prolongée ensuite jusqu'à l'année 581. Il assista, en 585, au concile de Mâcon, (*episcopus ecclesiae Aventicae*). En 587, le 24 juin, il dédia l'église Sainte-Marie de Lausanne, fondée par lui. Son épiscopat, commencé en 574, dura 20 ans et 8 mois ; il se termina en 594, le 31 décembre. Nous avons encore son épitaphe (4), qui célèbre sa noblesse et ses bonnes actions :

> Mors infesta ruens quamvis ex lege parentis
>   moribus instructis (5) nulla nocere potest.
> Hoc ergo Marii tumulantur membra sepulcro
>   summi pontificis, cui fuit alma fides.
> Clericus officio, primaevis tonsus ab annis,
>   militia exacta dux gregis egit oves.
> Nobilitas generis radians et origo refulgens
>   de fructu meriti nobiliora tenet.
> ecclesiae ornatus vasis fabricando sacratis
>   et manibus propriis prandia iusta colens,

(1) Marion, *Cartulaires de Grenoble,* p. 207.
(2) M. Besson, *Recherches sur les origines des évêchés de Genève, Lausanne, Sion,* etc., 1906. Cf. ci-dessus, p. 17 et suiv.
(3) *M. G. Auct. antiquiss.,* t. XI, p. 227.
(4) Conservée par Canon, *Gesta episcoporum Lausannensium* (M.G. Scripl., t. XXIV, p. 793). Celui qui a copié ces vers aura aussi relevé les notes chronologiques sur la durée de l'épiscopat et la date obituaire. C'est aussi d'une inscription que proviennent, dans les mêmes *Gesta,* la mention et la date de la consécration de Sainte-Marie. Cf. Mommsen, *l. c.*
(5) instructus *cod.*

iustitiae cultor, civium fidissima virtus,
   norma sacerdotum pontificumque decus,
cura propinquorum, iusto bonus arbiter actu
   promptus in obsequiis corpore casto Dei
Humanis dapibus fixo moderamine fultus
   pascendo inopes se bene pavit ope.
Ieiunando cibans alios, sibi parcus edendo,
   horrea composuit que modo pastor [h]abet (1).
Pervigil in studiis Domini, exorando fidelis
   nunc habet hinc (2) requiem fessa caro unde fuit (3).
Quem pietate patrem dulcedinis arma tuentem
   amissis terris credimus esse polis (4).

4. — *Protasius*. — Une note, conservée dans les Annales et les Gestes épiscopaux de Lausanne (5), relate la fondation du monastère de Sainte-Marie de Baumes, près Yverdun, *anno XIV Clodovei regis, laudante Prothasio Aventicensi vel Lausannensi episcopo*. Ce Clovis ne peut être que Clovis II, dont l'an XIV correspond sensiblement à l'année 652.

5. — *Arricus*. — Assista, en 650, au concile de Chalon-sur-Saône et signa *episcopus ecclesiae Lausonicensis*.

6. — *Chilmegisilus*. — Une autre note, de même provenance que celle du n° 4, et se rapportant au même monastère, porte la date *anno XI Clotarii regis et tempore Chilmegisili Aventicensis vel Lausannensis episcopi*. L'an XI de Clotaire III correspond à peu près à l'année 668 (6).

7. — *Udalricus*. — Conon : *Tempore Karoli fuit Udalricus episcopus*.

8. — *Frodarius*. — Reçut une donation de Louis le Pieux datée du 28 juillet 814 (7). Les Annales de Lausanne indiquent sa mort à l'année 825 (8).

(1) quo modo pastor abit cod.
(2) inde cod.
(3) unde caro fessa fuit cod.
(4) Cette épitaphe est attribuée à Fortunat par M. l'abbé Marius Besson, *Atti dell' Academia di Torino*, t. XXXIX, 1904, p. 227.
(5) *M. G. Script.*, t. III, p. 150; t. XXIV, p. 791.
(6) Je suis ici les calculs de J. Havet, *Œuvres*, t. I, pp. 91 et suiv.
(7) Böhmer-M., n° 509.
(8) *M. G. Scr.*, t. XXIV, p. 779.

9. — *David*. — Les Annales de Lausanne (1) lui donnent 24 ans d'épiscopat, de 827 à 850. Il siégea, en 829, au concile de Mayence (2). Il fut tué dans une querelle armée contre un de ses vassaux, ainsi qu'il résulte de son épitaphe :

Hoc tumulo tegitur crudeli morte peremptus
antistes quondam Lausanne nomine David,
qui proprium perimens hominem iugulatur et ipse;
nam pacis studio dum neutri federa servant (3),
occurrunt sibimet, stipantibus undique turmis;
impulsa rapido et nimio fervente tumultu,
configunt gladiis pariterque in morte evertunt.
Tunc igitur stagno exanguis pigraque palude
effertur modico peregrina ad littora limbo.
Heu ! laniata rigent gelida sub glacea membra,
nempe tua, tristis lapsus, miserande sacerdos.
inprovidi exicii exemplo memorandus in evam
Ultro precipitis properans ad pocula mortis,
infula commaculat cuius violata decorem,
Ecclesie sanctus iugulis dum carpitur ordo.
O domini, o fratres, pariter genus omne piorum,
etas, conditio, sexus, succurrite cuncti;
quippe eius animam haut thart irus (4) igneus urat;
quin pocius Dominus rutila pietate benignus
exceptam flammis celi regione recepte!

10. — *Hartmannus*. — Ordonné le 6 mars 851 (5), il siégea 28 ans. Mentionné dans des chartes locales, de dates litigieuses (6). Sa mort est marquée dans les Annales, au 14 avril 878. On a aussi son épitaphe, qui ne parle que de ses générosités :

Hoc iacet in tumulo Armanni corpus fidelis
qui fuit antistes clemens Lausonuis in urbe,

(1) *Ibid.* Cf. p. 796.
(2) *M. G. Ep.*, t. V, p. 530.
(3) servant cod.
(4) auth thatarus cod.
(5) D'après le cartulaire; mais le 6 mars 851 ne tombe pas un dimanche; cette coïncidence indiquerait l'année 852.
(6) Voy. la discussion de Besson, *Contribution à l'histoire du diocèse de Lausanne*, Fribourg, 1908, p. 39.

artibus omnigenis conversus, pectore largus,
doctor doctilegus, doctorum dogmate doctus,
clemens et castus, sollers et valde modestus.
Destructis omnibus his locis hicque mutavit
in melius, ut vos videtis in visibus vestris.
Ergo vigens tumulum quicumque aspexeris istum
funde preces Domino pro hoc antistite summo.
Donet ei Dominus requiem sine fine perhennem,
et lux perpetui splendoris fulgeat ipsi.
Altipotens Dominus qui mundum continet omnem (1).

11. — *Ieronimus.* — Annales et Gestes le font ordonner en 881, trois ans après la mort de son prédécesseur. Mais ceci doit être expliqué. Il résulte d'une lettre du pape Jean VIII à l'archevêque de Besançon (2) que la succession de l'évêque Hartmann fut disputée par deux compétiteurs ; le pape, qui était alors à Troyes, interdit à l'archevêque de rien décider avant d'être venu le trouver. Jérôme fut élu et consacré. Le 15 octobre 879, il figura à l'assemblée de Mantaille, parmi les fauteurs de Boson. Cette attitude lui valut, de la part de Charles le Gros, une opposition décidée. Il se retira à Rome, d'où Jean VIII essaya, par ses lettres au roi et au chancelier Liutward (3), d'arranger ses affaires. Ces lettres sont du 20 juin 880. C'est seulement l'année suivante, à ce qu'il semble, que Jérôme fut reconnu par Charles le Gros et installé dans son évêché. Les chartes locales le mentionnent de 881 à 892. Il mourut en 892 (4).

12. — *Boso.* — Ordonné à Soleure, le 4 décembre 892. Les gens de Lausanne avaient d'abord demandé Ragemfred, archidiacre du précédent évêque. En présence du roi, leurs suffrages se portèrent sur Boson (5). En 895, le roi Rodol-

(1) Ce dernier vers ne paraît pas appartenir à l'épitaphe de Hartmann ; il serait plutôt le début d'une autre.
(2) J. 3199.
(3) J., 3315, 3316 ; cf. 3317.
(4) Besson, *op. cit.*, pp. 147, 151, 152, 157, 159, 162. La dernière charte qui le mentionne est du 27 avril 892.
(5) *M. G. Scr.*, t. XXIV, p. 805.

phe lui délivra un diplôme par lequel il reconnaissait au clergé de Lausanne la liberté d'élire son évêque (1). Les chartes le mentionnent jusqu'en 912. Il fut nous disent les Annales, *comprehensus in villa Resoldengis* (Ressudens) en 927.

BALE

Le seul ancien catalogue des évêques de Bâle, dont on ait connaissance est celui que Martène et Durand publièrent les premiers (2), d'après un manuscrit de Münster en Gregorienthal. Le manuscrit est perdu : je ne puis que reproduire le texte des premiers éditeurs.

HAEC SUNT NOMINA EPISCOPORUM BASILENSIUM (3).

Walaus archiepiscopus sub Gregorio papa III.
Baldebertus sub Zacharia papa.
Haitho sub Leone papa III.
Oudelricus sub Paschali papa I.
5 Wichardus sub Sergio papa.
Fridebertus sub Benedicto papa III.
Ruodolfus sub Adriano II.
Iringus sub Marino papa.
Landeious sub Adriano papa III.
10 Ricuinus sub Stephano VI.
Wichardus.
Adalbero.
Adelbero.
Odolricus.
15 Theodericus.
Beringerus.

Béranger, le dernier nommé, a siégé de 1057 à 1072. L'ordre du catalogue est vérifié exact pour les cinq derniers

(1) *M. G.*, l. c. ; cf. *G. C.*, t. XV, p. 127 *instr.*
(2) *Thes. anecd.*, t. III, p. 1385. Texte répété par Holder-Egger, *M. G. SS.*, t. XIII, p. 374.
(3) En tenant compte des revisions de Brücker (*Script. rerum Basiliensium minores*, Bâle, 1752, p. 353) et de Grandidier, *Hist. d'Alsace*, t. II, p. LXXXIII.

noms, qui correspondent au XIᵉ siècle. Il n'en est plus de
même pour la partie antérieure. Le commencement, il est
vrai, ne soulève aucune objection. *Walaus*, inconnu d'ailleurs, peut fort bien avoir siégé sous Grégoire III. Les
quatre suivants se sont succédé dans l'ordre indiqué et
les synchronismes pontificaux joints à leurs noms sont
acceptables. Il y a toutefois des lacunes dans cette partie
de la liste, notamment entre Baldebert et Heito. Après
Fridebert le desordre est complet et les synchronismes dé-
pourvus de valeur. *Ruodolfus* a commencé son épiscopat en
983 ; *Landelous*, se rencontre en 960 ou 961 ; *Wichardus*,
en 948. Ces trois évêques se présentent donc dans l'ordre
inverse du véritable. Ils sont de plus séparés par *Iringus*,
qui est de la fin du IXᵉ siècle et par *Ricuinus*, dont on ne
connaît pas l'époque.

La liste est donc très peu sûre pour la fin du IXᵉ siècle
et pour le Xᵉ.

1. — *Iustinianus*. — Parmi les évêques mentionnés
comme présents au faux concile de Cologne (346) figure
Iustinianus Rauricorum.

2. — *Ragnacharius*. — Disciple de s. Eustase, mentionné
dans la vie de celui-ci par Jonas (1), comme ayant été
évêque *Augustanae et Basiliae*.

3. — *Walaus*. — Connu par le seul catalogue, qui en fait
un contemporain de Grégoire III (731-741).

4. — *Baldebertus*. — Un évêque de ce nom signa le
privilège (2) de Heddo, évêque de Strasbourg, pour Arnul-
sau (749). Les Annales locales marquent à l'année 751, l'ordination d'un évêque Baldebertus (3). On trouve aussi la
mention *Baldoberti episcopi* dans une liste de défunts de
l'abbaye de Murbach (4). *Baldeberhtus Baselae* assista, en

(1) *M. G. SS. merov.*, t. IV, p. 123.
(2) Pardessus, nº 596. La signature n'est pas nécessairement contemporaine du document.
(3) *M. G. SS.*, t. I, pp. 26, 27.
(4) *Libri confrat. Aug.*, 171, 7.

762, à l'assemblée d'Attigny. Les mêmes Annales marquent
à l'année 762 la mort de l'évêque Baldebert et son remplacement par l'abbé Haribert. De cet ensemble de documents
il paraît bien résulter que Baldebert cumula les fonctions
d'évêque de Bâle et d'abbé de Murbach.

Il y a loin de la mort de Baldebert à la première apparition, dans les documents, du successeur que lui donne le
catalogue. S'il fallait en croire un document (1) assez peu
rassurant, mais du Xᵉ siècle et de Reichenau, l'abbé de ce
monastère, Waldo, très avant dans les bonnes grâces de
Charlemagne, aurait été chargé quelque temps de diriger
l'évêché de Bâle.

5. — *Heito*. — D'abord moine à Reichenau, puis évêque (2) de Bâle, il succéda en 806 (3) à Waldo, nommé
abbé de Saint-Denis, dans le gouvernement de l'abbaye
rhénane. Il est mentionné dans un document de ce temps,
l'*Indiculus obsidum Saxonum* (4). Il signa, en 811, au testament de Charlemagne ; la même année il fut envoyé, avec
deux dignitaires laïques, à l'empereur grec Nicéphore ;
l'année suivante il revint de cette ambassade et consigna
ses souvenirs de voyage dans un *hodœporicon* qui ne s'est
pas conservé (5). Par une charte à lui adressée (6) en date
du 14 décembre 815, Louis le Pieux confirma l'immunité
et les autres privilèges de Reichenau. En 822, s'étant dé-
mis de sa double dignité épiscopale et abbatiale, il rentra
dans la condition de simple moine. C'est alors (824) qu'il
rédigea la célèbre *Visio Wettini* (7) ; il mourut en 836.

(1) *M. G. SS.*, t. IV, p. 447.
(2) Walafrid Strabon, *Visio Vettini* (*M. G. Poet. lat. œvi carol.*, t. II,
p. 305).
(3) *Ann. Alam.* (*M. G. SS.*, t. I, p. 49).
(4) *M. G. Cap.*, t. I, p. 233; Böhmer-M., nº 403 ; la date n'en est pas bien
déterminée. Waldo y est encore nommé abbé de Reichenau, mais
à propos d'un fait antérieur, la remise à lui faite d'otages saxons.
(5) Hermann Contract, *ad ann.*, 813; cf. Abel et Simson, *Jahrb.*, t. II,
p. 400.
(6) Böhmer-M., nº 581.
(7) *M. G. Poet. Carol.*, t. II, p. 267.

6. — *Udalricus.* — Les dates de son avènement nous ont été conservées, avec une précision extrême, dans une note contemporaine, transcrite à la fin d'un livre liturgique (1). Il fut désigné (*commendatus*) le 21 décembre 823 ; quant à sa consécration épiscopale elle eut lieu le 10 juin 824 ou 825 (2). En 829, il prit part au concile de Mayence (3). En 830 il assista à la consécration de l'église de Saint-Gall (4). Son nom figure dans les livres de confraternités (5).

7. — *Fridebertus.* — Assista, en 859 et 860, aux conciles de Savonnières et de Thusey.

8. — *Iringus.* — Mentionné, en 892, par la Chronique de Lausanne ; assista, en 895, au concile de Tribur.

(1) *M. G. SS.*, t. XIII, p. 374.
(2) Il y a ici quelque désaccord dans les nombreuses données chronologiques.
(3) *M. G. Ep.*, t. V, p. 530.
(4) Ratpertus, *Casus s. Galli*, *M. G. SS.*, t. II, p. 66.
(5) *Lib. Confr. S. Galli*, 75, 8'; 76, 3.

ADDITIONS ET CORRECTIONS

TOME I

P. 159, note, l. 8, vie de Sévère : *lire* vie de Theudère. — L. 8 : *21 autres*, lire 22 autres.

P. 160, note 1. — Depuis la publication de cette deuxième édition, dom Quentin a publié son important ouvrage *Les martyrologes historiques*, Paris, Lecoffre, 1908. De ses recherches précises et consciencieuses, il ressort que le martyrologe d'Adon n'est pas une œuvre sincère, notamment que le « petit martyrologe romain » dont il se réclame si souvent est en réalité son œuvre et que, sur bien des points, textes et traditions ont subi, en passant par ses mains, des retouches arbitraires.

P. 169, l. 25-26, lisez : Entre les n°s 35 et 38 (Georges et Éold), Adon insère.....

P. 170, l. 17, lisez : pour *Agralus* par l'Hagiologe.

P. 175, l. 12, lisez : qu'il doit d'avoir.
     l. 22, lisez : et même à ceux de Barnard.

P. 229, n° 9. — Le concile de Mâcon se tint en 626 ou 627, comme l'a démontré M. Krusch (*M. G., Script. rerum Merov.*, t. IV, p. 126). Abellenus survécut assez longtemps à cette assemblée (*Ibid.*, p. 128).

P. 231, n° 7. — La date du 25 février 464 est celle d'une lettre (J. 557) du pape Hilaire, adressée à divers évêques de Gaule ; voy. ci-dessus, p. 131.

P. 235, n° 10. — Ce Vulfinus semble identique à celui qui assista, en 835, au concile de Thionville (Besson, *Revue Charlemagne*, t. I, p. 22).

P. 247, n° 12. — Peut-être identique à l'*Altheus*, de siège inconnu, que l'on rencontre en 804 à l'assemblée de Tegernsee (*M. G. Concilia*, t. II, p. 231) ; la cathédrale de Sion possède un reliquaire sur lequel on lit : HANC CAPSAM IN HONORE SCE MARIAE ALTHEVS EPS FIERI ROGAVIT (Besson, *l. c.*).

P. 261, l. 14. — Lire : au concile de Germigny.

P. 264, n° 5. — C'est peut-être l'*Eusebius* mentionné à la page précédente.

P. 266, AVIGNON. — V. Duprat, *Les origines de l'église d'Avignon*, dans les *Mémoires de l'Académie de Vaucluse*, 1908-9; cf. Besson, *Revue Charlemagne*, t. 1, p. 30.

P. 269, n° 8. — M. Duprat signale les reliques de ce Maxime dans un inventaire des reliques de la cathédrale, du onzième siècle, conservé dans le ms 98 d'Avignon : *Corpus beati Maximi episcopi.*

P. 269, n° 9. — D'après les recherches et les observations de M. Duprat, il y a lieu de supprimer ce *Magnus*, qui n'a pour lui que la vie de s. Agricol, document sans valeur, et le concile de 650 où son siège n'est pas marqué. C'est tout juste la même attestation que pour *Eucherius*, p. 267, n. 7.

P. 270, n° 11. — Veredemius et Agricol nous sont donnés, par une tradition suffisante, comme des évêques d'Avignon; mais il n'est pas sûr que Veredemius ait siégé après Agricol plutôt qu'auparavant.

P. 270, n° 13. — Concile d'Aix-la-Chapelle, février 860 (*M. G. Capitul. reg. Franc.*, t. II, p. 466).

P. 288, n° 7. — Un évêque *Bonus*, sans siège indiqué, figure parmi les signataires du concile de Thionville, en 835 (*M. G. Concilia*, t. II, p. 703).

P. 303, l. 5, Adon, *précédé en cela par le « petit martyrologe romain »* : supprimer les mots en italique.

P. 307, note 4 : Jérôme, ep. 47, 91, 95 : n°s 54, 123, 125 de l'édition Vallarsi.

P. 312, n° 5, (573) : lire (673).

P. 324, l. 3, *il l'avait trouvée... neuvième siècle* : supprimer ces mots.

P. 324, l. 7 : *sororis.*

P. 346, n. 2. — Cf. G. Morin, *Revue Bénédictine*, t. XXVI, 1909, p. 24 et suiv.

TOME II

P. 5. — Sur Lectoure, v. Jullian, *Revue de Philologie*, 1911, p. 140.

P. 124. — Sur la passion de s. Privat, v. *Analecta Boll.*, t. XXX, p. 428-441 (A. Poncelet).

P. 161, n° 3. — La passion mentionnée ici est celle de s. Irénée (*Acta prima, Acta SS. iun.*, t. VI, p. 266). Voir Quentin, *Martyrologes hist.*, pp. 175, 221.

P. 188, n° 26. — Un évêque *Chadoenus* signe, sans nom de siège, une charte royale de 688-9 (*Vita Ansberti*, c. 18, dans les *M. G. Scr.*

merov., t. V, p. 632); une autre de 693-4 (Pertz, t. I, p. 58); enfin, en 695, une confirmation du privilège de Sainte-Colombe (Mabillon, *Ann.*, t. I. p. 557). Cf. Levison, *Neues Archiv*, t. XXXVIII, p. 379

P. 224. — Dom Germain Morin, *Revue Charlemagne*, t. II (1912), p. 89 et suiv., a republié une lettre écrite, entre 407 et 412, à Théophile d'Alexandrie par un évêque Maxime, qui devait avoir son siège quelque part sur le littoral gaulois de l'Océan. Il conjecture que ce Maxime était un évêque d'Avranches; mais ce pouvait être aussi un évêque de la péninsule armoricaine, ou même de Poitiers ou de Saintes. Je ne vois pas qu'il soit possible de préciser.

P. 225, n. 8. — Sans doute l'*Ansigaudus* du (faux) jugement d'Aix-la-Chapelle entre l'évêque du Mans et le monastère de Saint-Calais, censé rendu en 838 (*M. G. Conc.*, t. II, p. 846; cf. Besson, *Revue Charlemagne*, t. I, p. 22).

P. 278, n° 1. — Un autre manuscrit de ce recueil existait à l'abbaye de Saint-Pierre-aux-Monts, diocèse de Châlons. Sirmond en prit copie : sa transcription figure dans le manuscrit Baluze, 141, à la Bibliothèque Nationale. f° 73 v°-74 r° (Auvray, *Bibl. de l'Ecole des Chartes*, t. LXVIII, 1907, p. 426).

P. 309, n° 34. — Peut-être ce *Chrodebertus* est-il l'auteur de la lettre à s. Ouen de Rouen, en tête de la vie de s. Eloi (Krusch, *M. G. Script. merov.*, t. IV, p. 651).

P. 380, l. 15 : *... écrite en 884*] *ajouter* : par un certain Vurmonoch.

P. 385, note 3. — Une nouvelle et excellente édition de la vie de s. Samson a été donnée par M. Robert Fawtier dans la *Bibliothèque de l'Ecole des Hautes-Etudes*, fasc. 197. Dans sa discussion sur l'âge de ce document il adopte la date la plus basse (772-850). M. l'abbé F. Duine *Ann. de Bretagne*, 1913, p. 332 et suiv.) a présenté à ce sujet des observations très judicieuses. Je crois, en somme, que la pièce est du septième siècle et repose, comme le dit le prologue (où maintenant, grâce à M. Fawtier, on voit plus clair), sur une tradition antérieure, en partie orale, en partie écrite. Hénoc le diacre est un cousin et non, comme je l'avais imprimé, un neveu de s. Samson. Que s. Samson soit identique à l'évêque homonyme qui signa au concile de Paris, c'est ce qui me semble plus probable, maintenant que j'ai dépouillé ou reconstitué toutes les listes épiscopales de l'ancienne Gaule jusqu'à la fin du neuvième siècle. On verra, par la table des noms d'évêques, que le Samson du concile et celui de Dol sont les seuls que l'on y rencontre. Comme ils ont vécu dans le même temps et dans les mêmes contrées, il y a bien lieu de croire qu'ils sont identiques.

P. 452. — Le catalogue de Troyes est attesté, dans la seconde moitié du dixième siècle, par l'usage qu'en fait Adson dans sa vie de s. Frodobert (*M. G. Script. merov.*, t. V, p. 74). Un texte indépendant de Robert est celui d'un catalogue *Arremarrensis*, publié en 1610 par

Nicolas Camuzat dans son *Promptuarium sacrarum antiquitatum Tricassinae diocesis.*

P. 455, n° 20. — Le catalogue *Arremarrensis* omet Wanmir et place après Abbon un *Wandelmarus* que Levison (*Neues Archiv*, t. XXXVIII, p. 380) retrouve dans la confirmation du privilège de Sainte-Colombe (*Le Moyen-Age*, t. XXV, p. 165).

P. 455, n° 21. — Cf. Flodoard, *Hist. Rem.*, II, 6.

P. 469, l. 13. — Dans son *Étude critique sur la Vie de sainte Geneviève* (*Revue d'hist. ecclés.*, t. XIV, 1913), M G. Kurth donne des raisons de croire que le passage de cette biographie où il est question de s. Clément appartient à la rédaction primitive. S'il en était ainsi, il y aurait lieu de faire remonter jusqu'au début du sixième siècle l'idée de ces origines quasi-apostoliques. Mais en est-il ainsi ? Je conserve des doutes sérieux.

P. 484, l. 15. — *Nectarius* pourrait bien être identique à l'*Hectarius* qui signa en 695 la confirmation du privilège pour Sainte Colombe. Voy. P. Deschamps, *Le Moyen-Age*, t. XXV, p. 165 ; cf. Levison, *Neues Archiv*, t. XXXVIII, p. 379.

TOME III

P. 86, note 6. — Sur cette lettre, voy. l'abbé Lesêtre, *Le Moyen-Age*, 1913, p. 389.

TABLES ALPHABÉTIQUES

I

Noms des évêques.

Aaron, Auxerre, II, 449.
Aaafridius, Carpentras, I, 273 n.
Abbo, Auxerre, II, 451.
Abbo, Maguelonne, I, 319.
Abbo, Maurienne, I, 241.
Abbo, Metz, III, 56.
Abbo II, Metz, III, 57.
Abbo, Nevers, II, 485.
Abbo Felix, Troyes, II, 455.
Abbo, Verdun, III, 72.
Abel, Reims, III, 86.
Abellenus, Genève, I, 229.
Ablebertus, Cambrai, III, 110.
Abraham, Comminges, II, 99.
Abraham, Nice, I, 298.
Abranculus, Auvergne, II, 35.
Absalo, Riez, I, 285 n.
Abthonius, Angoulême, II, 68.
Acceptus, év. élu de Fréjus, I, 285.
Acfraedus, Angoulême, II, 70.
Acharius, Noyon, III, 103.
Achideneraus, Meaux, II, 478 n.
Actardus, Nantes, II, 369.
Actardus, Térouanne, III, 136.
Actardus, Tours, II, 312.
Acutulus, Elne, I, 320.
Adacius, Bourges, II, 31.
Adalardus, Rouen, II, 211.
Adalardus, Tours, II, 312.
Adalbaldus, Belley, III, 218.
Adalbertus, Soissons, III, 91.
Adalbertus, Mauchienne, I, 241.
Adalbertus, Térouanne, III, 136.
Adalbertus, Troyes, II, 456.
Adalelmus, Bordeaux, II, 62.

Adalgarius, Autun, II, 152.
Adalgarus, Térouanne, III, 135.
Adalhelmus, Séez, II, 235.
Adalhelmus, Worms, III, 163.
Adalloch, Strasbourg, III, 172.
Adalmanus, Beauvais, III, 120.
Adalmarus, Orléans, II, 462.
Adalongus, Sion, I, 247.
Adalvannus, Mâcon, II, 196.
Adalungus, Marseille, I, 276 n.
Adalulfus, Grenoble, I, 232.
Adebertus, Auvergne, II, 38.
Adelardus, Angoulême, II, 70.
Adelbertus, Saintes, II, 72.
Adelbertus, Senlis, III, 118.
Adelelmus, Châlons, III, 97.
Adelfius, Angers, II, 357.
Adelfius, Limoges, II, 47.
Adelfius II, Limoges, II, 47.
Adelfius III, Limoges, II, 47.
Adelfius, Poitiers, II, 82.
Adelgarius, Troyes, II, 456.
Adelphus, Metz, III, 54.
Adeodatus, Toul, III, 60.
Ado, Besançon, III, 215.
Ado, Bourges, II, 29.
Ado, Valence, I, 224.
Ado, Vienne, I, 210.
Adoinus, Langres, II, 188.
Adoienus, Albi, II, 44.
Adulfus, Meaux, II, 478 n.
Adventinus, Chartres, II, 425.
Adventius, Metz, III, 58.
Adventus, Chartres, II, 424.
Adventus, Paris, II, 469.

Aemilianus, Nantes, II, 368 n.
Aemilianus, Valence, I, 222.
Aennas, Paris, II, 475.
Aeoladius, Nevers, II, 483.
Aeonius, Arles, I, 257.
Aeternus, Evreux, II, 228.
Aetherius, Auxerre, II, 446.
Aetherius, Bourges, II, 26.
Aetherius, Chartres, II, 426.
Aetherius, Embrun, I, 291.
Aetherius, Lyon, II, 168.
Aetherius, Séez, II, 236.
Aetherius, Térouanne, III, 135.
Aetherius, Vienne, I, 208.
Aetherius, Viviers, I, 239.
Africanus, Chartres, II, 424.
Africanus, Comminges, II, 98 n.
Agapius, Digne, I, 293.
Agarnus, Cahors, II, 46.
Agatheus, Chartres, II, 428.
Agatheus, Coutances, II, 237.
Agatheus, Nantes, Rennes, II, 346, 368.
Agatimber, Metz, III, 55.
Agelardus, Nîmes, I, 313.
Agenulfus, Gévaudan, II, 55.
Ageradus, Chartres, II, 428.
Ageraldus, Nîmes, I, 311, 313.
Agericus, Embrun, I, 292.
Agericus, Limoges, II, 52.
Agericus, Tours, II, 308 n.
Aggns, Périgueux, II, 58.
Agilbertus, Béziers, I, 309.
Agilbertus, Paris, II, 472.
Agilfridus, Liège, III, 192.
Agilmarus, Auvergne, II, 54.
Agilolfus, Cologne, III, 180.
Aginnus, Valence, I, 224.
Agiulfus, Metz, III, 55.
Agnus, Orléans, II, 463.
Aglidulfus, Strasbourg, III, 172.
Aglimarus, Vienne, I, 210.
Agnebertus, Saintes, II, 74.
Agobardus, Lyon, II, 172.
Agon, Poitiers, II, 77.
Agosenus, Bourges, II, 30.
Agratus, Vienne, I, 169.
Agrebertus, Verdun, III, 72.
Agrestius, Tournai, III, 115.
Agricola, Chalon, II, 193.
Agricola, Gévaudan, II, 55.
Agricola, Nevers, II, 483.

Agricola, Sion, I, 246.
Agricola, Trois-Châteaux, I, 264.
Agricolus, Avignon, I, 269.
Agricus, Verdun, III, 70.
Agrippanus, Veiny, II, 56 n.
Agrippinus, Autun, II, 178.
Agrippinus, Lodève, I, 314.
Agroecius, Antibes, I, 288.
Agroecius, Glandève, I, 294.
Agroecius, Sens, II, 415.
Agroecius, Trèves, III, 85.
Agroecius, Troyes, II, 454.
Agroinus, Verdun, III, 72.
Agus, Vannes, II, 378.
Aigiricus, Tours, II, 308.
Aicharius, Noyon, III, 105.
Aigleharius, Angers, II, 359.
Aigilbertus, Angers, II, 359.
Aigilbertus, Le Mans, II, 339.
Aigumaris, Senlis, III, 117.
Aigulfus, Metz, III, 55.
Ailulfus, Amiens, III, 128.
Ailulfus, Valence, I, 223.
Aimarus, Rodez, II, 41.
Ainardus, Périgueux, II, 88 n.
Ainmarus, Auxerre, II, 448.
Airardus, Auch, II, 97.
Aiulfus, Bourges, II, 30.
Alannus, Nantes, II, 369.
Alaricus, Béziers, I, 309.
Albaudus, Toul, III, 63 n.
Albericus, Cambrai, III, 112.
Albericus, Langres, II, 189.
Albinus, Angers, II, 357.
Albinus, Embrun, I, 291 n.
Albinus, Oasismes ou Quimper, II, 374, 380.
Albericus, Utrecht, III, 196.
Albinus, Uzès, I, 316. 04 H
Albiso, Langres, II, 186.
Albo, Genève, I, 226.
Albricus, Utrecht, III, 196.
Albridus, Chartres, II, 428 n.
Albuinus, Marseille, I, 276.
Aldebertus, Coutances, II, 237.
Aloha, Toul, III, 62.
Aldaldus, Châlons, III, 97.
Aldo, Limoges, II, 53.
Aldo, Strasbourg, III, 171.
Aldobertus, Troyes, II, 455.
Aldricus, Le Mans, II, 342.
Aldricus, Sens, II, 421.

Alduinus, Cologne, III, 180.
Alduinus, Verdun, III, 73 n.
Aldulfus, Paris, II, 473.
Alecius, Auch, II, 92.
Alecius II, Auch, II, 92.
Alethius, Lectoure, II, 98.
Alethius, Vaison, I, 262.
Alfonsus, Avignon, I, 270 n.
Alfonsus, Embrun, I, 291 n.
Alipius, Poitiers, II, 77.
Alithius, Cahors, II, 44.
Altius, Orléans, II, 460.
Allogiosus, Cahors, II, 46 n.
Allorus, Quimper, II, 374 n.
Alo, Saintes, II, 72.
Alodius, Toul, III, 63.
Alomerus, Vermandois, III, 102.
Alpinianus, Limoges, II, 47.
Alpinus, Châlons, III, 96.
Alpinus, Lyon, II, 162.
Altadus, Genève, I, 229.
Alteus, Autun, II, 181.
Altheus, Sion, I, 247.
Amborgus, Sion, I, 246 n.
Alucco, Tarantaise, I, 245 n.
Alwala, Lyon, II, 173.
Amabilis, Châlons, III, 96.
Amalarius, Trèves, III, 41.
Amalricus, Tours, II, 311.
Amalsidus, Senlis, III, 118.
Amalvinus, Besançon, III, 215.
Amandinus, Châlons, III, 96.
Amandus, Bordeaux, II, 60.
Amandus, Maestricht, II, 190.
Amandus, Rennes, II, 344 n.
Amandus, Strasbourg, III, 170.
Amandus, Worms, III, 161.
Amans, Vannes, II, 375, 376 n.
Amantius, Besançon, III, 212.
Amantius, Nice, I, 296.
Amantius, Rodez, II, 40.
Amantius, Sisteron, II, 288 n.
Amantius, Trois-Châteaux, I, 263.
Amator, Auxerre, II, 444.
Amator, Troyes, II, 453.
Amatus, Carpentras, I, 273.
Amatus, Sion, I, 246.
Amousius, Reims, III, 81.
Amblacus, Chalon, II, 192.
Ambrosius, Albi, II, 42.
Ambrosius, Arles, I, 250.

Ambrosius, Cahors, II, 46.
Ambrosius, Carpentras, I, 273.
Ambrosius, Marseille, I, 276 n.
Ambrosius, Saintes, II, 72.
Ambrosius, Sens, II, 415.
Ambrosius, Troyes, II, 454.
Amelius, Auch, II, 92.
Amelius, Bigorre, II, 101.
Amelius, Bordeaux, II, 61.
Amelius, Comminges, II, 98.
Amelius, Paris, II, 476.
Amelius, Uzès, I, 316.
Amicus, Grenoble, I, 231.
Amingus, Troyes, II, 456.
Amitto, Nantes, Rennes, II, 346, 368.
Amlacarius, Séez, II, 234.
Amolo, Lyon, II, 172.
Amon, Toul, III, 62.
Anastasius, Trèves, III, 32.
Anastasius II, Trèves, III, 38 n.
Anatharius, Spire, III, 164.
Anatolius, Cahors, II, 44 n.
Anatolius, Lodève, I, 314.
Anatolus, Angoulême, II, 71.
Anawetan, Quimper, II, 374.
Andreas, Beauvais, III, 130.
Andreas, Genève, I, 228 n.
Andreas, Tarantaise, I, 244.
Andreas, Trèves, III, 32.
Anectarus, Soissons, III, 99 n. 3.
Anerius, Auch, II, 93.
Anfroulus, Auch, II, 92.
Angelbertus, Reims, III, 84.
Angelelmus, Auxerre, II, 450.
Angelrannus, Meaux, II, 479.
Angiiramus, Metz, III, 57.
Angilarius, Nîmes, I, 311, 313.
Angulo, Coutances, II, 237.
Anianus, Chartres, II, 424.
Anianus, Orléans, II, 460.
Anianus, Périgueux, II, 87.
Anianus, Saintes, II, 72.
Anius, Meaux, II, 476.
Anloinus, Auch, II, 93.
Anno, Cologne, III, 180.
Annuzo, Tarantaise, I, 245 n.
Ansbertus, Rouen, II, 208.
Anscherius, Autun, II, 181.
Anscherius, Paris, II, 476.
Ansegisus, Genève, I, 22

Egidius, Reims, III, 83.
Egilboldus (*Egilbondus*), Utrecht, III, 197, n. 7, 8.
Egoaddus, Genève, I, 226.
Elafius, Châlons, III, 96.
Elaphius, Poitiers, II, 83.
Eleuaraus, Meaux, II, 478 n.
Eldoinus, Lyon, II, 171.
Electrammus, Rennes, II, 346.
Elephantus, Uzès, I, 315.
Elephas, Valence, I, 223 n., 224.
Eleutherius, Auxerre, II, 446.
Eleutherius, Tournai, III, 114.
Eleutherius, Bourges, II, 26.
Eleutherius, Genève, I, 226.
Elias, Sion, I, 245 n.
Elias, Troyes, II, 456.
Elias, Vaison, I, 263.
Elias, Vence, I, 295 n.
Elifantus, Arles, I, 261.
Eligius, Albi, II, 44.
Eligius, Noyon, III, 103.
Eliseus, Auch, II, 93.
Elizachar, Rodez, II, 41.
Elladius, Auxerre, II, 445.
Elpidius, Lyon, II, 163.
Emenus, Limoges, II, 52.
Emerinus, Limoges, II, 47.
Emeritus, Embrun, I, 291.
Emerius, Saintes, II, 73.
Emeterius, Marseille, I, 277 n.
Emeterius, Riez, I, 284.
Emeterius, Tarantaise, I, 244 n.
Emilianus, Nantes, II, 365.
Emina, Sens, II, 365.
Emmenus, Nevers, II, 485.
Emmeranus, Poitiers, II, 84 n.
Emmo, Arisitum, I, 317.
Emmo, Sens, II, 416.
Emmo, Tarantaise, I, 245 n.
Emundus, Avignon, I, 269 n.
Enemerus, Trèves, III, 37.
Engenoldus, Poitiers, II, 86.
Ennoaldus, Poitiers, II, 84.
Enogat, Alet, II, 383.
Eobolinus, Vienne, I, 209.
Eonius, Auch, II, 92.
Eoldus, Vienne, I, 209.
Eparchius, Auvergne, II, 34.
Eparchius, Poitiers, II, 85.
Eparcius, Angoulême, II, 69.

Epiphanius, Fréjus, I, 286 n.
Epiphanius, Nantes, II, 366.
Epletius, Metz, III, 54.
Erardus, Liège, III, 193.
Erbernus, Tours, II, 312.
Ercambertus, Beauvais, III, 120.
Ercanradus, Paris, II, 475.
Erchambertus, Bayeux, II, 221.
Erchenobertus, Limoges, II, 47.
Ercembaldus, Térouanne, III, 135.
Erembertus, Toulouse, I, 307.
Erembertus, Worms, III, 161.
Eraptiolus, Coutances, II, 237.
Eribaldus, Viviers, I, 238 n.
Erimaldus, Auch, II, 93.
Erkembodus, Térouanne, III, 134.
Erkenraus, Châlons, III, 98.
Erlardus, Valence, I, 224.
Erlebardus, Strasbourg, III, 172.
Erlolfus, Langres, II, 188.
Ermaldus, Embrun, I, 292 n.
Ermenfredus, Paris, II, 474.
Ermenfridus, Beauvais, III, 121.
Ermenfridus, Verdun, III, 71.
Ermenmarus, Limoges, II, 47.
Ermeno, Senlis, III, 118.
Ermenomaris, Périgueux, II, 88.
Ermentarius, Velay, II, 57.
Ermenteus, Toul, III, 64.
Erminulfus, Evreux, II, 228.
Ermogenianus, Limoges, II, 47.
Ermor, Alet, II, 384.
Eroigius, Angoulême, II, 70.
Eronus, Langres, II, 188.
Erpuinus, Senlis, III, 118.
Eruigius, Béziers, I, 309.
Esicus, Poitiers, II, 77.
Esicus II, Poitiers, II, 77.
Etnecius, Trèves, III, 38 n.
Euanthius, Gévaudan, II, 55.
Eucharius, Châlons, III, 96.
Eucharius, Trèves, III, 34.
Eucharius, Antibes, I, 289.
Eucherius, Avignon, I, 267 n.
Eucherius, Genève, I, 226.
Eucherius, Lyon, II, 163.
Eucherius, Orléans, II, 462.
Eucherius, Viviers, I, 238.
Eudilo, Toul, III, 63.
Eufronius, Auvergne, II, 35.
Eufronius, Nantes, II, 367.

Eufronius, Nevers, II, 483.
Euladius, Arles, I, 250.
Euladius, Nevers, II, 483.
Eulogius, Amiens, III, 127.
Eulogius, Bourges, II, 27.
Eumachius, Viviers, I, 238.
Eumelius, Nantes, II, 365.
Eumerius, Angers, II, 357.
Eumerius, Nantes, II, 366.
Eunius, Vannes, II, 377.
Ennulius, Noyon, III, 105.
Eupardus, Autun, II, 176.
Euphratas, Cologne, III, 178.
Euphronius, Autun, II, 178.
Euphronius, Tours, II, 307.
Eurus, Carcassonne, I, 319.
Eusebius, Antibes, I, 289.
Eusebius II, Antibes, I, 289.
Eusebius, Cahors, II, 45.
Eusebius, Mâcon, II, 198.
Eusebius, Nantes, II, 365.
Eusebius, Orléans, II, 461.
Eusebius, Paris, II, 471.
Eusebius, Rouen, II, 206.
Eusebius, Saintes, II, 73.
Eusebius, Tours, II, 310.
Eusebius, Trois-Châteaux, I, 263, 264.
Eustasius, Aoste, I, 247.
Eustasius, Bourges, II, 29.
Eustasius, Marseille, I, 274.
Eustochius, Angers, II, 357.
Eustochius, Tours, II, 303.
Eustorgius, Toulon, I, 278.
Eutropius, Angers, II, 352.
Eutropius, Orange, I, 265.
Eutropius, Saintes, II, 72.
Evantius, Vienne, I, 206.
Evicinus, Mâcon, II, 198.
Evodius, élu, Gévaudan, II, 54 n.
Evodius, Rouen, II, 207.
Evodius, Troyes, II, 454.
Evodius, Velay, I, 56.
Evrardus, Sens, II, 422.
Evurtius, Orléans, II, 460.
Exocius, Limoges, II, 51.
Expectatus, Fréjus, I, 286.
Exuperatus, Coutances, II, 237.
Exuperius, Bayeux, II, 219.
Exuperius, Cahors, II, 44 n.
Exuperius, Limoges, II, 48.
Exuperius, Toulouse, I, 307.

Falco, Maestricht, III, 189.
Faraldus, Rodez, II, 41.
Faramodus, Paris, II, 471.
Faramundus, Cologne, III, 180.
Fauricius, Trèves, III, 32.
Faustianus, Dax, II, 97.
Faustinus, Lyon, II, 162.
Fausius, Auch, II, 96.
Faustus, Bigorre, II, 102 n.
Faustus, Riez, I, 284.
Faustus II, Riez, I, 284.
Febatus, Orléans, II, 461.
Fedolius, Paris, II, 474.
Felicius, Trèves, III, 37.
Felix, Arles, I, 260. .
Felix, Auvergne, II, 37.
Felix, Belley, III, 218.
Felix, Bourges, II, 28.
Felix, Châlons, III, 96.
Felix II, Châlons, III, 97.
Felix, Limoges, II, 52.
Felix, Metz, III, 54.
Felix, Metz, III, 57.
Felix, Nantes, II, 366.
Felix, Paris, II, 470.
Felix, Quimper, II, 374, 375.
Felix, Saint-Brieuc ou Tréguier, II, 391.
Felix I, Trèves, III, 32.
Felix, Trèves, III, 36.
Felmasius, Maurienne, I, 240.
Ferreolus, Autun, II, 180.
Ferreolus, Grenoble, I, 232.
Ferreolus, Limoges, II, 51.
Ferreolus, Uzès, I, 315.
Ferrocinctus, Evreux, II, 227 n.
Festien (*Festianus*), Dol, II, 388.
Fibicius, Trèves, III, 37.
Firminus, Soissons, III, 89.
Firminus, Amiens, III, 122-124.
Firminus II, Amiens, III, 122-124.
Firminus, Gévaudan, II, 54 n.
Firminus, Lodève, I, 314 n.
Firminus, Metz, III, 54.
Firminus, Tarantaise, I, 244 n.
Firminus, Uzès, I, 315.
Firminus, Vence, I, 294 n.
Firminus, Verdun, III, 70.
Firminus, Viviers, I, 238.
Flavardus, Agen, I, 63.
Flavianus, Autun, II, 178.
Flavianus, Paris, II, 470.

Gudualdus, Bazas, II, 101.
Guido, Noyon, III, 105.
Guilbelmus, Maurienne, I, 242.
Guillelmus, Albi, II, 44.
Guinninus, Vannes, II, 375, 376 n.
Guljaricus, Marseille, I, 276.
Gumbaldus, Angoulême, II, 77.
Gumbertus, Sens, II, 419.
Gumbertus, Térouanne, III, 135.
Gumildus, Maguelonne, I, 318.
Gundegisilus, Bordeaux, II, 62.
Gundericus, Trèves, III, 38.
Gundoaldus, Meaux, II, 477.
Gundoaldus, Strasbourg, III, 171.
Gunduinus, Noyon, III, 104.
Gundulfus, Bazas, II, 101.
Gundulfus, Mâcon, II, 196.
Gundulfus, Maestricht, III, 189, n. 5.
Gundulfus, Metz, III, 58.
Gunhardus, Nantes, II, 369.
Gunherius, Le Mans, II, 344.
Gunsolonius, Metz, III, 55.
Guntarius, Mâcon, II, 199.
Gunthaldus, Rouen, II, 210.
Guntbertus, Evreux, II, 229.
Guntfridus, Cambrai, III, 112.
Gunthrarius, Tours, II, 306.
Guntherus, Cologne, III, 183.
Guntramnus, Tours, II, 309.
Gunzo, Worms, III, 162.
Gurval, Alet, II, 383.
Gwalachus, Tours, II, 308.
Gyroindus, Auvergne, II, 37.
Gyzo, Cologne, III, 180.

Haddo, Mayence, III, 161.
Hadebaldus, Cologne, III, 181.
Hadebertus, Senlis, III, 118.
Hado, Chartres, II, 429.
Hadoindus, Le Mans, II, 338.
Hadulfus, Cambrai, III, 111.
Haigradus, Chartres, II, 428.
Haimericus, Chartres, II, 430.
Haiminus, Chartres, II, 428.
Haimo, Chartres, II, 430.
Haimoaldus, Rennes, II, 345.
Haimon, Vannes, II, 375.
Hairardus, Lisieux, II, 237.
Halitgarius, Cambrai, III, 112.
Harimbertus, Bayeux, II, 221.
Harimeres, Verdun, III, 70.

Hariolfus, Langres, II, 188.
Hartberclus, Sens, II, 418.
Hartgavius, Liège, III, 193.
Harthramus, Trèves, III, 40 n.
Hartmannus, Lausanne, III, 221.
Hatto, Verdun, III, 74.
Hautoarius, Noyon, III, 104, n. 6.
Heedicus, Vienne, I, 208.
Hecherius, Nevers, II, 484 n.
Hecfridus, Poitiers, II, 86.
Heclavitus, Noyon, III, 104, n. 6.
Heddo, Strasbourg, III, 172.
Hedenulfus, Laon, III, 140.
Hegemonius, Autun, II, 177.
Hegilhardus, Utrecht, III, 197.
Heistolfus, Mayence, III, 160.
Heito, Bâle, III, 225.
Heldebonus, Antibes, I, 289 n.
Heldoaldus, Meaux, II, 478 n.
Heleseus, Noyon, III, 105.
Helias, Angoulême, II, 71.
Helias, Chartres, II, 429.
Heliodorus, Sion, I, 246.
Helisachar, Toulouse, I, 308.
Helius, Lyon, II, 162.
Helladius, Auxerre, II, 444.
Helogar, Alet, II, 383.
Hemico, Die, I, 285.
Heraclianus, Toulouse, I, 307.
Heraclius, Angoulême, II, 69.
Heraclius, Digne, I, 293.
Heraclius, Paris, II, 470.
Heraclius, Saintes, II, 73 n.
Heraclius, Sens, II, 415.
Heraclius II, Sens, II, 415.
Heraclius, Tarantaise, I, 244 n.
Heraclius, Trois-Châteaux, I, 264.
Herardus, Tours, II, 311.
Herchanradus, Paris, II, 474.
Herenna, Vannes, II, 379 n.
Heribaldus, Auxerre, II, 450.
Herifridus, Auxerre, II, 452.
Heritandus, Verdun, III, 72.
Herimannus, Cologne, III, 184.
Herimannus, Nevers, II, 485.
Heriveus, Besançon, III, 214.
Heriveus, Reims, III, 88.
Herlandus, Laon, III, 137.
Herleboldus, Coutances, II, 241.
Herlemandus, Le Mans, II, 339.
Herlingus, Meaux, II, 478.

Herlingus, Tours, II, 310.
Herluinus, Coutances, II, 240.
Hermackrus, Utrecht, III, 196.
Hermembertus, Bourges, II, 30.
Hermenarius, Autun, II, 180.
Hermengarius, Nantes, II, 371.
Hermennarius, Bourges, II, 30.
Hermes, Béziers, I, 309.
Hermes, Narbonne, I, 303.
Heros, Arles, I, 255.
Hesperius, Metz, III, 55.
Hesychius, Grenoble, I, 231.
Hesychius II, Grenoble, I, 232.
Hesychius, Vienne, I, 205.
Hesychius II, Vienne, I, 206.
Hetilo, Noyon, III, 106.
Hetti, Trèves, III, 42.
Hettinus, Spire, III, 165.
Heutherius, Lectoure, II, 97.
Heyminius, Sion, I, 247.
Hiconius, Maurienne, I, 240.
Hiddo, Autun, II, 181.
Hieremias, Sens, II, 420.
Hieronymus, Lausanne, III, 222.
Hieronymus, Nevers, II, 484.
Hilarius, Arles, I, 256.
Hilarius, Carcassonne, I, 319 n.
Hilarius, Digne, I, 293.
Hilarius, Gévaudan, II, 54.
Hilarius, Narbonne, I, 303.
Hilarius, Poitiers, II, 82.
Hilarius, Toulouse, I, 307.
Hildebaldus, Soissons, III, 91.
Hildebertus, Cambrai, III, 111.
Hildebertus, Chalon (Cavaillon), I, 271 n.
Hildebrandus, Séez, II, 234.
Hildegarius, Cologne, III, 180.
Hildegarius, Meaux, II, 479.
Hildegarius, Sens, II, 416.
Hildemannus, Beauvais, III, 121.
Hildericus, Meaux, II, 478.
Hildericus, Spire, III, 164.
Hildeuertus, Meaux, II, 478.
Hildibaldus, Cologne, III, 180.
Hildibaldus, Mâcon, II, 198.
Hildigangus, Soissons, III, 91.
Hildigrinus, Châlons, III, 97.
Hildinus, Verdun, III, 73.
Hildoardus, Cambrai, III, 112.
Hilduinus, Avignon, I, 270.
Hilduinus, Cologne, III, 182.

Hilduinus, Evreux, II, 229.
Hildulfus, Rouen, II, 207.
Hilmeradus, Amiens, III, 130.
Hilpidianus, Poitiers, II, 77.
Hiltigisilus, v. Wiltigisilus.
Hinibertus, Beauvais, III, 120.
Hincho, Lisieux, II, 237.
Hincmarus, Laon, III, 140.
Hincmarus, Reims, III, 88.
Hinguethenus, Vannes, II, 375, 376 n.
Hinifridus, Coutances, II, 237.
Hinuoret, Ossismes, II, 381.
Hippolytus, Belley, III, 218.
Hirebertus, Beauvais, III, 120.
Hiscipio, Carcassonne, I, 319.
Hodiernus, Senlis, III, 117, n. 2.
Hodingus, Beauvais, III, 120.
Hodingus, Le Mans, II, 340.
Honoberhtus, Cologne, III, 179.
Honobertus, Sens, II, 418 n.
Honoratus, Aix, I, 281 n.
Honoratus, Amiens, III, 128.
Honoratus, Arles, I, 256.
Honoratus, Beauvais, III, 122.
Honoratus, Bourges, II, 27.
Honoratus II, Bourges, II, 27.
Honoratus, Langres, II, 186.
Honoratus, Marseille, I, 274.
Honoratus II, Marseille, I, 276 n.
Honoratus, Toulouse, I, 306 n.
Honulfus, Sens, II, 418 n.
Hrabanus, Mayence, III, 160.
Hrikfredus, Utrecht, III, 196.
Hrotgarius, Beauvais, III, 121.
Hubertus, Liège, III, 192.
Huebertus, Chalon, II, 194.
Huebertus, Coutances, II, 237.
Huebertus, Meaux, II, 478.
Hughierius, Coutances, II, 240 n.
Hugo, Albi, II, 44.
Hugo, Bayeux, II, 221.
Hugo, Genève, I, 228 n.
Hugo, Paris, II, 473.
Hugo, Rouen, II, 209.
Humatus, Bourges, II, 27.
Humbertus, Tarantaise, I, 245 n.
Humfridus, Térouanne, III, 136.
Hungerus, Utrecht, III, 197.
Hunoldus, Cambrai, III, 111.
Hunuanus, Noyon, III, 105.
Huportanus, Genève, I, 226.

Hyacinthus, Elne, I, 320.

Iacob, Toul, III, 64.
Iacobus, Embrun, I, 291 n.
Iacobus, Tarantaise, I, 243.
Iahoevius, Ossismes, II, 380.
Iamlychus, Chalon, II, 193 n.
Ianuarius, Aps, I, 237.
Iarnwalt, Alet, II, 384.
Ibbo, Tours, II, 309.
Icterius, Nevers, II, 484.
Idoinus, Senlis, III, 118.
Ieremias, Vannes, II, 379 n.
Iesses, Amiens, III, 129.
Iesses, Spire, III, 164.
Ilerus, Gévaudan, III, 55 n.
Ilitarieus, Elne, I, 320.
Illidius, Auvergne, II, 33.
Illidius, Dax, II, 97.
Imbetaustus, Reims, III, 81.
Immo, Noyon, III, 106.
Imnodus, Arles, I, 250.
Importunus, Paris, II, 472.
Inchadus, Paris, II, 474.
Ingelnonus, Séez, II, 234.
Ingelvinus, Paris, II, 475.
Ingenuus, Arles, I, 255.
Ingenuus, Embrun, I, 291.
Ingildus, Valence, I, 233.
Innocentius, Apt, I, 283.
Innocentius, Le Mans, II, 337.
Innocentius, Rodez, II, 40.
Innocentius, Rouen, I, 206.
Innolatus, Comminges, II, 99.
Iocundus, Aoste, I, 248.
Iocundus, Senlis, III, 117.
Iohannes, Albi, II, 44.
Iohannes it., Arles, I, 250.
Iohannes, Arles, I, 250.
Iohannes, Arles, I, 260.
Iohannes II, Arles, I, 261.
Iohannes, Auch, II, 93.
Iohannes II, Avignon, I, 270 n.
Iohannes, Avignon, I, 268.
Iohannes, Baycux, II, 213-216.
Iohannes, Bordeaux, II, 62.
Iohannes, Cambrai, III, 113.
Iohannes, Carpentras, I, 273 n.
Iohannes, Couserans, II, 99.
Iohannes, Dol, II, 389.
Iohannes, Fréjus, I, 286.

Iohannes (Agnus), Maestricht, III, 190.
Iohannes, Maguelonne, I, 318.
Iohannes, Nice, I, 299.
Iohannes, Nîmes, I, 313 n.
Iohannes, Nîmes, I, 310.
Iohannes, Rouen, II, 211.
Iohannes, Poitiers, II, 84.
Iohannes, Poitiers, II, 85.
Iohannes, Sisteron, I, 288.
Iohannes II, Sisteron, I, 288 n.
Iohannes, Tarantaise, I, 244 n.
Iohannes, Viviers, I, 238.
Ionas, Autun, II, 181.
Ionas, Nevers, II, 485.
Ionas, Orléans, II, 463.
Ioseph, Evreux, II, 229 n.
Ioseph, Le Mans, II, 341.
Ioseph, Maurienne, I, 241.
Ioseph, Tours, II, 310.
Iosephus, Avignon (Tortone), I, 270.
Iosue, Coutances, II, 237.
Irenaeus, Lyon, II, 161.
Iringus, Bâle, III, 226.
Isaac, Genève, I, 227.
Isaac, Grenoble, I, 233.
Isaac, Langres, II, 190.
Isaac, Valence, I, 235.
Isaac, Vannes, II, 378.
Isimbardus, Auch, II, 97.
Islo, Saintes, II, 72.
Isnardus, Nîmes, I, 313.
Iulianus, Avignon, I, 267.
Iulianus, Béarn, II, 100 n.
Iulianus II, Béarn, II, 100 n.
Iulianus, Bigorre, II, 161.
Iulianus, Carpentras, I, 272.
Iulianus, Vienne, I, 206.
Iulianus, Le Mans, II, 335.
Iulius, Apt, I, 270 n, 282.
Iulius, Lyon, II, 162.
Iumaelus, Dol, II, 388.
Iunhenguel, Vannes, II, 375.
Iustinianus (Raurici, Bâle), III, 224.
Iustinianus, Tours, II, 309.
Iustinus, Auch, II, 92.
Iustinus, Bigorre, II, 161.
Iustinus, Poitiers, II, 77.
Iustocus, Vannes, II, 375, 376 n.
Iustus, Agde, I, 318.

Iustus, Auvergne, II, 36 n.
Iustus, Avignon, I, 266.
Iustus, Langres, II, 285.
Iustus, Mâcon, II, 196.
Iustus, Lyon, II, 162.
Iustus, Orange, I, 265.
Iustus, Saintes, II, 72.
Iustus, Strasbourg, III, 171.
Iustus, Vienne, I, 204.
Iuvinius, Vence, I, 294 n.
Ivo, Marseille, I, 276.

Karolus, Mayence, III, 160.
Kautaurus, Arles, I, 250.
Kenmonoc, Vannes, II, 379.

Laban, Eauze, II, 95.
Laidradus, Lyon, II, 171.
Lambertus, Chalon, II, 192.
Lambertus, Le Mans, II, 343.
Lambertus, Maestricht, III, 191.
Lambertus, Mâcon, II, 198.
Lambertus, Valence, I, 224.
Landebertus, Angoulême, II, 70 n.
Landebertus, Châlons, III, 96.
Landebertus II, Châlons, III, 96.
Landebertus, Lyon, II, 171.
Landebertus, Sens, II, 417.
Landerieus, Paris, II, 472.
Lando, Reims, III, 84.
Landolenus (Sindulphus), Vienne, I, 208.
Lando, Orange et Trois-Châteaux, I, 265.
Landpertus, Strasbourg, III, 171.
Landramnus, Nantes, II, 371.
Landramnus, Tours, II, 310.
Landramnus II, Tours, II, 311
Landricus, Séez, II, 230.
Landulfus, Saissons, III, 90, n. 3.
Lanpaldus, Mayence, III, 158.
Launus, Angoulême, II, 71.
Lascivus, Bayeux, II, 220.
Latinus, Tours, II, 308.
Laira, Laon, III, 138.
Latuinus, Séez, II, 230.
Lepdomeris, Châlons, III, 96.
Landulfus, Evreux, II, 227.
Launobaudis, Lisieux, II, 236.
Launomundus, Lisieux, II, 236.
Lauto, Coutances, II, 230.
Lazarus, Aix, I, 279.

Lazarus, Marseille, I, 274 n.
Leduardus, Mâcon, II, 198 n.
Legonius, Chalon, II, 192.
Legonus, Auvergne, II, 33.
Leifastus, Autun, II, 179.
Leo, Agde, I, 317.
Leo, Bourges, II, 26.
Leo, Coutances, II, 237.
Leo, Nantes, II, 365.
Leo, Sens, II, 415.
Leo, Toulon, I, 278.
Leo, Tours, II, 306.
Leo, Troyes, II, 453.
Leobaldus, Tours, II, 308.
Leobardus, Nantes, II, 367.
Leobertus, Chartres, II, 429.
Leobinus, Chartres, II, 426.
Leodebaudus, Nevers, II, 484.
Leodebertus, Orléans, II, 462.
Leodegarius, Autun, II, 180.
Leodegarius I, Orléans, II, 462 n.
Leodegarius, Orléans, II, 462.
Leodegarius, Saintes, II, 72.
Leodeningus, Bayeux, II, 221.
Leodoarius, Bourges, II, 30.
Leodoberhtus, Paris, II, 472.
Leodomundus, Eauze, II, 95.
Leodrandus, Tarantaise, I, 244 n.
Leoninus, Gévaudan, II, 54.
Leontianus, Lodève, I, 314.
Leontianus, Coutances, II, 239.
Leontius, Arles, I, 257.
Leontius, Bordeaux, II, 61.
Leontius II, Bordeaux, II, 61.
Leontius, Coutances, II, 237.
Leontius II, Coutances, II, 237.
Leontius, Eauze, II, 95.
Leontius, Fréjus, I, 285.
Leontius, Lyon, II, 166.
Leontius, Metz, III, 54.
Leontius, Orléans, II, 461.
Leontius, Saintes, II, 74.
Leontius, Sens, II, 415.
Leontius, Trèves, III, 36.
Leopertus, Grenoble, I, 230.
Leofwinus, Trèves, III, 39.
Leparius, Maurienne, I, 241.
Lerio, Mayence, III, 158.
Leucadius, Bayeux, II, 220.
Leucherus, Dol, II, 386.
Leucontius, Troyes, II, 455.
Leudegarius, Mayence, III, 158.

II

Sièges épiscopaux.

III

Varia.

TABLE DU TROISIÈME VOLUME

TROISIÈME PARTIE

LES PROVINCES DU NORD ET DE L'EST

Nihil obstat. Parisiis, die 13ª octobris 1913
F. Mourret

Imprimatur. Parisiis, die 14ª octobris 1913
H. Odelin, v. g.

IMPRIMERIE H. BONNET, 2, RUE ROMIGUIÈRES. — TOULOUSE.

www.ingramcontent.com/pod-product-compliance
Lightning Source LLC
Chambersburg PA
CBHW071757090426
42737CB00012B/1852